KB196084

기후 상처

기후
상처

기후변화는 인간의 신체, 마음, 정신까지 망가뜨린다

| 김현수 신샘이 이용석 지음 |

클라우드나인
CLOUD 9

기후재난은 지구상의 모든 생명체에게도 상처를 주고 있다
– 이미경, 환경재단 대표

기후변화가 위기인 이유는 예측하기 어렵기 때문이다. 알 수 없다는 그 자체가 우리를 불안에 떨게 한다. 2024년 여름엔 역대급 폭염이 기승을 부렸다. 2018년 이후 최고온도에 최장기간의 더위였다. 이러다 말겠지 하다가도 한 번도 경험하지 못한 열대야에 사람도 모기도 불면의 밤을 보냈다. 이 무서운 더위는 11월 한낮까지 등판을 뜨끈하게 달궜다. 과연 가을이 올까 싶을 때 첫눈이 오더니 역대급 폭설로 비행기마저 주저앉히고 말았다. 비행기는 아무리 요동쳐도 위험하지 않다고 했지만 난기류 때문에 접시가 깨지고 독일에선 사망사고까지 일어났다. 이러다 비행기도 추락할지 모른다는 공포가 하늘을 덮었다. 가히 기후비상사태다.

2004년 인도네시아에서 성탄전야에 쓰나미가 들이닥쳐 22만 명이 넘게 죽었다. 호주의 내륙지방엔 6년간 비가 안 내려 사막의 뱀들이 민가의 화장실에 잠입한 일도 있었다. 일기예보가 필요없었던 캘리포니아에선 산불과 가뭄으로 잔디에 물 주거나 수돗물로 세차하는 걸 법으로 제한하기도 했다. 상상할 수 없는 일들이 벌어졌다. 그런데도 우리는 그저 해외토픽 정도로만 바라보았다. 눈앞에서 엠뷸런스만 지나가도 가슴이 뛰고 불안해지는 게 인지상정이다. 그럼에도 기후재난은 나하고 상관없는 일이라고 철석같이 믿었던 탓일까. 언론의 무심함 때문일까.

사실 환경재단에서는 2006년부터 지구를 뜨겁게 달구는 탄소 문제를 제기했고 STOP CO2 캠페인을 해왔다. 그러나 아무도 주목하지 않았다. 환경운동가들의 과장 내지는 과도한 공포심을 조장한다는 비난을 받기도 했다. 코로나19로 전 세계가 셧다운됐던 2020년 이래로 조금씩 겁을 먹기 시작했다. 이러다 한반도에도 무슨 일 나는 게 아닌가 술렁거렸다. 불안은 현실이 돼 2022년 여름엔 서울 강남 한복판이 물에 잠긴 승용차 위에서 망연자실한 서초동 현자를 목격하기도 했다. 이제 기후재난이란 게 남의 일이 아니라는 걸 조금씩 몸으로 알게 됐다. 그러나 기후변화의 현실이 어느 정도 인지 과연 그 충격은 어느 만큼인지 누구나 쉽게 알기는 어려웠다.

기후 상처라는 말은 이 책이 처음인 것 같다. 인간이 지난 200년 동안 산업을 키우면서 사용한 연료가 탄소를 발생시켰고 탄소들은 사라지지 않고 대기를 둘러싸서 태양의 에너지가 들어오기는 해도 나갈 수 없게 만들었다. 탄소에 사로잡힌 지구는 꼼짝없이 온실처럼 달아올랐고 균형이 깨졌다. 기후재난은 지구상의 모든 생명체에게도 상처를 주고 있다. 마실 물은 줄어들고 토지는 물에 잠기거나 가뭄으로 갈라지고 빙하는 폭포수처럼 굉음을 내고 녹고 있다. 충격은 생명체에만 가해지는 것이 아니다.

이미 지나간 충격이나 앞으로 어떤 형태로든 다가올 재난들은 사람의 마음을 병들게 하고 병이 악화되게 한다. 우리 몸은 마음과 둘이 아니고 사람도 자연의 일부다. 기후재난이 우리 몸에 어떤 영향을 주고, 어떻게 마음을 더 울적하게 만들고, 왜 생산성을 떨어뜨리는지 등을 자세히 알기 어려웠다. 『기후 상처』 따라 읽다 보면 기후위험의 실태와 그것이 생명체에 미치는 다양하고 복잡한 충격파를 알게 된다. 이제 기후 문제는 남의 일이 아니다. 더구나 불투명한 미래로 잠을 설치는 젊은이들에겐 더 큰 불안을 안겨주고 있다. 산업화의 역군이었던 어른들은 물론 젊은이들도 자기 미래를 스스로 만들어간다는 자세로 기후 문제 해결에 힘을 모을 때다. 그래서 이 책은 널리 읽혀야 한다.

기후 상처를 치유하기 위한 대화와 연결을 시작하자
– 현진희, 국제트라우마스트레스학회 이사 · 대구대학교 사회복지학과 교수

기후위기가 우리의 정신건강에 영향을 미친다고 생각해보았는가? 그동안 기후위기를 충격적 재앙으로 접근해 기후행동이 아닌 오히려 공포와 불안을 일으키지는 않았던가? 우리는 과연 희망이 있는 것인가? 스웨덴의 열다섯 살 어린 학생 그레타 툰베리가 기후위기에 대응하여 행동할 것을 촉구할 때 우리나라는 무엇을 했는가?

독자들은 이 책에서 기후변화의 영향을 생태불안, 생태슬픔, 생태죄책감, 생태수치심, 생태분노, 외상전스트레스반응 등 정신건강으로 이야기할 수 있는 것을 새롭게 알게 된다. 정신과 의사인 저자들은 삶, 죽음, 정신분석에 대한 깊이 있는 지식으로 심리, 문학, 예술, 정치, 경제, 언론 등 각 분야의 데이터에 접근한다. 이러한 데이터를 근거로 독자들에게 기후위기로 인한 정신건강의 문제뿐 아니라 우리 삶의 불편한 진실들을 알린다. 과학적 근거에 기반한 기후위기를 이야기하며 우리가 무엇을 해야 하는지를 알려주는 희망의 메시지가 담겨 있다. 기후위기로 인한 상처를 치유하기 위한 대화를 시작하고 서로 협력과 연결을 시작할 수 있는 책이다. 우리가 무엇을 해야 하는지 궁금하지 않은가? 이 책의 저자들이 제시하는 해답에 귀를 기울여보자. 대화를 시작하는 용기가 우리 모두에게 필요하다.

우리 아이들이라도 살려내야 하지 않겠는가
– 임성무, 환경과생명을지키는전국교사모임 대표·대구화동초등 교사

4대강을 댐으로 막아 물을 가득 채워두었더니 멋지다는 사람들이 있었다. 그들은 굽이치는 모래강을 제대로 본 적이 없던 사람들이다. 기후위기로 여름이 길어지고 장마나 폭염이 심해지면서 계절이 바뀌었다. 입동이 지난 텃밭에 냉이가 꽃이 피었다. 손톱 끝에 봉숭아 물이 첫눈이 올 때까지 남아 있으면 첫사랑이 이루어진다고 했다. 첫눈이 내리는 소설인데 학교 화단에는 봉숭아가 두 번째 자라 꽃을 가득 피우고 있다. 이러다 아이들이 배운 식물이나 곤충의 한살이 지식이 엉망이 되어버릴 것 같다.

사람은 자연의 일부이고 오랜 세월 자연환경의 영향을 받고 적응해서 살아왔다. 그렇게 자연스러운 현상에서 벗어난 자본주의 시스템의 영향으로 인간은 과도하게 온실가스를 뿜어내고 있다. 결국 생존이 절박한 문제가 될 정도로 사람이 살 수 없게 만드는 기후위기에 직면했다. 생존의 절박성. 여섯 번째 대멸종이 찾아오면 결국 인간도 멸종하게 된다. 여섯 번째 대멸종이 진행된다면 피할 수 없는 건강 악화와 그에 수반되는 심리적 고통을 인간은 감당할 수나 있을까? 걱정과 불안 또한 고통을 더한다. 이런 기후위기로 온갖 또 다른 신종병이 생긴다는데 어떻게 치유하고 줄여나가고 견디며 살아낼 수 있을까? 치유하는 가장 좋은 방법은 뭘까? 있기나 할까라는 무기력이 쌓이는데 세 분 정신과 의사분들이 책을 냈다.

책을 내면서 교사인 나에게 추천의 글을 써달라고 하셨다. 왜 나에게 싫었지만 금방 알 수 있었다. 그건 '우리가 갖고 있는 책임감 중 하나가 우리 자녀들에 관한 것이다.' 문장에서 알 수 있다. 1989년 교사들은 '행복은 성적순이 아니잖아요'라고 묻는 어느 중학생의 유서에서 멈췄다. 그리고 수만 명의 교사가 행복은 성적에 있지 않다는 답을 하려다 무려 1,500여 명이 학교에서 해직됐다. 하지만 세상은 바뀌지 않고 있다. 그렇게 쉽게 바뀔 세상이 아니라는 것을 알지만 어렵다. 나도 그 가운데 한 명이다.

그런데 지금 우리 아이들에게 닥친 위기는 차별이 만들어낸 경쟁과 경쟁이 만들어낸 차별에 고통을 받는 것이 여전한데 여기에 지구 온도 상승 1.5도라는 기후위기가 더해졌다. 공동의 집인 지구의 뭇 생명들이 생존의 위협에 직면해 있다. 사람도 별수 없다. 기후 시계는 겨우 5년이 남았는데 대한민국은 온통 정치문제로 정신이 없다. 기후 악당 1호인 미국에선 기후위기는 가짜라며 파리협약에서 탈퇴했던 트럼프가 다시 당선됐다. 뭘 어쩌라는 말인가? 트럼프 말을 믿고 싶을 지경이지만 과학자들은 기후위기는 더 심각하게 빨라지고 우리에게 시간이 더 줄어들고 있다고 경고한다. 이런 지경에 학교에서 하는 공부가 무슨 의미가 있을까? 교사인 나는 무엇을 가르쳐야 할까?

나는 최근 4년째 4학년을 가르치고 있다. 이 친구들은 아주 어린 나이에 코로나19를 겪었다. 이 아이들의 마스크를 벗게 하는 데 오랜 시간이 걸렸다. 그런데 또다시 기후위기라니! 이 책 서문에서 '인류 전체가 지구 파괴자, 기후위기 유발자에서 적극적으로 지구 보전 활동가, 생태환경주의자로 정체성을 바꿔야 한다. 기후 담론은 급진주의자들의 구호가 아니라 우리 동네 반상회의 실천 주제가 돼야 한다. 학교에서는 가장 중요한 수업 주제가 돼야 한다. 그 시기가 빠르면 빠를수록 우리 후손들이 공존 가능한 지구에서 더 안전하게 살 수 있도록 할 수 있다.'고 제안했다. 기후위기 시대에 우리가 가져야 할 가치는 지구에 있는 모든 것은 연결되어 있고 지구 행성은 우주와 연결되어 있다는 인식을 하는 것이다. 연결되어 있다는 것은 인간이 마음대로 살면 안 된다는 것을 안다는 말이다.

더구나 부자나 힘센 인간, 힘센 나라들이 지구를 마음대로 부리는 것은 나쁜 일인 것을 막아야 한다는 것을 아는 것이다. 아이들이 공부를 잘해서 부자나 힘센 인간이 되는 게 아니라 무엇보다 먼저 모두 '공동의 집인 지구'를 함께 돌보는 호모사피엔스가 돼야 한다. 이걸 알아채는 능력이 바로 생태 감수성이다. 그리고 뭔가 잘못된 것에 감응하고 다시 만들어가려고 실천하는 사람, 바로 지구 생태 시민, 곧 지구의 벗이 되어야 한다. 그러나 우리 아이들이 다 자라기도 전에 기후재앙은 현실로 닥쳐온다고 한다.

정신과 의사들인 저자들은 '기후위기는 사람들의 마음에 불안과 절망을 감염시키고 공포로 정신을 붕괴시킨다.'고 한다. 그럼 지금 여기에서 교사인 나는, 부모이고 어른인 우리는 아이들을 위해 아이들과 같이 무엇을 해야 할까? 답은 정해져 있다. 저자들의 말처럼 지금 당장 기후행동에 나서는 '지구 보전 활동가, 생태환경주의자'를 만들어야 한다. 그래서 지금 당장 학교교육부터 지구생태시민을 기르기 위해 생태 전환 교육으로 더 빠르고 강하게 전환해야 한다.

이 책은 우리가 당면한 문제의 심각성을 알려줘 모든 국민으로

하여금 생존을 위한 기후행동에 나서게 한다. 관건은 이 책을 읽게
하는 것이다.

"어린이는 우리의 희망입니다. 아무리 힘들어도 희망을 지키고
가꾸어 가야지요."

날씨와 기후 때문에 마음이 아프다

"너무 더워서 숨이 막힐 거 같아요. 가뜩이나 힘든데 날씨마저 더우니 더 힘들어요. 방에 누워 있으면 익어서 죽을 것 같은 기분이에요. 기운도 없고. 이러다 죽나 싶기도 해요."

우리가 근무하는 진료실에도 날씨 탓을 하며 힘들다는 분들이 갈수록 많아지고 있다. "날씨 때문에 힘들다." 혹은 "날씨마저 자신을 더 힘들게 한다." 하소연하는 분들이 해마다 늘고 있다. 날씨가 생각이나 기분에 미치는 영향이 점차 커지고 있다. 특히 마음이 아픈 사람들, 나이가 드신 분들은 폭염, 열대야, 가뭄, 스콜 같은 폭우 등 달라진 사계절 기후로 인해 큰 고통을 호소한다. 몸은 물론이고 정신적으로도 버티기가 힘든 것이다. 인내심도 떨어지고 자기조절력이 마비되기도 한다. 기후위기는 마음과 삶을 함께 파괴할 수 있다.

기후위기가 우리의 정신을 파괴할 수 있다

2022년 2월에 개최된 기후변화에 관한 정부 간 협의체IPCC가 공개한 제6차 평가보고서 중 제2실무그룹WG2의 보고서에는 기후변화가 신체건강뿐만 아니라 정신건강에도 큰 영향을 끼치는 요소로 확실히 등장했다.[1] 2022년 6월 세계보건기구는 "기후변화가 정신건강과 웰빙에 심각한 위험을 초래한다."라는 정책 브리핑을 발표하며 기후변화에 따른 정신건강 지원 시스템을 각국 정부에 당부했다.[2] 세계가 기후와 지구 환경의 위기를 이야기하면서 동시에 꺼낸 것이 바로 정신건강과 관련한 이야기다.

기후로 인한 재난 혹은 재해[3] 자체가 우리를 죽음에 이르게 할 수 있다. 또한 폭염을 포함한 여러 기후재해로 인한 공포, 조절 마비, 스트레스, 우울 등으로도 죽음의 문턱을 헤맬 수 있다. 이미 사람들의 마음에는 거대한 공포와 불안이 시작됐다. 다만 그것이 명료하게 더 극적으로 인식되지 못할 뿐이다. 사계절이 극단적 여름과 겨울로 바뀌고 전국 각지의 꽃축제들은 개화 시기가 바뀌며 꽃 없이 치르게 됐다. 제사상에 오를 과일이 사라지거나 재배지가 달라졌다.

지금껏 발을 딛고 살아온 터전이 낯선 곳처럼 느껴지는 착시 현상도 경험하기 시작했다. 내 삶으로 들어온 기후변화와 기후위기를 이야기하는 사람들이 점차 늘고 있다. "여기가 한국 맞아? 이제 사계절은 사라지고 여름 겨울만 남았네." "이 과일이 이제 한국에서 재배된다고?" "얼마나 더워지려고 이러지." "이 꽃이 왜 지금 피지?" 등 바뀐 기후로 인한 부적응은 새로운 심리적 불안인 기후불안, 생태불안으로 이어져 차츰 우리의 일상이 되었다.

매년 '역대급' 더위를 기록하고 있다. "왜 이렇게 해마다 더워지지? 왜 날씨가 이렇지?" 등의 대화는 지금 우리가 나누는 흔한 대화 중 하나다. 지구온난화와 기후변화로 인해 우리 삶의 환경이 급변하고 있다. 혹시라도 기후변화와 기후위기에 관한 이야기가 여전히 남의 이야기 같은가? 국민의 상당수가 현재 자신의 삶이 송두리째 바뀔 것이라는 압력을 받고 있다. 특히 농민들과 어민들은 삶 자체가 바뀌고 정체성도 변해야 하는 스트레스를 안고 있다. 사과, 배 과수를 하던 농민들은 이제 망고 등 열대과일을 재배하고 명태를 잡던 어부들은 더 이상 존재하지 않는다.

우리가 가장 중요하게 여기는 생활 지표도 달라졌다. 이제 기후 정보는 가장 중요한 정보가 됐다. 여름이 오면 폭염 지표는 생존 지표로 작용한다. 한낮의 폭염에 노출된 후 급작스럽게 사망하는 일들도 생겨났다. 폭염에 대비하지 못했다가 사망하는 사람들은 해마다 늘고 있다. '온도 지능'이라는 말을 할 정도로 기온에 잘 대처하는 것이 중요해졌다.[4] 또한 여름이 되면 나빠지는 사회 지표들이 많다. 폭력, 범죄, 사고가 증가하고 있는 것이다. 이 부정적 행동과 불쾌지수는 상당히 연관된 것으로 보고된다.

폭염은 기후 취약층 시민들에게는 사느냐 죽느냐의 문제로 다가오고 불쾌지수는 폭동, 폭력, 사고와 연결된다. 『폭염 살인』의 저자 제프 구델Jeff Goodell은 지구온난화를 넘어 폭염으로 끓어오르는 지구로 인해 벌어지는 위기야말로 이제 모든 인류가 맞이한 가장 대표적인 기후재난이 됐다고 전한다.[5] 폭염 자체가 우리를 죽일 수 있고 폭염으로 인한 정신 마비가 사람들을 죽음으로 몰고 갈 수 있다고 강력히 경고한다.

기후위기의 소용돌이 속으로 빨려 들어가고 있다

기후위기는 해마다 더 빠르게 그 수위를 높여가고 있다. 이 글을 쓰는 이 순간에도 새로운 기록이 경신되고 있다. 2024년 전 세계 기온이 11개월 연속 상승 중이고 우리가 겪은 2024년의 봄은 관측 이후 가장 기온이 높았던 봄이었다.[6] 이제는 봄을 '따뜻했던'이라고 표현하기가 어려워졌다.

기후변화 중 온난화가 미치는 영향의 범위는 아주 크다. 폭염, 수온 상승, 해수면 상승이 일어날 뿐만 아니라 농산물의 작황에도 영향을 미친다. 그러나 여기에서 그치지 않는다. 현재 많은 자료를 분석해보면 여러 기후위기 현상이 인간을 포함한 지구상의 많은 생물에게 예상하지 못한 변화를 촉발하고 있다는 점을 알 수 있다. 먼저 2010년부터 2019년 사이 미국 보험사로 접수된 보험금 청구 사례를 분석한 결과 더위가 극심한 날에 우울증, 불안, 조현병 등 정신질환으로 인해 응급실을 방문한 사람이 증가한 사실이 드러났다.[7] 동물들 사이에서 고온에 따른 이상 현상이 일어나고 있다는 관찰 결과도 계속 보고되고 있다. 고온 현상이 계속되고 있는 태국에서 돼지들이 스트레스를 받아 실성하고 먹지도 못하며 설사를 지속한다는 보도가 나오기도 했다. 또한 닭과 오리들이 알을 낳지 못해 계란 값이 폭등하고 있다.[8]

고온과 폭염을 포함한 생태 환경의 변화는 지구상의 많은 생명체에게 예측할 수 없는 변화를 촉발한다. 그래서 정부 간 협력체나 국제기구들이 수많은 시나리오를 만들어서 기후변화에 대한 전략을 제시하고 있다. 적응 전략과 대처 전략을 포함해 영화에 나올 법한 내용의 우주 도피 전략까지 세울 정도다. 여기에서 질문 하나를 해보자. 과연 우리나라는 어떤 시나리오를 따라가고 있을까? 다음은 2023년에 우리 정부가 보고한 「대한민국 기후변화 적응보고서」의 도입 부분이다.[9]

"대한민국은 전 세계 평균보다 더 빠른 온난화 속도를 보인다. 지난 109년간(1912~2020년) 대한민국의 연평균 기온은 섭씨 약 1.6도 상승하여 전 세계 평균인 1.09도 상승보다 빨랐다. 표층 수온 역시 최근 50년간(1968~2017년) 1.23도 상승하여 전 세계 평균인 0.48도를 약 2.6배 상회하였다. 최근 30년간(1989~2018년) 해수면 상승도 전 세계 해수면 연간 평균 상승 폭인 1.7밀리미터보다 더 큰 2.97밀리미터이다."

기후변화에 관한 한 시나리오는 2090년 한반도의 봄은 1월 28일에 시작하고 여름은 4월부터 10월까지 이어지며 가을과 겨울은 11월에서 1월까지 이르는 짧은 계절이 될 것이라고 예측한다. 지금의 어른들은 3개월에서 조금 늘어난 여름을 살지만 70년 뒤에 한반도에서 살아갈 세대는 6개월이 넘는 여름을 맞이할 것이다. 우리 후손들은 길고 긴 폭염 속에서 살아갈 것이다.

우리는 현재 세계에서도 가장 빠른 속도로 기후위기의 소용돌이 속으로 빨려 들어가고 있다. 찜통이 되고 있는 좁은 땅 위에서 온 국민이 돌진하면서 스스로 마비되고 서로를 짓밟고 있다. 기후재난 영화에 보던 장면들을 곳곳에서 현실로 마주할 날이 머지않았다.

위기로 가득한 뜨거운 지구를 미래 세대에게 넘길 것인가

알아야 산다. 그리고 실천에 옮겨야 한다. 이 책은 바로 이런 위기의식을 공유한 세 명의 정신과 의사들이 국민에게 드리는 전갈이다. 코로나 팬데믹의 마지막 해였던 2022년부터 우리 저자들을 중심으로 소수의 동료 의사와 연구자들이 기후위기와 정신건강에 관한 세미나를 시작했고 그 연구의 작은 결과들을 책으로 엮어 출판하게 됐다.

이 책은 4장으로 구성된다. 1장은 기후 스트레스와 기후위기로 인한 몸, 마음, 정신건강의 변화에 관해 다뤘다. 2장은 기후위기로 인해 나타나는 새로운 정신 병리에 관해 살펴봤다. 3장은 심각한 기후위기를 부정하고 무시하는 심리가 어떻게 작용하는지 알아봤다. 4장은 기후위기를 대하는 사람들의 심리를 사회와 문화를 통해 조명해봤다.

우리가 갖고 있는 책임감 중 하나는 우리 자녀들에 관한 것이다. 우리보다 지구에서 더 오래 살아야 할 자녀들에게 물려줄 지구는 '위기 덩어리의 뜨거운 지구'다. 우리 자녀들이 이 뜨거워진 지구에서 힘겹게 살아갈 것에 대한 연민이 이 책을 쓰게 된 중요한 동기로 작동했다. 우리는 그나마 사계절이 분명한 아름다운 한반도에서 지구의 멸망을 덜 걱정하며 살았다. 하지만 우리 후손들은 기후위기를 겪으며 지구 멸망에 더 가까워져 온갖 기후재해와 지구 황폐화를 감내해야 할 수도 있다. 온갖 공상과학SF 영화들에서 그려진 디스토피아의 지구를 물려줄 가능성이 크다. 그런 사실들이 우리를 아프게 한다.

우주와 지구는 격렬하게 위험 신호를 보낸다

코로나 팬데믹을 거치면서 우리 삶의 환경과 지구에 대해 여러 생각을 하게 됐다. 21세기 들어 단일 전염병으로 가장 많은 인류가 사망한 사건이 바로 최근 겪었던 코로나 팬데믹이다. 2023년 9월 통계로 전 세계에서 무려 690만 명이 사망했다. 이 시기 우리나라에서도 3만 6,000여 명이 사망했다.[10] 우리는 이 죽음에 대한 복잡한 애도와 또 앞으로 겪을지도 모를 이러한 상실을 예방하기 위해 사회적으로 무엇을 할 것인가? 이 책은 그 과정에서 길어 올린 답이자 실천 중 하나다. 이 책의 동기 중 일부는 코로나 사망자들에 대한 애도라고 할 수 있다.

코로나 팬데믹에 대한 반성과 성찰의 시간을 가질 때마다 기후변화와 기후위기에 대한 생각도 함께 떠올랐다. 지구 환경과 기후위기에 대한 인간의 교만과 자기 중심성에 대해 깊은 반성을 할 수밖에 없었다. 그래서 작년에 나는 암 수술과 항암 치료를 받아 힘든 몸 상태에서도 이 책을 집필했다. 개인적으로 이 책을 쓰게 된 다섯 가지 동기가 있다.

첫째, 코로나 팬데믹은 박쥐 탓이 아니었다. 인간이 지구 환경을 파괴한 데서 비롯됐다. 코로나 팬데믹은 우리에게 많은 교훈을 남겼다. 그중 하나가 진짜 지구를 파괴하는 존재가 누구인지를 확실히 가르쳐준 것이다. 우리 인간의 탐욕이 지구의 다른 존재들을 사라지게 하던 중에 발생한 일이 코로나 팬데믹이다. 우리는 지구를 그리고 지구상에 함께 존재하는 다른 대상들을 존중해야 한다. 우리에게도 마땅한 제한이 있어야 한다. 우리는 지구의 일부이지 지구의 전부가 아니다. 지구 파괴의 결과로 우리는 만나지 않아야 할 대상을 만나게 될 가능성이 커지고 있다. 코로나 팬데믹은 인류가 자연을 침범함으로써 발생한 만나지 말아야 할 만남으로 일어난 사건이다.

둘째, 지구를 학대하는 일을 멈춰야 한다. 코로나 팬데믹 중 우리나라가 지구를 파괴하고 기후위기를 재촉하는 데 얼마나 지대한 작용을 하는지 알게 됐다. 우리나라는 코로나19 시기 가장 막대한 플라스틱과 비닐을 소비했다. 이 썩지 않는 인간의 생산물이자 쓰레기들이 지구의 다른 존재들을 이미 크게 위협하고 있다. 분해되지 않는 물질의 과다 생산으로 자연 파괴는 계속될 것이다. 각국 정부와 지방자치단체부터 소규모 청소년 단체에 이르기까지 기후와 지구 환경에 대한 수많은 선언이 있었다. 그런데도 지구상의 막대한 무역 규모를 자랑하는 우리나라는 지구에 대한 생각이 빈곤하기 이를 데 없다. 이렇게 가다가는 환경 파괴와 지구 파괴의 주범이 우리나라가 될 수도 있을 것 같다.

셋째, 이미 지구는 끓고 있으며 기후난민이 늘어나고 내 고장의 주 농산물이 바뀌었다. 위기가 더욱 가속되자 '지구온난화'라는 용어를 폐기하자는 움직임이 생겨났다. 지금의 이상 기후들은 '온난화'라는 온건한 표현으로 온건하게 대처해서는 안 된다는 위기의식의 반영이다. 지금의 기후위기는 '끓는 지구'라는 표현이 적합하다는 것이다. 평균기온은 계속 높아지고 빙하는 모두 녹고 있으며 이로 인한 기후위기는 생태계에 막대한 변화를 일으키고 있다. 이 기후위기로 인한 이재민과 기후난민들이 해마다 늘고 있다. 또한 지금 내가 살고 있는 고장의 농산물 종류가 바뀌고 있다. 예전에 키우던 종목은 더 이상 재배하기 어렵고 더 따뜻한 지방의 작물을 키워야 하는 상황이다. 기후위기로 일어난 삶의 변화가 이제 구체적으로 새로운 생태 지도와 농업 지도를 그리도록 하고 있다.

넷째, 끓고 있는 지구는 인간의 마음도 들끓게 한다. 기후위기는 단지 지구 환경의 변화만 불러온 것이 아니다. 그 환경 속에 살고 있는 사람들을 변화시킨다. 기후위기는 사람들의 마음을 병들게 하고 있다. 세계보건기구, 정신과 의사들, 심리학자들은 이미 10여 년 전 이상 기후변화에 이은 기후위기가 사람들의 마음에 어떻게 병을 일으키는지 다각적으로 연구해왔다. 우리는 기후위기로 인한 재난과 갈등으로 병들기도 한다. 현재 이런 사안에 해당하는 환자들이 모두 늘고 있는 상태라고 보고된다. 장기간의 무더위와 가뭄, 극한의 추위, 홍수, 산불, 해일, 지진 등 기후위기로 인한 도시 파괴, 농어업과 축산업의 변화, 새로운 감염병의 발생과 유행 등 이런 많은 일이 우울, 불안, 자살, 그리고 취약한 인구 계층의 생존을 위협하는 여러 영향의 요인이 되고 있다. 이 책의 2장에서 소개하겠지만 기후위기로 인한 여러 새로운 정신병리 및 사회병리 상태들도 대거 보고되고 있다.

다섯째, 지구는 우리에게 치유를 촉구하고 있다. 기후위기는 우리의 행동을 촉구하는 신호다. 지금 당신이 두 발을 딛고 있는 땅이 언제 물에 잠길지 알 수 없고 언제 싱크홀이 되어 푹 꺼질지 알 수 없다. 그리고 언제 대감염이 휩쓸어 수백만 명이 죽을지 짐작하기 어렵다. 지금은 구체적인 행동을 할 때다. 끓고 있는 지구가 크게 폭발하지 않게 하려면 지금 당장 우리가 나서서 지구를 치유해야 한다. 그리고 기후위기가 전하는 여러 징조를 잘 해석하고 우리의 행동반경을 조절해야 한다.

인류 전체가 지구 파괴자, 기후위기 유발자에서 적극적으로 지구 보전 활동가, 생태환경주의자로 정체성을 바꿔야 한다. 기후 담론은 급진주의자들의 구호가 아니라 우리 동네 반상회의 실천 주제가 돼야 한다. 학교에서는 가장 중요한 수업 주제가 돼야 한다. 그 시기가 빠르면 빠를수록 우리 후손들이 공존 가능한 지구에서 더 안전하게 살 수 있도록 할 수 있다.

이제 정치와 경제에서도 기후위기에 적극적으로 대응해야 한다. 각각의 분야에서 기후위기는 중요한 과제로 떠올랐다. 우리의 일상을 안전하게 보장해야 하는 정치인들과 기후위기의 주범으로 몰리는 기업인들은 더 이상 기후위기를 방관해서는 안 된다. 기후위기에 대한 일상의 대처, 적응, 변화에 관한 논의를 할 수 있는 여건을 정치인들이 앞장서서 만들어야 한다. 기업들은 의무적으로 전 공정을 친환경적으로 바꿔가야 한다.

기후위기로 마음이 감염되고 정신이 파괴되는 문제는 현재진행형이자 다가올 재앙이다. 코로나 팬데믹 이후 여러 기후재난에 이어 또 다른 팬데믹이 올 수 있다고 예견하는 학자들이 많다. 그렇게 되면 사람들의 공포는 더 커질 것이다.

기후위기로 인한 재난은 매년 늘고 있다. 이미 여러 차례 기후재난을 겪었기에 재난이 오기도 전에 두려워하며 극심한 트라우마 반응인 외상전스트레스반응pre-traumatic stress reaction을 보이는 사람들도 해마다 늘고 있다고 한다. 삶의 터전을 버릴 수밖에 없어서 이주하는 기후난민들도 매년 증가하는 추세다. 기후난민의 정신건강 상태는 공허함, 절망적인 감정인 무망감, 불안, 우울 등 복잡한 것으로 알려져 있다.

거꾸로 기후위기를 부정하고 음모론을 주장하며 기후위기를 더 악화시키는 사람들도 있다. 부정과 투사의 미숙한 마음 상태에서 미래를 예견하는 통찰을 거부하고 현재만 보려는 사람들이다. 이들은 어찌 보면 현실을 받아들이기 어려워하며 더 큰 공포 속에 있다고 할 수도 있다. 기후위기는 사람들의 마음에 불안과 절망을 감염시키고 공포로 정신을 붕괴시킨다. 지구 최후의 날에 관한 많은 영화적 상상은 회피, 마취, 환상으로 가득 차 있지 않은가.

현명하고 지혜로운 성찰에 따라 과학이 제시한 시나리오를 따르지 못하는 사람들의 정신은 욕심과 이기심으로 가득 찬 상태일 수도 있다. 미국의 저술가이자 비평가이자 역사가인 리베카 솔닛 Rebecca Solnit은 말했다.[11]

"재난이 일어나면 인간은 크게 두 부류로 나뉜다. 이타주의 상호부조를 향해 나아가는 다수와 냉담함과 이기심으로 2차적 재난을 부르는 소수."

우리가 해야 할 여러 아름다운 일 중 하나는 지구를 함께 살기 더 좋은 행성으로 남기는 것이다. 조금 더 살기 좋은 지구를 후손들에게 남겨주는 일 그리고 지구상의 모든 존재를 존중하는 일이 우리에게 남은 가장 아름다운 일 중 하나다.

코로나 팬데믹 이후 기후와 정신건강에 관한 다양한 자료를 모으고 공부하면서 이 책을 썼다. 공저자 선생님들의 깊은 통찰과 좋은 원고에 감사드린다. 더불어 이 책의 발간을 허락하고 함께 참여해준 안현주 대표님을 비롯한 클라우드나인 편집팀과 제작팀에도 감사를 드린다. 주말을 충분히 함께 쉬거나 시간을 보내지 못해서 혹은 중요한 시간에 함께하지 못한 가족들과 별의친구들 스태프들에게는 죄송한 마음이다.

부디 이 책을 읽는 독자분들이 기후위기로부터 지구를 지키는 기후 치유자가 되어 주셨으면 한다. 그레타 툰베리 Greta Thunberg라는 스웨덴 학생을 기억한다. 기후위기 걱정으로 수업에 들어갈 수 없었던 한 소녀의 마음. 그 다급한 마음이 우리 모두의 마음이었으면 한다. 그것이 진실이니까.

2024년 12월
김현수

목차

1장
날씨가 마음을 파괴한다   29

1장

**날씨가 마음을
파괴한다**

1

날씨와 기후가 마음을 지배한다

날씨야말로 가장 이데올로기적이다

프랑스의 기호학자 롤랑 바르트Roland Barthes는 날씨와 기후, 계절, 장소에 관심이 상당했던 것으로 알려져 있다. 『롤랑 바르트가 쓴 롤랑 바르트』라는 책에 「날씨가 하는 일」이란 짧은 글이 있다.[1]

오늘 아침 빵집의 여성은 "여전히 사랑스러운 날들이지만, 더위가 너무 오래 지속됩니다!"라고 말했다(여기 사람들은 항상 너무 사랑스럽고 너무 덥다고 느낀다). 나는 덧붙였다. "그리고 빛은 너무 아름답다!" 그러나 그녀는 대답하지 않았고, 나는 다시 한번 가장 사소한 대화가 확실한 대화가 되는 언어의 단락을 알아차렸다.
나는 빛을 보는 것이 계급적 감수성과 관련이 있다는 것을 깨닫는다. 아니, 오히려 빵집 안의 여인이 기뻐하는 '그림 같은' 불빛들이 있기 때문에, 사회적으로 특징지어지는 것은 '모호한' 관점, 윤곽이 없는 관점, 대상이 없는 관점, 구상이 없는 관점, 투명의 관점, 비관점의 관점(좋은 그림에서는 발생하고 결코 나쁜 그림에서는 발생하지 않는 비구상적 가치)이다.

요컨대 분위기보다 더 문화적인 것은 없고, 날씨가 하는 일보다 더 이데올로기적인 것은 없다. 날씨가 하는 일은 이데올로기적이라는 바르트의 말은 날씨와 관련하여 가장 자주 언급되는 인용 구절이다. 날씨는 삶을 이끄는 이데올로기처럼 우리를 강력하게 이끌고 때로는 지배하고 통제하기도 한다. 날씨는 우리의 마음이나 행동, 일정, 때로는 삶의 운명을 송두리째 바꿔놓기도 한다.

날씨의 맛에 따라 행동과 습관이 달라진다

햇볕이 강력하게 내리쬐거나 비가 오거나 폭설이 오거나 혹은 오랫동안 비나 눈이 내리지 않거나 하는 날씨는 사람들의 행동, 기분, 습관을 좌우한다. 많은 작가가 날씨에 영향을 받으면 사람들의 감각이 달라지고 희비가 엇갈리며 행동이 달라진다고 언급했다. 이런 글들을 모아 엮은 유명한 저작 중 하나는 프랑스의 역사학자 알랭 코르뱅Alain Corbin이 기획하고 편집한 책 『날씨의 맛』이다.

알랭 코르뱅은 '감각과 감수성 역사 연구의 선구자'로 알려졌다. 코르뱅은 날씨에 대한 사람들의 인식과 감각과 영향의 차이를 알아보기 위해 지리학, 기상학, 사회학, 문학 분야 등 다양한 분야의 전문가 열 명을 모아서 날씨와 관련된 현상들을 소개했다. 그중 몇 개의 글을 인용한다.[2]

비	스탕달은 비를 혐오했고 드 세비네 부인은 비를 맞으며 일탈의 즐거움을 느꼈다. 루이 필리프 1세는 비를 정치적으로 이용했다.
햇빛	18세기 사람들은 햇빛이 몸에 해롭다고 여기며 두려워했다. 하지만 200년 뒤 사람들은 인파가 가득한 해안에서 태평하게 선탠을 즐긴다.
바람	바람은 파괴적인 면과 유익한 면을 동시에 지녔다. 각 지역의 지형과 기후의 특색에 따라 그 종류가 다양하고 지칭하는 용어와 표현도 가지각색이다.
눈	눈은 맛보고 밟고 만지고 보고 그 속에 파묻히는 등 우리의 오감을 통해 정의 내릴 수밖에 없는 기상 현상이다.
안개	안개는 신비롭고 예측할 수 없으므로 불안과 공포를 불러일으킨다. 우리의 상상을 자극하여 창의력의 근원이 되기도 한다.
뇌우	천둥과 번개를 동반하는 뇌우는 '신의 분노' 표출로 여겨져 오랫동안 두려움의 대상이었다. 하지만 낭만주의 시대에 이르러 미학의 대상이 됐다.

날씨로 인해 사람들의 기분과 행동이 어떻게 달라지는지 그리고 기후는 민족과 역사에 어떤 영향을 미쳤는지를 미시적 문화와 역사적 사건들 속에서 탐구할 수 있다. 근대에 들어 과학의 발전과 함께 날씨와 기후는 그 지위가 달라졌다. 농업뿐만 아니라 공업과 상업에 미치는 날씨와 기후에 대해 인식하면서 통계와 측정의 대상으로 바뀌었다. 날씨와 기후는 예측해야 할 중요한 사회적 과제가 되어 기상학이 생겨나고 발전하였다. 날씨와 기후에 대한 측정과 인간의 행동에 대한 비교 연구도 진행됐다. 더위와 추위가 인간의 심리에 어떤 영향을 미치는지 그리고 폭력, 도벽, 범죄와 어떤 통계적 특성이 있는지 연구하기 시작한 것이다.

2

기후가 사람을 돌변하게 만든다

뜨거운 태양이 범죄의 원인이 될 수 있다

날씨와 범죄에 관한 일화를 문학 작품에서 고르라고 하면 많은 사람이 알베르 카뮈의 소설 『이방인』을 떠올린다. 그리고 소설의 주인공 뫼르소가 말한 살인의 이유를 인용한다. 뫼르소는 '작열하는 태양'이 살인 동기라고 말한다.[3] 과연 태양은 그에게 살인 욕구를 촉발했을까? 뜨거운 태양이 인간에게 그런 욕망을 불어넣는 것이 가능한가?

태양의 열기가 실존주의 소설에서 부조리한 삶을 고발하는 하나의 수단으로 선택됐을 수 있다. 하지만 법학자나 범죄심리학자는 이 동기를 단지 문학적 수사로만 여기기 어렵다. 기상학자들과 기후와 연관된 인간의 행동을 연구하는 학자들은 간접적 환경으로서 뜨거운 태양이 인간의 충동을 오작동할 수 있게 한다는 근거들을 최근 찾아내고 있다. 이들은 이 분야의 학문이 발전하면서 축적

된 조사 자료들로만 본다면 뜨거운 태양이 직접적 동기는 아니지만 뜨거운 태양이 비춘 날 폭력이 더 많다는 사실만큼은 용인할 수 있는 사실이라고 덧붙인다.

주인공 뫼르소의 마음은 이미 그 전에 있었던 아랍인들의 추격, 싸움, 친구의 부상으로 인해 균형을 잃은 상태였다. 그 취약한 자제력의 틈을 벌리고 이성을 마비시킨 것은 뜨거운 태양이었을지도 모른다. 그래서 그는 태양이 자신을 쏘게 했다고 말했을 것이다. 뫼르소가 작열하는 태양에 의해 자제력을 잃었듯이 열탕처럼 끓어오르는 고온과 폭염의 날씨는 사람들의 마음에 불을 붙인다. 고온과 폭염이 더 빈번하게 찾아오고 있는 지금, 끓는 지구의 문제는 기후 문제를 넘어서 여러 문제로 파급된다.

지구열대화의 과정은 단지 환경만의 문제가 아니다. 인간 행동에도 변화가 불러일으키고 사회에 큰 문제를 가져올 수도 있다는 제안에 주목해야 한다. 이를 지지하는 증거로서 다음과 같은 통계가 여러 분야에서 제시되고 있다.

- 덥고 습한 날에 사람들은 더 많이 싸운다.
- 평균 기온이 높아지면 자살률이 높아진다.
- 불쾌지수가 높아지면 교통사고가 늘어난다.
- 비가 내리면 사람들은 우울해진다.
- 지구 북반구에서는 봄에 자살률이 높아진다.

또한 날씨와 기후에 따라 정신질환의 발생도 차이가 있다. 특히 일조량, 강우량, 습도, 기온 등은 기분의 변화와 깊은 관련이 있다.

해가 떠 있는 시간이 긴 지방과 짧은 지방에서는 계절성 우울증 빈도의 차이가 확연히 난다. 일조량은 사람들의 건강과 자연의 순환에 아주 중요한 지표다. 강우량도 마찬가지다. 사계절의 변화가 뚜렷한 지역에 사는 사람들의 문화와 여름, 겨울 같은 특정 계절만 더 긴 곳에 사는 사람들의 문화는 차이가 아주 크다.

기후에 관한 과학과 산업이 새롭게 발전하면서 날씨와 기후를 예측하는 것 자체가 산업이 됐다. 그리고 날씨가 일상생활에서 심리에 미치는 여러 요인이 활용되기 시작했다. 폭염으로 인한 불쾌지수(기온과 상대습도) 측정이 그중 하나다. 여름이 오면 불쾌지수는 사람들의 짜증과 거친 행동을 예측할 수 있는 중요한 지표가 됐다. 추후 자세히 언급하겠지만 불쾌지수가 높은 날에는 사건 사고가 더 많은 것으로 알려져 있다.[4]

최근 일상생활에 더 문제가 되고 있는 날씨와 기후 관련 이슈는 미세먼지다. 미세먼지 농도는 이제 뉴스에 매일 보도되는 기상 예보의 중요 내용이 됐다. 미세먼지 농도에 따라 어린이, 노인, 호흡기가 취약한 사람들은 외출을 조정한다. 그뿐만 아니라 대기오염은 자살에도 영향을 미치는 것으로 알려졌다.[5]

기후위기는 인간의 공격성을 불러일으킨다

"날씨와 기후가 인간의 공격성에 어떻게 영향을 미칠까?"

이 질문에 대해 처음 답을 찾았던 사람은 1800년대 벨기에의 수학자 아돌프 케틀레Adolphe Quetelet였다. 그는 범죄 통계를 조사하던 중 공격성이 커져서 폭력 행동이 높아지는 시기는 여름이고 재산을 훔치는 도벽 행동이 증가하는 시기는 겨울이라는 사실을 알게 됐다.[6] 그는 여름의 폭력 행동은 잦아진 외출, 사람들과 함께 있는 시간의 증가, 그리고 더위로 인해 인간의 이성적 판단이 흐려진 것이라고 이유를 추론했다. 겨울은 추위로 인해 경제적 어려움이 증가하여 도벽이 늘어난다고 추정했다.

이후 인간의 공격성과 분노가 폭발하는 시기 그리고 범죄를 기후나 날씨와 연계한 연구로는 미국의 시민 항쟁과 날씨에 관한 연구들이 있다. 이 연구들은 시민들의 항거가 집중되는 시기가 여름이며 26도를 넘는 날에 주로 집단행동이 일어났다는 보고 내용을 담고 있다.[7]

살인이나 강간과 같은 흉악 범죄에 대한 날씨와 기후의 직간접적 영향에 관한 연구는 현재 논쟁적이다. 직접적으로 연관이 있다는 연구도 있고 연관이 없다는 연구도 있다. 반면 폭행의 증가와 폭력 범죄는 확실히 더위, 습도, 불쾌지수와 관련이 있다는 연구 결과가 다수다. 폭행과 같은 공격적 행동은 기온과 관련 있으며 특히 불쾌지수가 높아질수록 증가했다.[8]

미국 16개 지역에서 월평균 기온과 월평균 폭행 건수를 조사한 연구에서는 14개 지역에서 유의미한 관계를 보였다. 즉 기온이 높아질수록 폭행이 늘어났다.[9] 다른 연구에서는 습도와 폭행 발생 간의 관계가 비례한다고 보고했다.[10]

3

우울증과 자살률 증가의 배후 조종자는 기후다

긴 장마는 우울증에 빠지게 한다

사람들은 비 오는 날씨가 계속되면 기분이 우울해진다거나 차분해진다는 말을 종종 한다. 실제로 그럴까? 이와 관련한 질문을 통해 비와 정신건강의 상관관계를 알아보자.

첫째, 비로 인해 더 슬퍼질 수 있을까? 비가 오면 슬픈 생각과 느낌, 예전 상처에 관한 생각, 헤어진 사람에 대한 감정이 올라오고 생각이 더 나기도 한다. 비는 감정과 생각을 불러내는 힘이 있을까? 이것은 충분히 가능한 일이다. 비가 오면 햇빛의 영향과 효과가 줄어들게 되고 햇빛을 받을 때 증가하는 세로토닌과 도파민 등의 물질도 분비가 줄어든다. 그리고 멜라토닌이라는 각성과 수면 주기를 조절하는 호르몬 분비가 늘어난다. 기분이 가라앉고 좋았던 과거의 기억보다는 좋지 않았던 과거의 기억이 떠오를 가능성이 높아진다.[11]

또한 비가 오면 약속을 취소하고 만남을 줄이면서 혼자 있는 경우가 늘어난다. 혼자 있으면서 이런저런 생각에 시달릴 수 있다. 특히 외로움에 취약한 사람들은 비가 오는 날 상대적으로 외로움과 우울감을 더 느낄 수 있다.[12] 그뿐만 아니라 통증도 느낀다. 비가 오면 기압, 습도, 기온의 변화로 관절을 포함한 신체의 여러 곳이 아프다. 이런 신체적 고통이 기분을 우울하고 불행하게 느끼게 할 수도 있다.[13]

둘째, 비로 인해 더 무기력해지고 졸릴 수 있을까? 비가 오면 호르몬이나 신경계 물질의 변화로 인해 평상시보다 더 졸릴 수 있다. 뇌는 밝은 낮과 어두운 밤이 규칙적으로 반복될 때 세로토닌과 멜라토닌 등 감정 조절 호르몬을 분비한다. 그러나 비 오는 날처럼 낮에도 어두운 날씨가 계속되면 체내 멜라토닌 분비는 증가하지만 세로토닌 분비는 감소한다. 이로 인해 의욕을 떨어뜨리고 피로감 등을 느끼게 하여 졸음이 쏟아질 수 있다.

비 오는 날 더 졸리고 나른해지는 또 다른 이유는 높아진 습도다. 비가 내리면 바깥 공기가 다소 무겁고 끈적끈적하게 느껴질 수 있다. 이때 우리 몸은 스스로 시원함과 항상성을 유지하기 위해 평소보다 더 많은 에너지를 쓰면서 육체적 피로가 쌓인다. 더불어 비로 인해 공기 속 산소포화도가 낮아져서 더 나른해진다.[14]

셋째, 비가 더 안정을 취하게 할 수도 있을까? 빗소리는 심신을 안정시키는 효과가 높다고 한다. 빗소리는 '핑크 노이즈'를 생성한다. 저주파 소음인 핑크 노이즈는 일정한 스펙트럼을 갖고 있어 숙면에 도움이 된다. 빗소리 외에도 해변에서 파도가 부서지는 소리, 빗방울이 떨어지는 소리, 살랑이는 낙엽 소리, 심장 박동 소리 등이 있다. 또 수면 상태일 때 뇌에서 나오는 세타파와 델타파는 빗소리를 들을 때 잘 나와 숙면에 도움이 된다는 주장도 있다.[15]

숲길을 걸을 때 비가 내리면 더 안정감을 느낄 수 있다고 한다. '페트리코petrichor'라는 냄새 때문이다. 페트리코는 그리스어로 돌을 의미하는 '페트라petra'와 신화 속 신들이 흘린 피를 뜻하는 '이코ichor'가 합쳐진 용어다. 페트리코는 비 자체에서 나는 냄새가 아니라 흙과 바위에서 만들어지는 냄새다. 식물은 비가 오지 않을 때 씨앗이 발아하지 않도록 특정 기름을 분비한다. 이 기름이 흙이나 바위틈 사이에 모이게 된다. 비가 내리면 이 기름이 빗물에 씻겨 내려가면서 흙 속 박테리아가 분비한 지오스민geosmin이라는 화학물질과 합쳐진다. 이때 흔히 비 냄새라 하는 특정 향이 나면서 마음이 진정되는 효과가 나타난다. 실제로 지오스민은 향수의 원료로 널리 쓰이고 있다.[16]

넷째, 비가 계속 오면 우울증에 걸릴 수도 있을까? 최근 우기 우울증 혹은 장마 우울증이 계절성 우울증의 하나로 보고되고 있다. 주로 여성에게 많다고 하며 이 시기 햇빛의 감소, 활동의 중단, 높은 습도 등으로 인해 불면, 식욕 부진, 생활 주기의 파괴, 불안 등이 우울감과 함께 나타난다고 한다.

미국의 한 연구는 여름의 긴 장마 기간을 혐오하고 불편해하는 인구가 10% 정도 존재하고 갑작스러운 비, 폭풍, 폭우, 높은 습도에 공포를 느끼는 사람들이 있다고 보고한다. 특히 고온 다습한 상태에서 비가 내릴 때 복잡한 출퇴근에 대한 어려움을 호소하는 사람들이 취약한 여름 계절성 우울증 위험군이라고 한다.[17]

봄에 자살률이 가장 높다

봄은 쉽지 않다. 시인 T. S. 엘리엇Thomas Stearns Eliot이 말한 대로 봄은 잔인함의 연속이다. 봄은 학기나 업무가 시작되면서 적응 스트레스가 폭증하는 시기다. 새로운 사회 활동으로 인해 상처도 더 받고 힘든 경험도 늘어난다. 봄날에 개최되는 온갖 가족 행사들은 상대적 박탈감과 사회적 수치심을 극도에 달하게 한다. 행복한 사람은 행복을 확인하는 반면 불행한 사람은 더 크게 자신의 불행을 봐야 한다. 그래서 봄은 두 얼굴의 계절이다.

이 두 얼굴의 잔혹함은 우리나라에서도 마찬가지다. 코로나 팬데믹이 한창이던 2020년을 제외하고 자살률이 가장 높은 달은 2021년 3월, 2022년 4월, 2023년 5월이었다. 봄에 자살 예방을 하는 게 정말 중요하다는 것을 보여주는 통계다. 그런데 왜 자살은 봄에 가장 많을까? 춥고 어두운 겨울도 아니고 낙엽이 뒹구는 가을도 아니고 뜨거운 여름도 아닌 봄인 이유를 정신의학자들과 사회역학자, 면역학, 기상학자들은 중요한 가설들로 설명하고 있다.

첫째, 깨진 약속 효과다. 정신과 의사 케이 제이미슨Kay Redfield Jamison이 봄 자살 증가 원인으로 말한 것이다. 기대했던 봄의 약속이 이루어지지 않자 그 심리적 절망감이 자살로 이끈다고 봤다. 유독 '새로운'이라는 수식어를 붙이는 기다림의 계절이었던 봄의 약속이 깨지면서 마음이 무너져 내려 자살을 실행하게 된다는 심리적 원인설이다. 봄 스트레스를 줄이고 실망감을 줄일 수 있는 공감과 위로가 필요하다.

둘째, 소진 후 에너지 효과다. 많은 정신과 의사가 이야기하는 것이다. 겨울 동안 우울 증상과 징후들로 지쳤다가 에너지가 올라오는 봄에 자살할 힘을 얻는다는 주장이다. 자살을 시도할 힘도 없었던 겨울을 지나 봄을 맞이하면서 오히려 역설적으로 실행에 옮기게 된다는 가설이다. 자살 경고 징후를 잘 알고 우울한 사람의 봄앓이를 잘 돌보는 것이 예방책이다.

셋째, 감정 불안정-동요 효과다. 늦봄과 초여름에 증가하는 조울증 환자를 비롯해 감정조절이 어려운 사람들은 봄의 여러 자극에 감정이 동요한다. 이에 따라 불안정해져 이것이 자살 증가의 원인이 된다고 본다. 조울증 환자를 비롯해 감정조절이 어려운 다양한 정신장애가 있는 사람들에 대한 교육과 예방이 중요하다.

넷째, 알레르기 항원설과 염증설이다. 미국 메릴랜드대학교의 의과대학 정신과 테오도르 포스톨라치Teodor Postolache 교수는 꽃가루가 가장 높게 퍼지는 시기에 자살률이 높다는 통계를 발견했다. 꽃가루를 통한 염증 반응은 면역 단백질인 사이토카인을 활성화하는데 우울과 자살을 부추기는 뇌 회로를 자극한다고 발표했다.[18]

이른바 염증 유도 자살 효과 가설도 있다. 자살이 증가하는 이유로 겨울철 일조량 감소로 인한 비타민 D 부족과 함께 염증 스트레스와 염증을 치료하기 위한 과정에서의 스트레스를 꼽는다. 이 가설에 따라 심각한 염증 환자의 우울을 잘 살펴보고 신체건강과 면역강화에 신경 쓰는 것도 봄철 자살예방책이 될 수 있다.

다섯째, 대기오염이다. 외부 활동량이 늘어나는 봄에 황사와 미세먼지 등 대기오염이 심해지는 것도 자살에 영향을 미친다. 서울대학교 박상민, 황인영 교수팀은 미세먼지가 심각한 봄날에 자살 위험성이 더 높아진다는 것을 90만 명의 데이터로 확인했다. 미세먼지로 인한 자살 부담은 운동하지 않는 40대 이상의 남성과 우울증 진단을 받은 지 5년 이내의 여성에게 더 크다고 한다. 미세먼지에 대한 대책도 중요한 자살예방책 중 하나다.[17]

봄에 자살이 증가한다는 현상이 알려지면서 예방 가능성도 더 높아지고 있다. 봄에 아픈 사람, 동요하는 사람을 특별히 잘 보살 피고 친절과 공감을 표하는 연대를 통해 사람들이 함께 노력한다면 확실히 생명을 살릴 수 있다.

4

기후변화로 라이프스타일이 바뀐다

명태는 없고 사과는 강원도에서 난다

기후위기로 인해 단지 조금 더워졌고 기후를 예측하기 어려워진 것이 아니다. 삶의 근거지가 사라지고 익숙하게 만날 수 있었던 과거가 사라지는 것이다. 익숙한 것들과 결별하는 것은 사람들에게 큰 심리적 충격을 준다. 이미 이런 충격을 받은 사람들이 겪는 심리적 공황, 낯설어진 고향에 대한 부적응, 이질감, 다른 행성에 와 있는 것 같은 심정, 더 이상 자신의 고향은 없다고 느끼는 상실감과 당혹감, 뿌리를 잃은 듯한 기분 등 이런 심리적 충격에 대해 여러 학자가 언급하고 있다. 그중 이 현상을 '솔라스탤지어_solastalgia'라는 개념으로 가장 자세히 풀어낸 것은 호주의 철학자 글렌 알브레히트_Glenn Albrecht였다.

내가 어렸을 때 고향에서 재배하던 과일은 이제 고향에 없다. 익숙한 과수원들은 이제 보이지 않고 철마다 먹던 과일들도 사라지고 있다. 마찬가지로 물고기들도 사라지고 어장지도도 완전히 바뀌었다. 더운물에 사는 물고기들만 볼 수 있다.

우리나라 근해의 어장지도가 바뀌고 있다. 명태와 도루묵은 잡히지 않는 반면 고등어와 멸치 등은 늘었다. 해수 온도의 변화 때문이다. 지난 53년간 우리 근해의 연평균 표층 수온은 약 1.2도 내외 상승했는데 같은 기간 전 세계 해역의 연평균 표층 수온은 약 0.53도 상승했다. 우리 해역의 수온 상승률이 전 세계 평균에 비해 약 2배 이상 높게 나타나고 있다.[18]

농업 작물지도 또한 크게 바뀌었다. 사과 재배지는 계속 북상 중으로 이제 대구·경북의 사과보다 강원도 사과가 주를 이룰 가능성이 높아졌다고 한다. 제주가 주산지였던 한라봉은 전북 김제에서, 무화과는 충북 충주에서, 포도는 강원 영월까지 재배할 수 있게 됐다. 과일 재배는 온난화의 영향으로 미래가 크게 달라지고 있다.[19]

기후위기로 인한 농업과 어업의 변화는 당연히 농민과 어민의 삶에 변화를 가져왔다. 평생 해왔던 일을 포기하고 새로운 어장과 과수 재배에 익숙해져야 하는 것은 큰 스트레스다. 삶을 뒤바꿔야 하는 일이다. 이 과정에서 겪는 어려움은 많은 농민과 어민에게 큰 위협이 되고 있다. 그뿐만 아니라 기후 스트레스로 인한 우울증에 걸리는 농민과 어민이 갈수록 늘어나고 있다.

실제로 기후위기로 인한 농민 우울증을 국가인권위원회에 진정하는 일이 있었다. 2020년 국가인권위원회에 대표로 진정서를 올린 박흥식 전국 농민회총연맹 회장은 「한겨레」와 인터뷰하며 "예전에도 대형 태풍이 왔을 때 농민들이 피해를 입곤 했지만 어느 시기부터 대형 태풍이 나타나는 주기가 짧아졌고 오는 시기도 점점 늦어진다. 올해 여름에는 56일간 비가 왔는데 장마라기보나는 우기라고 해야 할 것 같다. 우리 모두의 삶을 유지할 수 있을지 알 수 없는 심각한 상황이다. 기후에 따라 작목이 변화되고 있는 시점에서 식량 위기가 다가오는 것 같다. 농민의 삶이 위협당하는 인권의 문제이기도 하다."라고 말했다.[20]

바뀐 기후로 새로운 난민들이 늘어난다

기후위기로 인한 홍수, 가뭄, 태풍, 산불 등의 기후재해로 삶의 터전이 송두리째 파괴되면서 기후난민이 생겨나고 있다. 기후난민은 결국 새로운 거주지와 직업을 찾아 이주해야 한다.

국제적인 차원에서 기후난민이란 해수면 상승으로 생계지가 수몰되거나, 가뭄으로 식량 생산이 어려워지거나, 대홍수로 모든 것이 매몰되거나, 극한 폭염이나 산불이 장기간 계속되는 등 기후재해로 인해 일시적 혹은 영구적으로 살던 곳을 떠나게 된 사람들을 말한다.

국제 NGO인 자국내난민감시센터는 「2013년부터 2022년까지 자국 내 기후난민 현황」을 발표했다. 2022년의 기후난민은 지난 10여 년간 평균적인 수치보다 41% 증가해 역대 최대치를 기록하고 있다. 그리고 기후난민의 98%가 홍수, 가뭄, 산불 등 기후재해로 발생했다고 밝혔다. 2023년 말 기준 기후재해로 인해 발생한 실향민은 약 3,184만 명이고 지진과 화산 등 지질학적 재해로 발생한 실향민은 약 71만 명이라고 한다.[21]

기후재해로 인해 난민이 된 사람들은 기후위기를 일으키는 온실가스를 거의 배출하지 않았던 사람들이라는 점에서 더 안타까움을 자아낸다. 삶의 터전을 모두 잃은 상실감, 기후재해를 경험하며 입은 정신적 외상, 재기와 회복 과정에서의 고통 등 기후난민의 정신적 고통은 이루 말할 수 없다. 기후난민이 신체적, 정신적 건강을 회복하는 데 드는 비용도 사회적으로 큰 부담이 된다.

5

마음이 무너지고 정신이 피폐해졌다

기후위기는 정신건강을 크게 해치고 있다

기후위기로 정신건강에 큰 문제가 생기고 있다. 세계보건기구를 비롯한 모든 국제 의료 단체나 구호 단체들 그리고 기후재해를 당한 정부들이 이미 경험하고 있으며 앞으로 큰 부담이 될 것이다. 세계보건기구는 기후변화와 기후위기로 인해 발생하는 정신적 위기를 7가지 유형으로 제시했다.[22]

1. 스트레스 반응
2. 관계에서의 변화
3. 정신건강 상태: 불안, 우울, 스트레스와 연관된 상태
4. 아무도 나를 도와주지 않을 거라는 무조감, 공포와 슬픔
5. 자살 행동과 자살 증가
6. 알코올과 약물의 남용

7. 새로운 개념의 부상: 생태슬픔, 생태불안, 솔라스탤지어

    기후변화에 관한 정부 간 협의체 제6차 평가보고서는 기후위기가 정신건강에 큰 위기를 가져오므로 더 구체적으로 정신건강에 접근해야 한다고 강조했다. 이 보고서는 정신건강 관리 대응과 강화에 관해 구체적으로 언급하고 있는데 자살, 우울, 외상후스트레스장애PTSD뿐만 아니라 기후 불안도 함께 지적하고 있다.[22] 또한 홍수, 가뭄, 폭염, 폭풍, 산불, 해수면 상승 등 6가지 기상이변에 대한 건강 시나리오를 작성한 세계경제포럼의 자료에서도 모두 정신건강 이슈를 큰 이슈로 상정하고 있다.[23]

    세계보건기구를 포함한 국제기구들은 특히 정신건강이 취약한 그룹, 기후난민, 농어업 등 기후 영향이 큰 산업 종사자 그리고 일조량이나 강우량에 영향을 크게 받는 정신질환이 많은 나라는 더 특별히 준비해야 한다고 말하고 있다. 이제 우리는 기후위기에 대해 최선의 노력을 다해야 한다. 더욱 구체적인 지식과 안목으로 기후변화를 늦추고 기후위기를 해소하여 심신이 안정되도록 말이다. 이미 날씨와 기후의 변화는 인간의 정신에 질병을 일으키고 있다. 이에 대해 우리는 더 늦지 않게 대비가 필요하다.

우리나라는 최악의 기후 악당 나라다

    세계기상기구는 매해 「지구 기후 현황」 보고서를 발표한다.[24] 이 보고서는 온실가스 농도, 해수 온도, 해양 산성화, 해수면 상승 등 4가지 지표를 기준으로 삼는다. 이 기준으로 보면 우리나라의 변

화 상태는 심각히다. 앞서 말했던 우리 정부가 2023년에 발행한 「대한민국 기후변화 적응보고서」[25]에는 우리나라가 매우 높은 비율로 세계 평균을 앞서가고 있다.

보고서를 보면 우려스러운 내용이 한둘이 아니다. 우선 대한민국은 전 세계 평균보다 더 빠른 온난화 속도를 보인다. 다시 그 내용을 살펴보자. 지난 109년간(1912~2020) 대한민국의 연평균 기온은 약 1.6도 상승하여 전 세계 평균인 1.09도 상승보다 빨랐다. 표층수온 역시 최근 50년간(1968~2017) 1.23도 상승하여 전 세계 평균인 0.48도보다 약 2.6배 높았다. 최근 30년간(1989~2018) 해수면 상승은 전 세계 해수면 연평균 상승 폭인 1.7밀리미터보다 더 큰 2.97밀리미터다. 게다가 폭우, 폭염, 겨울철 이상고온 및 한파의 강도와 빈도가 높아지고 있어 재산과 인명 피해가 증가하고 있다. 최근 10년간(2012~2021) 기후변화와 연관된 자연재해로 인한 경제적 손실은 3조 7,000억 원에 달하고 복구 비용은 손실 비용의 2~3배에 달한다. 해양 산성화의 정도는 관측이 시작된 지가 얼마 되지도 않았다.

우리나라의 기후변화와 기후위기에 대한 대책은 아직 현실을 따라가지 못하고 있다. 이것이 우리의 현실이다. 더군다나 더 우려스러운 것은 정부의 기후 정책이 거꾸로 퇴행하면서 시민들의 기후에 대한 의식도 더 후퇴하고 있다는 사실이다. 한국은 기후변화 대응에서 꼴찌를 다투고 있다. 안타깝게도 우리나라는 최악의 기후 악당 국가다. 2023년 제28차 유엔기후변화협약 당사국총회에서 기후변화에 대응하는 국가 순위를 발표했다. 우리나라는 64개국 중 61위를 차지했다. 우리나라보다 뒤처진 나라는 아랍에미리트,

이란, 사우디아라비아로 이들 세 나라는 산유국이다. 사실상 꼴찌인 셈이다. 참고로 이 순위를 작성하는 데 참고하는 기후변화 대응 지수는 각국의 온실가스 배출량과 에너지 사용, 재생에너지 사용, 기후 정책 등 4개 분야의 성과를 계량화한 것이다.[26]

우리나라가 전보다 더 순위가 내려가고 최고의 악당이 된 이유는 현 정부가 재생 에너지 비율을 줄였을 뿐만 아니라 화석연료 관련 회사에 재정을 지원하고 국제기구가 권장하지 않는 바이오매스 지원 정책[26]을 쓰기 때문이다. 기후위기를 아랑곳하지 않는 현 정부로 인해 더 악화되고 있는 셈이다. 인도와 중국 같은 거대 온실가스 주요 배출국들도 재생에너지 계획을 확대하고 국제적 보조를 맞추고 전 지구적 전략에 참여하고 있다. 그런데 우리 정부는 주도적인 환경 정책을 회피하고 있다.

비영리 단체인 기후솔루션은 학술지 『원 어스』의 자료를 인용해 「기후위기 피해에 대한 대한민국의 책임: 국내총생산GDP 손실액에 대한 부채액 산정을 중심으로」라는 보고서를 발간했다.[27] 이 보고서는 한국의 기후위기 책임이 세계 9위에 해당하며 금액상으로는 약 518조 원에 이른다고 분석했다. 1990년부터 2020년까지 우리나라는 세계 온실가스 배출량의 1.70% 규모를 배출했다고 한다. 세계 9위 규모다. 배상금으로 환산하면 3,935억 달러(517조 8,000억 원)에 이른다. 이 보고서가 사용한 방법으로 2011~2020년 국내 기업의 온실가스 배출량 기여도와 재정적 책임을 추산해보면 포스코(세계 온실가스 배출량의 0.21%)가 1위로 64조 2,000억 원을 책임져야 한다. 2~6위는 한국남동발전, 한국동서발전, 한국남부발전, 한국중부발전, 한국서부발전 등 한국전력 자회사 5개로 모두 합쳐 세계 온실가스 배출량의 0.57%(175조 원)를 차지했다.

기후위기에 대한 국민의 인식 후퇴도 우려스럽다. 한국 리서치 '여론 속의 여론' 팀에서 2024년 4월 18일부터 22일까지 전국 만 18세 이상 남녀 1,000명을 대상으로 기후변화에 대한 인식을 조사한 결과를 보면 2019년 조사에 비해 인식이 더 낮아져 있었다.[28] 우선 일상생활에서 기후변화로 인한 영향을 체감하는 사람은 전체의 87%로 여전히 높지만 2019년과 비교하면 6%포인트 낮아졌다. 기후변화가 본인의 일상생활, 사회경제 활동, 재산 및 건강에 심각한 영향을 준다고 답한 사람은 74%로 높은 편이다. 하지만 이 결과 또한 2019년과 비교하면 8%포인트가 낮아졌다. 그리고 '우리나라에서' 기후위기로 인한 환경 피해가 반드시 발생할 것이라는 예상이 '전 세계에서' 피해가 발생할 것이라는 예상보다 낮았다.

기후위기 문제를 해결하기 위한 기술이나 인프라 확대에 대해서도 전 세계보다는 우리나라의 확대될 가능성을 조금 더 낮게 보고 있다. 기후위기 관련 뉴스와 정보를 접했을 때 드는 감정 반응은 슬픔과 불안감도 느끼지만 반대로 동기부여 감정도 생기는 것으로 확인됐다. 하지만 동기부여를 받았다는 사람은 많으나 기후위기 해결을 위해 운동이라고 불릴 수 있는 행동에 참여하는 사람은 아직 많지 않은 것으로 보인다.

기후위기의 속도는 더 심해져 과거의 기후 안정성이 파괴되어가고 있다. 한국은 정책도 의식도 후퇴하면서 기후 악당이라는 이미지가 고착되고 있다. 기후에 대한 세계 시민들과의 연대의식이 약해지면서 정부부터 기후위기를 조장하는 정책을 부끄러움 없이 유지하는 기후 파괴자의 나라가 되고 있다.

2장

기후위기로 삶이
무너져내린다

1
기후 스트레스로 자꾸만 불안해진다

기후위기는 예측하기 어려워 더 불안하다

인간의 불안을 증폭하는 요소는 여러 가지가 있다. 그중 예측할 수 없다는 것만큼 불안을 더 크게 만드는 요소는 없다. 기후 불안은 바로 예측하기 어려운 기후, 이상 기후로부터 시작한다. 인간의 신경계는 늘 패턴을 읽고 조절을 위한 채비를 하면서 작동한다. 그런데 패턴이 사라지고 매번 즉각적으로 대처해야 하는 상태, 즉 늘 주의를 기울여야 하고 변화에 대해 채비하고 있어야 하는 높은 긴장 상태는 많은 에너지를 소모하게 만든다. 더불어 다양한 병리적 문제도 가져온다.

매년 새로운 기후 현상의 출현으로 더 큰 불안에 떨게 된다. 예상보다 더 더워졌다든지, 비가 더 많이 내렸다든지, 갑작스럽게 한파가 와서 농작물에 냉해가 발생했다든지 하는 예측하기 어렵고 불규칙하면서 갑작스러운 변화들로 인해 우리의 심리적, 신체적

적응력이 낮아지고 있다. 예측할 수 있어야 안정감을 느낀다. 그런데 해마다 안정적 패턴이 깨지고 있다. 이것은 기후 스트레스를 높이고 심리적 피로를 높인다. 더불어 이 변화무쌍한 기후는 양극화 현상으로 나타나고 있다.

우리나라는 이미 기후 스트레스에 시달린다

우리나라의 기후는 변화무쌍한 상황이 계속 요동치고 있다. 그로 인한 불안과 피로가 계속 높아지고 있다. 그래서 정부는 매년 「이상 기후 보고서」를 발행하고 있다. 아래에서 말하는 여러 현상은 기상청이 운영하는 기후정보포털의 자료실에 올라온 「이상 기후 보고서」에서 발췌하여 서술한 것들이다.[1]

첫째, 오랜 가뭄 후 폭우다. 2022년부터 광주와 전남 지역에 가뭄이 길어지면서 댐 건설로 수몰됐던 다리가 30년 만에 다시 모습을 드러내는가 하면 '50년 만에 최악의 가뭄'이 발생하여 전남 도서 지역에는 제한 급수 조치가 내려지기도 했다. 그런데 2023년에는 비가 너무 많이 와서 다시 위기에 처했다. 5월 강수량도 높았고 장마철 강수량은 남부지방이 712.3밀리미터로 역대 1위를 기록했다. 장마철인 7월 중순부터 장마전선이 정체되면서 충남 이남에 오래 머물렀던 것이다. 급작스러운 폭우로 인한 인명 피해와 기후 관련 참사가 발생했다. 이로 인해 이주민이 발생하고 외상후스트레스장애를 포함한 정신질환도 늘어났다.

둘째, 온난화 속에 이상저온 현상이다. 2023년 벚꽃은 평년보다 2주, 매화는 20일, 진달래는 9일가량 일찍 피었다. 2월부터 4월까지 평균 기온이 높아졌기 때문이다. 2023년 2월 평균 기온은 평년보다 1.6도 높았고 3~4월 평균 기온은 평년보다 2.4도가 높았다. 기상이변 중 하나는 봄이 빨리 오는 것이다. 봄이 빨라지면 마치 한 해의 과업을 더 빨리 시작해야 한다는 압박감과 당혹감을 느끼게 된다.

2023년 봄은 빨리 왔다. 그러나 온도가 더 오르지 않는 저온 현상도 같이 찾아왔다. 과실을 맺을 꽃들이 피어야 할 시기에 찾아온 이상저온 현상이다. 4월 초순 갑작스럽게 영하까지 내려가는 저온 현상으로 인해 가장 큰 불안과 우울감에 빠진 것은 과수원 농민들이었다.

봄의 한가운데에 찾아온 저온 현상으로 곧바로 피어나던 꽃들이 떨어졌다. 배꽃은 평년보다 열흘도 더 일찍 피었는데 4월 이상 저온으로 냉해를 입어 썩고 마는 참사가 벌어졌다. 배, 사과 모두 작황이 좋지 않아 가격은 오르고 상품의 질은 형편없었다. 제사상에 올리기도 어려웠다. 배, 사과를 포함한 과실 경작에 대한 대책이 시급해졌다. 그리고 시민들의 불안과 과수원 농민들의 시름이 깊어졌다.

셋째, 극심한 일교차다. 늦가을에 일교차가 극심해졌다. 일 평균 기온이 가장 높았던 날과 낮았던 날의 기온 차가 20도까지 벌어진 날도 있었다. 2023년 11월과 12월에 일교차가 심한 날은 각각 19.8도, 20.6도였다. 1973년 이후 가장 큰 일교차가 발생해 사람들이 날씨에 적응하지 못하고 있다. 감기와 피로를 호소하는 사람들이 늘어날 수밖에 없는 환경이 형성되고 있다. 아침은 늦가을로 맞이했는데 한낮은 여름에 가깝고 저녁에는 다시 늦가을로 적응해야 한다. 마치 나른 기후권을 오가며 지내는 것 같은 생활을 하고 있다. 그래서 담요나 여벌 옷을 가지고 다니는 사람들이 늘었고 카페나 식당에서도 무릎 담요 등을 비치하고 있다. 면역력과 적응력이 부족한 사람들에게 큰 일교차는 아주 큰 스트레스다. 옷을 어떻게 입고 나가야 할지 몰라 매일 날씨와 옷차림을 검색해야 한다.

넷째, 폭염과 생명 간의 상관관계다. 한마디로 끓고 있는 육지, 해마다 늘어나는 폭염일수 등으로 폭염 사망자가 증가하고 있다. 2023년 우리나라에서 개최됐던 잼버리는 폭염으로 가장 큰 어려움을 겪은 최악의 행사로 기록됐다. 폭염 대비가 충분하지 않으면 대규모 단체 활동이 어떻게 참담히 실패하는가를 보여준 사례가 됐다. 폭염일수는 해마다 늘어나고 있다. 열대야 현상도 여름을 넘어 가을까지 이어지고 있다.

2023년에 폭염으로 인한 온열질환자 수는 2,818명으로 2022년 1,564명 대비 80.2% 늘었다. 폭염일수는 13.9일로 2022년 대비 3.6일 증가했고 최대 전력 수요도 급증해 최근 5년 중 가장 높은 수준을 기록했다.

다섯째, 끓고 있는 바다 때문에 바다 생태계가 위기에 빠졌다. 폭염과 열대야 현상이 지속되면서 바다에도 영향을 미쳤다. 뜨거워진 바다의 고수온 현상으로 어업도 큰 위기를 맞게 된 것이다. 2023년에는 88년 만에 9월 열대야가 발생했다. 가을까지 계속된 더위로 인한 고수온 현상으로 양식 생물이 모두 폐사했다. 2023년 고수온 특보는 57일간이나 지속됐다. 이 기록은 고수온 경보제가 시행된 이후 가장 긴 기간이었다. 결국 2023년 전체 양식 생물의 피해 규모는 3,600만여 마리, 피해액은 438억 원으로 집계됐다.

양식업 종사자들은 큰 충격에 빠졌다. 이에 대한 대비책이 절실한 상태다.

2023년 우리 근해의 해수면 온도는 17.5도다. 최근 10년 중 2021년에 이어 두 번째로 높았다. 고수온으로 해수면이 높아져 2023년은 동해와 서해 모두 1993년 이래 가장 높은 해수면을 기록했다. 농업에 이어 양식 어업도 국가 차원에서 기후 대책과 기후 변화로 인한 과학적 사업 지도가 필요한 상태다. 그리고 양식 어업 및 관련 종사자들의 삶에 대한 대책도 절실하다.

여섯째, 불타고 있는 산이다. 증가하는 산불과 이로 인한 이재민이 늘어나고 있다. 2023년은 산림청에 정말 어려운 한 해였다. 1월부터 4월까지 산불이 450여 건 발생하여 10년간의 평균이라고 할 수 있는 300여 건보다 더 많은 산불이 발생했다. 언젠가부터 대형 산불이 반복된 강원도 동해안 지역뿐만 아니라 충청과 전남에서도 큰 산불이 발생했다. 2023년 봄에 일어난 산불만으로 축구장 4,500개에 해당하는 산림이 불탔다.

2022년부터 산불은 더욱 대형화하고 있다. 2022년에는 대형 산불이 8건 발생해 10년 평균 대비 3배 이상 많았다. 하루에 10건 이상 산불이 난 산불 다발 일수도 17일로 지난 10년보다 배 이상 많았다. 대형화되고 일상화된 산불의 주요 원인으로 지목되는 것은 봄철 건조와 고온 현상의 맞물림이다. 2023년 3월 전국 평균 기온은 9.4도로 평년보다 3.3도 높았고 평균 강수량은 85.2밀리미터로 연평균 강수량 120.6밀리미터에 크게 못 미쳤다. 국립산림과학원은 기온이 1.5도 오르면 산불이 발생할 가능성을 나타내는 지수인 산불기상지수가 8.6% 상승한다고 예측한다. 최근 잦아지고 있는 산불의 이면에는 기후변화가 자리 잡고 있다.

산불 재해는 홍수 재해처럼 많은 이재민을 낳는다. 터전을 잃은 사람들의 여러 피해 중 정신적 피해는 아주 크다. 산불로 인한 외상후스트레스장애와 더불어 집과 재산과 가족을 잃은 것에 대한 상실과 애도는 이재민이 회복하고 재기하는 데 가장 큰 어려움으로 작용한다. 그래서 이재민에 대한 심리지원은 필수적이다.

2
기후 스트레스는 몸을 병들게 한다

기후 스트레스는 몸을 더욱 아프게 한다

새로운 신체질환의 증가는 기후위기로 인한 심리적 불안과 공포와도 관련이 있다. 사람들은 몸이 아프면 자신감이 줄어들고 스트레스에 대한 대응력이 떨어진다. 신체건강이 악화되면 정신건강에 문제가 생긴다. 정신건강에 문제가 생기면 신체건강이 악화한다. 열대화와 기후재난 등 기후위기로 인해 신체질환의 양상이 바뀌면서 특정 질환자들의 스트레스와 불안을 더하고 있다. 심장병 환자, 면역력이 떨어지는 환자, 여러 감염병의 창궐 등 기후위기로 인한 신체질환이 증가했다. 불안과 공포도 늘어나고 있다. 이렇게 심리적 불안을 더하는 몇 가지 신체질환에 대해 살펴보고자 한다.

먼저 식중독이나 설사와 장염 환자들이 늘어나는 중이다. 기후위기로 음식에 대한 공포도 심해졌다. 기후 열대화로 인해 설사와 장염 등이 증가하면서 기피해야 할 음식의 목록이 늘어나고 있다.

기후변화로 인해 음식에 대한 걱정이 늘고 계절에 따라 특정 음식을 기피하는 문화도 형성되고 있다. 영국 서리대학교의 지오바니 로 라코노Giovanni Lo Iacono가 이끄는 연구팀은 고온 다습한 환경이 되면 이런 환경을 좋아하는 세균들이 제철을 만났다는 듯이 증식할 것이라고 했다. 실제로 설사, 장염, 식중독이 증가하는 추세다.

설사를 일으키는 세균 중 캄필로박터균의 여러 아종亞種 중 두 종(C. jejuni와 C. coli)이 인체 감염을 일으킨다. 습하고 높은 온도를 좋아하는 캄필로박터균 감염증은 더 늘어나고 있다.[2] 기온과 관련된 설사성 질환 발생률을 조사해보니 대부분 기온 상승과 함께 발생률이 높아지는 것으로 나타나고 있었다. 이 상승은 소득 수준과 무관하게 모든 나라에서 관찰됐다. 앞서 말한 캄필로박터균뿐만 아니라 살모넬라균과 비콜레라 비브리오균 감염도 늘어나고 있다.[3] 그리고 수인성 및 식품 매개 감염병은 평균 기온과 높은 상관관계를 보였다. 기온이 1도 상승하면 살모넬라균, 비브리오균, 황색포도상구균에 의한 식중독 발생 건수가 각각 47.8%, 19.2%, 5.1% 증가하는 것으로 나타났다.

지구열대화로 많은 음식이 부패하고 세균들이 활개 치는 환경이 만들어졌다. 건강한 사람들은 잦은 배탈, 설사, 장염을 견딜 수 있지만 어린이와 노인에게는 때로 치명적일 수도 있다. 여름이 길어질수록 기온에 따른 음식 관리는 아주 중요한 이슈로 떠올랐다. 말라리아 발생도 걱정스러운 수준에 이르렀다. 모기와 모기 매개 전염병이 창궐하고 있다. 과거 인류는 모기에 물려 죽기도 했다. 모기의 증가는 다양한 공포를 낳는다. 그런데 지구열대화로 인해 모기 서식지가 늘고 과거 특정 지역에서만 있던 감염질환이 세계 곳

곳에서 발생하고 있다. 모기를 포함한 다양한 절지동물은 지구 기온 상승에 따라 늘어날 것으로 예측한다. 기온 상승과 흰줄숲모기의 연관성을 분석했더니 일 평균 기온 혹은 최고기온이 1도 상승함에 따라 일주일 후 모기 성체 개체수가 27% 증가할 것으로 예측한다.

여러 기상 조건을 반영하면 제주도와 한반도 남부지방에서도 흰줄숲모기가 왕성하게 서식할 여건이 조성되고 있다. 이에 따라 흰줄숲모기가 전파할 수 있는 뎅기열, 지카 바이러스 감염, 치쿤구니아열 환자가 국내에서 발생할 가능성이 높은 것으로 추정한다.[4] 기후 상승으로 인한 계절의 변화로 말라리아 발생 분포도 달라지고 있다. 더 고도가 높은 지역에서도 기온 상승으로 인해 말라리아가 발생하게 된 것이다. 콜롬비아와 에티오피아 고지대에서 말라리아가 새롭게 발생했다. 지난 10년 동안 0.2도의 기온 상승으로 이런 변화가 일어났다고 한다. 또한 캐나다에서 발생하기 시작한 라임병이 북극에서도 발병된 사례들이 보고됐다.

치명적인 뇌 손상을 일으키는 것으로 알려진 웨스트나일 바이러스West Nile Virus도 폭염과 함께 더 빈발하고 있다. 처음 보고된 1937년 이후 거의 사례 보고가 없었는데 1990년대 말부터 다시 보고되기 시작했다. 웨스트나일 바이러스가 유럽에 재등장하게 된 것은 매개 모기가 서식할 수 있는 고온 환경으로 유럽 기후가 변했기 때문이다.[5] 현재 감염병은 폭염과 함께 전 세계로 확대될 수 있는 강력한 위험 요인으로 많은 전문가가 강력한 감염병 대응 시스템 수립을 권고하고 있다.

코로나 팬데믹을 통해 감염의 불안과 공포를 겪었던 우리에게 감염병의 폭증은 큰 두려움을 불러일으킨다. 새로운 팬데믹에 대한 공포가 특히 그렇다. 우리나라는 사스SARS가 경미했지만 온 국민을 공포에 떨게 한 2015년 메르스MERS와 2020년 코로나19라는 두 감염병이 5년 간격으로 왔다는 것에 대한 불안이 있다.

재채기와 콧물 등 알레르기성 비염도 증가하였다. 봄의 공포 중에 알레르기성 비염[6]을 꼽는 사람들이 있다. 알레르기 때문에 재채기와 콧물을 달고 살며 이에 따른 불편함과 짜증이 늘어난다. 가벼이 볼 일이 전혀 아니다. 봄철 알레르기는 우리 신체 내부에서 복잡한 반응을 불러일으킨다. 그 탓에 자살 충동까지 높아진다. 실제로 자살률이 높아지는 데 작용한다는 연구가 발표되기도 했다.[7] 아직 그 기전까지 설명하기는 어렵지만 통계적 의미가 있다고 보고됐다. 이 알레르기성 비염 증가의 배후에는 바로 지구열대화로 인한 대기오염이 자리하고 있다.

알레르기성 비염으로 인해 고통받는 사람이 20년간 18배나 늘었다. 성인의 18.8%는 알레르기 비염 진단을 받은 적이 있는 것으로 확인됐다. 알레르기 비염 환자가 증가한 이유는 네 가지다. 첫째, 꽃가루와 큰 일교차다. 둘째, 미세먼지와 초미세먼지 농도 증가다. 셋째, 도시에서의 생활 방식으로 인해 자연환경을 접할 기회가 줄어든 것도 원인으로 꼽는다. 자연에서의 생활은 알레르기에 대응할 수 있는 면역력 향상에 도움이 되는 것으로 알려졌다. 넷째, 예전에 비해 알레르기 검사가 활발해진 것도 환자 수 증가에 영향을 미쳤다.[8]

2021년 기준으로 알레르기 비염으로 진료받은 전체 환자 중 27.4%는 0~9세가 차지했고 10~19세가 16.1%를 차지했다. 성별로 보면 20대에서 60대 사이에서는 여성 환자 비율이 높았고 소아와 노년층에서는 남성 환자 비율이 높았다. 실제로 아주 중요한 알레르기 중 꽃가루 알레르기(고초열) 기간이 훨씬 길어졌다. 『미국 국립 과학원 회보』에 발표된 유타대학교의 연구 결과를 보면 지구열대화와 기후위기로 인해 꽃가루 알레르기가 있는 사람들이 고통받는 시간이 길어졌다.[9]

이 연구팀은 1990년부터 2018년까지 미국과 캐나다 전역의 꽃가루와 곰팡이 측정치를 분석했다. 두 국가의 60곳 기지에서 직원들이 직접 측정한 값이다. 분석 결과를 보면 지난 28년 동안 꽃가루 양이 21%나 증가했다. 온도 상승과 대기 중 이산화탄소 증가가 예전보다 꽃가루가 더욱 늘어난 원인으로 제기된다. 과거에는 연구 지역들의 꽃가루 알레르기 기간이 평균 6월 중순에서 7월 중순까지 한 달가량 이어졌다면 현재는 3~9월로 기간이 광범위하게 늘어났다.

지구열대화가 진행되면서 식물들이 꽃가루를 더욱 일찍 생산하기 시작했고 더욱 오랫동안 공기 중으로 날리는 양상을 보인다. 기후 모델 24개를 분석했더니 지구열대화는 현재 꽃가루 알레르기 기간이 늘어난 원인의 절반을 차지하며 앞으로 기후위기가 계속되면 더욱 연장될 가능성이 있다. 이에 따라 이제 알레르기성 비염은 봄에만 심해지는 질환이 아니라 1년의 절반 동안 심해지는 질환이 될 것이다. 알레르기 비염 환자들은 더욱 고통스러운 시간을 보내야 할 것인데 현재도 심한 고통 속에 있다.

기후는 심장 질환에도 큰 영향을 미친다. 우리 신경계는 기온에 따라 자기 조절을 한다. 최적 온도가 아니라 극한 기온이나 혹서 기온에서는 신경계의 조절 능력에 변화가 생기고 심장 박동이나 호흡 패턴, 뇌혈류 조절에도 영향을 미친다. 만약 신체적 요구에 적응하는 데 실패하면 사망하게 된다.

하버드대학교의 바라크 알라마드Barrak Alahmad 연구팀은 미국심장학회ACC 학술지에 기후변화로 인해 심혈관 질환 사망자가 늘고 있다고 보고했다.[10] 1979년부터 2019년까지 5대륙의 27개국 567개 도시에서 심혈관 질환으로 사망한 3,000만여 명의 데이터를 분석해보니 최적 온도에 비해 덥거나 혹은 추웠던 날에 사망자 수가 더 많았다. 그리고 혈액을 공급하는 관상동맥이 좁아지거나 막혀 심장근육에 혈액 공급이 부족해져서 발생하는 허혈성 심장 질환, 뇌졸중, 심부전, 불규칙하거나 빠른 심장 박동이 비정상적으로 느껴지는 심계항진 등 4가지 심혈관 질환 모두 기온과 관계있는 것으로 나타났다.

연구진이 구체적으로 공개한 수치를 보면 극도로 더운 날에는 사망자 수가 1,000명당 2.2명이었다. 극도로 추운 날에는 사망자 수가 1,000명당 9.1명이었다. 기온의 영향을 가장 많이 받은 심혈관 질환은 심부전으로 혹서기에 발생한 사망자 수는 2.6명, 혹한기에 발생한 사망자 수는 12.8명에 이른다. 따라서 앞으로 더위나 추위가 심각해질 때는 심혈관 질환자들에게 별도의 경보가 필요하다. 특히 추위가 심해질 때는 더 심각한 주의가 요구된다.

그간 심혈관 질환의 발병을 줄이기 위해 노력하면서 금연, 운동, 식이를 강조해왔다. 이제 기후도 중요한 요인이 됐다. 최적 온도를 뛰어넘는 더위나 추위가 있을 때 심혈관 질환자들은 죽음의 위협에서 벗어나기 위한 자기 보호 절차가 필요하게 됐다.

빅데이터가 기후위기 질병을 알려준다

기후위기 시대에는 기후와 건강의 관계를 새롭게 조명하고 탐색해야 한다. 우리 몸이 기후에 따라 어떻게 적응할 수 있는지에 대한 통찰을 주는 좋은 연구들이 더 많이 필요하다. 이와 관련하여 빅데이터를 활용하는 것도 좋은 연구 방법이다. 폭염과 질병의 관계를 빅데이터를 통해 살펴본 국내 자료가 있다. 데이터지도라는 사이트에 소개된 「데이터로 보는 기후와 질병과의 관계」다. 2022년 데이터 멘토링 프로그램에 참여했던 와이즈 팀이 분석 보고한 내용이다. 아래 표는 그 결과를 한 장으로 요약한 것이다.[11]

이 연구팀은 폭염일수와 질병의 상관관계를 분석했다. 1970년대부터 2019년까지 자료들을 분석해보니 폭염일수와 상관관계가

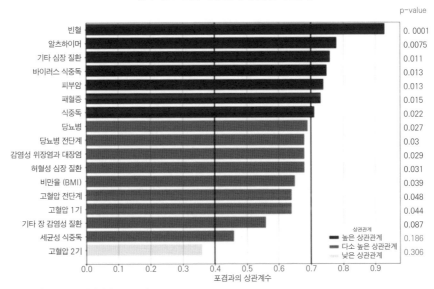

데이터로 보는 기후변화와 질병의 관계

(출처: 통합데이터지도, 2022)

높은 질환은 빈혈, 알츠하이머형 치매, 심장 질환, 식중독 순이었다. 상대적으로 높은 질환으로 당뇨병이 나왔다. 빈혈은 고온으로 인해 탈수와 함께 혈관이 확장하면서 일시적이고 직접적으로 일어나는 현상이다. 수분을 보충하고 혈관 확장에 대한 반응을 줄이는 것이 아주 중요한 대응 행동이다.

심장 질환 역시 피부 확장과 탈수의 영향이 크다. 심장으로 가는 피가 감소하면서 심장에 부담이 생겨 심정지를 일으키는 데 작용한다. 알츠하이머형 치매 같은 경우 폭염으로 인한 문제 행동 발생 가능성이나 사망률이 높다. 고령자이기에 체온 조절 능력이 줄고 땀 배출 기능이 약해진 상태에서 신체적으로 온도에 둔감해지고 인지적으로 고온에 대한 대처 행동을 적절하게 하지 못하기 때문이다. 고령자는 폭염에 확실히 취약한 계층이 될 수 있다. 그리고 당뇨병 전단계와 2형 당뇨병 발생 증가가 폭염과 관련 있는 것은 폭염으로 인해 지방을 소모하는 운동이 현격히 줄기 때문이다.

기후위기는 건강 문제와 깊은 관련이 있어 보인다. 기후변화와 건강을 주제로 꾸준히 연구하고 있는 보건사회연구원의 채수미 박사팀은 기후변화가 건강에 미치는 영향을 조사했다.[12] 연구팀은 기후변화 현상을 기온, 대기오염, 기후변화로 인한 자연 생태계 변화, 기상재해 등 4개로 구분하고 각 현상에 따른 주요 건강 문제를 모니터링했다. 모니터링 결과는 다양한 급성 및 만성질환이 발생하거나 악화하고 조기 사망 위험이 커지는 것으로 나타났다. 질병관리청 자료에 따르면 폭염으로 인한 온열질환으로 응급실 방문과 입원이 늘었다. 사망자도 급증했다. 또 심혈관 질환과 급성 신장 질환으로 인한 응급실 방문과 입원환자 수도 평상시보다 훨씬 넘는 수

기후변화와 건강 문제 모니터링 결과

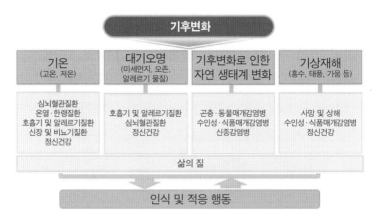

기후변화			
기온 (고온, 저온)	**대기오염** (미세먼지, 오존, 알레르기 물질)	**기후변화로 인한 자연 생태계 변화**	**기상재해** (홍수, 태풍, 가뭄 등)
심뇌혈관질환 온열·한랭질환 호흡기 및 알레르기질환 신장 및 비뇨기질환 정신건강	호흡기 및 알레르기질환 심뇌혈관질환 정신건강	곤충·동물매개감염병 수인성·식품매개감염병 신종감염병	사망 및 상해 수인성·식품매개감염병 정신건강
삶의 질			
인식 및 적응 행동			

(출처: 채수미 외, 2018, 163.)

치를 보였다. 국내 인구집단을 대상으로 한 연구 결과를 통합하여 분석한 결과를 보면 기온이 1도 상승할 때 사망 위험이 5% 증가했다. 비폭염 기간보다 폭염 기간에 사망 위험은 8% 늘어났다.[13]

기후위기는 사망률에 영향을 미치는 강력한 요인이 됐다. 따라서 공중보건과 예방의학적 접근에서 기후위기는 새로운 중요한 요인으로 다뤄져야만 한다.

3

기후위기는 재난과 재앙을 겪게 한다

기후위기로 정신건강이 무너지고 있다

기후위기로 인해 정신건강이 파괴된다는 것은 여러 연구로 확인되고 있다. 기후변화에 관한 정부 간 협의체의 6차 평가보고서에 이르러서야 정신건강 문제를 기후와 관련하여 본격적으로 다루게 된 것은 다소 뒤늦은 대책이었다. 정신건강을 파괴하는 기후위기의 현상은 크게 여섯 가지를 들 수 있다. 지구열대화(기온 상승), 기후재난, 기후난민의 발생, 기후불평등의 강화, 자연환경의 변화, 새로운 정신병리의 출현이다(새로운 정신병리에 관해서는 3장에서 다룰 것이다). 이에 대해 좀 더 자세히 살펴보겠다.

첫째, 지구열대화다. 기온이 상승할 때 인간 신체의 조절 체계가 제대로 작동하지 않아 정신건강도 악화될 수 있다(뒤에서 폭염에 대해 다룰 때 자세히 설명할 것이다). 기온 상승으로 열이 오르면 신체의 혈류와 중추신경계에 영향을 미쳐서 뇌 기능이 마비되기도 한다.

기온이 상승할 때 정신건강이 파괴된다는 주장은 정신건강의 악화, 자살률의 증가, 공격성과 폭력의 증가, 정신장애자의 사망률 증가와 같은 데이터로 설득력을 얻는다. 기온이 상승하면 정신건강 질환 관련 입원율이 증가하고 정신질환 기준을 충족하는 사람들의 사망률이 높아진다. 수면장애도 증가한다. 특히 신체질환이 있는 고령층 정신질환자, 만성질환이 있는 어린이 등은 가장 취약한 계층이다. 또 기온이 상승하면 온도 격차와 함께 불평등한 기후 대책의 문제들도 고스란히 드러난다. 경제적으로 생산량이 감소하고 사회적으로 갈등과 폭력이 증가한다.

둘째, 기후재난이다. 태풍, 폭우, 홍수, 산불, 가뭄 등 기후위기로 인해 발생하는 기후재난을 경험하면 정신적 충격을 받아 정신건강이 파괴된다. 자연재해는 그 규모와 파괴력이 엄청나 극심한 정신적 고통과 두려움과 낙망을 겪게 한다. 외상성 충격이 장기간 이어지는 가운데 삶의 근거지와 재산 혹은 가족의 생명까지 빼앗긴 피해를 복구한다는 것은 불가능하다. 피해를 복구하면서 살아가는 삶은 대부분 불행감과 우울감으로 채워진다. 또한 회복에 오랜 시간이 걸린다. 게다가 애도의 문제와 현실적인 보상 및 배상 문제가 겹쳐 사람들의 삶이 무너진다. 이렇게 정신건강이 악화하는 경우가 많다.

셋째, 기후난민의 발생이다. 삶의 터전을 파괴하는 폭풍, 홍수, 산불, 토네이도 등 기후위기로 인해 발생한 기후재난으로 새로운 난민 집단이 증가하고 있다. 바로 기후난민이다. 그들은 지금까지 살아온 삶의 모든 것을 상실하고 이주한다. 낯선 곳에 정착해야 하는 상황에서 정신건강이 광범위하게 파괴된다. 상실에 대한 고통과 애도를 감내해야 하는 데다 소속감이나 정체성과 연관된 지역과 인간관계가 모두 바뀌기 때문이다. 기후재난으로 인해 일정 기간 대피해야 하거나 혹은 장기간 이주해서 살아야 하는 사람들은 우울증, 불안, 외상후스트레스장애 등 정신질환이 많이 생긴다.

넷째, 기후불평등의 강화다. 기후위기의 대응에는 불평등 문제가 크게 작동한다. 부자 나라, 부유층이 기후를 악화시킨 결과를 모든 사람이 나눠서 져야 한다. 특히 빈곤층과 취약 계층에 영향이 큰 데다 기후위기에 관한 정보와 안전망의 격차 또한 크다.[14] 덜 안전하고 더 취약한 주거, 보건, 환경에서 지내는 어린이, 노인, 여성들은 기후위기와 기후재난이 발생했을 때 정신건강에 더 취약하다.

기후위기와 기후재난으로 정신건강과 관련한 요구가 증가한다. 동시에 정신건강 관리 시스템 자체가 마비되거나 중단되는 일도 흔하다. 약물 공급이 중단되거나 개별적으로 관리하는 돌봄 및 방문 서비스 등이 중단되기도 한다. 새로 발생한 정신건강 수요로 인해 기존 환자층에 대한 서비스가 중지되기도 한다. 거꾸로 기존 환자층의 증상 악화로 인해 새로운 환자를 지원하지 못하기도 한다. 지원이 충분하지 않은 상황에서 결핍은 큰 문제가 된다. 기존 환자층에서 병이 재발하거나 자살하는 일이 생기기도 하고 새로운 환자층의 조기 혹은 적기 개입을 놓쳐 병이 만성화하기도 한다.

다섯째, 자연환경의 변화다. 기후위기와 기후재난으로 인해 다양한 환경 변화가 일어나고 있다. 기후위기로 인해 농작물 작황이 나빠져 식량이 감소하면 경제적으로 어려워지고 생활이 궁핍해진다. 고온 다습한 환경에서 식품은 더 잘 상하고 위생 상태는 더 나빠진다. 가뭄, 산불, 폭염 상황에서 물 부족은 심각한 문제가 된다. 그리고 주거 문제와 환경오염으로 인해 일상생활이 어려워진다. 여기에 더해 기후재난 이후 감염병이 발생해 사람들은 이중으로 정신적인 고통을 겪는다. 코로나 팬데믹 때도 겪었지만 그 기간에도 그 이후에도 정신건강은 직간접적으로 막대한 영향을 받았다.

여섯째, 새로운 정신병리의 출현이다. 생태불안, 생태우울, 솔라스텔지어, 외상전스트레스반응 등의 신조어가 생겨났다. 기후위기로 인한 반복된 기후재난을 경험한 사람들은 새로운 병적 상태에 놓여 당혹감, 외로움, 고립감을 이전보다 더 강렬하게 느끼고 있다.

기후위기로 인한 재난 경험은 재앙의 경험이다

기후위기에 따른 정신질환과 다양한 심리 상태의 악화는 여러 가지가 있다. 첫째, 트라우마와 충격 그리고 외상후스트레스장애다. 홍수, 폭풍, 폭염, 산불 등 갑작스럽게 발생한 자연재해는 사람들에게 충격과 심리적 트라우마를 안긴다. 재난으로 인해 개인이 상해를 입기도 하고 가족이 다치기도 하며 재산에 큰 손실을 입거나 거주지를 잃기도 한다. 기후재난의 경험은 재앙의 경험이다. 이런 경험은 공포, 분노, 충격과 같은 강렬한 부정적 감정을 일으킨다.[15]

2018년에 시행된 27개 연구를 메타 분석한 결과 기후재난을 당한 집단은 재난 발생 후 1~48개월 사이에 가장 극심한 심리적 고통을 겪고 정신장애 발생률이 높은 것으로 나타났다. 재난을 당한 사람들은 외상후스트레스장애 발생률이 30~40%에 달했다. 외상후스트레스장애는 기후재난 후 나타나는 가장 흔한 질환이며 동시에 가장 많이 연구된 질환이다. 미국에서 발생한 허리케인의 영향 중 대부분은 외상후스트레스장애였다. 2005년 허리케인 카트리나 때는 지역 주민 6명 중 1명 이상이 외상후스트레스장애 진단기준을 충족했다.[16] 2012년 허리케인 샌디 때는 뉴욕시와 그 주변 거주자의 약 14.5%가 증상을 경험했다.[17] 2017년 허리케인 하비 때는 휴스턴 주민의 4분의 1 이상이 진단 기준에 부합하는 증상을 겪었다.[18]

산불과 홍수를 경험한 사람들도 외상후스트레스장애를 경험하는 비율이 높다. 2017년 그리스 산불을 경험한 해당 지역 주민의 46.7%가 외상후스트레스장애에 해당됐다.[19] 영국의 홍수 피해자 중 외상후스트레스장애 비율은 26~43%였다.[20] 외상후스트레스장애가 위험한 이유가 있다. 외상후스트레스장애 환자들은 다른 질환이 함께 존재하는 공존질환을 가질 비율이 높다. 기후재난으로 인해 외상후스트레스장애를 갖게 된 사람들은 자살, 우울증, 불안, 약물 남용, 불면증, 폭력, 공격성, 대인관계 어려움, 직업 관련 어려움 등 다양한 정신건강 문제와 관련성이 높은 것으로 나타났다.[21]

둘째, 불안 및 우울증과 정신건강의 악화다. 기후재난 지역 주민들에게 발생하는 정신질환은 더 다양하다. 기후재난 지역 주민들의 절반에서 우울증과 불안장애가 나타났다. 불안과 공포로 인해 알코올이나 약물 사용이 늘어났다는 보고들도 많다.[22]

기후재난 후 정신건강 관련 증상이 만성화되어 1년이 넘어서까지 지속되는 경우가 흔하다. 이것은 복구나 회복과도 관련이 있다. 홍수 피해자들의 심리적 고통을 조사한 결과, 수년 동안 증상이 지속된다는 보고가 많다.[23] 산불 또한 무려 5년이 지난 후에도 여전히 10%가 넘는 사람들에게서 정신장애가 남아 있다는 연구도 있다.[24] 거주지가 사라지거나 그 과정에서 개인이 애착하던 물건을 유실하는 것과 같은 손실로 인해 장기간에 걸쳐 심리적 고통을 겪게 된다.

셋째, 정신질환을 앓고 있는 사람들의 정신건강 악화다. 기후위기는 다양한 방식으로 기존에 정신질환을 앓고 있는 사람의 정신건강을 악화한다. 기온이 높을수록 조현병을 포함한 중독질환, 치매, 조울증, 자해 등의 증상이 늘고 입원 가능성이 높아진다는 보고는 많다. 동시에 기온이 높을수록 정신질환 관련 약물의 부작용도 늘어나는 것으로 알려졌다. 정신질환 치료제는 신체의 체온 조절 능력을 떨어뜨리는데 특히 노인들에게서 더 나타난다. 폭염이 지속될 때 수면장애를 포함해 여러 정신질환이 악화한다. 또한 노인, 어린이, 조울증이나 조현병 환자의 약물 대사가 달라진다. 하지만 약물을 복용하는 당사자부터 의료진과 가족들이 이 문제를 충분히 인식하지 못하고 있다.

넷째, 기후위기 스트레스로 인한 다양한 정신질환의 증가다. 예측하기 어려운 혹은 예견됐다 할지라도 기후변화와 기후재난이 잦아지면 스트레스가 심해질 수밖에 없다. 기상이변에 대한 예고만으로도 사람들은 불안, 두려움, 공포를 경험하게 되고 실제로 기후재난이 일어나면 다양한 정신질환을 앓게 된다. 기후위기로 인한 심리적 부담, 부정적 감정, 정신적 고통, 피로, 수면장애와 대처할 수 없다는 무력감 등은 흔히 보고되는 증상들이다.

2019년 영국에서는 젊은 사람들이 테러나 주택 문제보다 가장 중요하게 생각하는 문제가 기후 이슈라는 보고가 있었다. 2020년 미국의 조사에서도 66%의 사람들이 지구온난화에 대해 적어도

'어느 정도 걱정'하고 있으며 26%는 '매우 걱정'하고 있는 것으로 나타났다. 18~34세는 72%가 기후와 환경에 관한 부정적인 뉴스로 인해 때때로 불안, 조급한 생각, 수면장애, 불안감과 같은 괴로운 감정적 반응을 경험한다고 응답했다.[25]

청소년과 청년들은 기후변화와 환경 파괴에 대한 불안감이 높다. 이런 불안이 시기나 상황에 따라 불안증과 우울증으로 발현되고 있는 것으로 나타났다. 이런 생태불안, 생태우울이 새롭게 발현하는 것에 대해 최근 연구가 활발하다. 기후위기에 대한 반응이 모두 병적인 것은 아니라 할지라도 정신건강을 위협하고 있는 것은 사실이다.

기후위기로 정신건강과 관련한 요구가 다양하게 늘어났다. 그런데 기존 정신건강 지원 체계에도 타격을 받았다. 기후위기로 정신건강 관련 수요가 늘어나 치료 인력이 부족해졌고 약물 효과도 떨어지는 것으로 나타났다. 따라서 기후재난에 취약한 정신질환자를 위한 정신건강 서비스가 지속될 수 있도록 체계를 구축해야 한다. 더불어 정확한 데이터에 기반한 기후 적응 계획을 개발해야 한다.[26]

기상이변에 따른 극심한 고통을 돌봐야 한다

해마다 새로운 기후위기의 현상이 있을 때마다 사람들의 불안, 우울, 충격이 커지고 있다. 국제기구들은 서둘러서 주요 대책에 정신건강을 포함하기로 결정했다. 가장 대표적이면서 영향력이 큰 언급은 기후변화에 관한 정부 간 협의체의 발표였다. 2022년에 발표한 6차 평가보고서에 정신건강의 중요성을 언급하면서 본격적으로 기후위기와 정신건강의 관계가 조명되기 시작했다.

2022년 세계보건기구는 기후위기가 정신건강에 미치는 영향에 대해 적극적으로 주장하면서 많은 국가에 기후위기에 따른 정신건강 정책을 수립하도록 요청했다. 미국 질병예방통제센터는 기후변화에 따른 공중보건 문제를 적극적으로 수용하고 기관의 주요 과제에 극단적인 고온 문제, 대기오염, 감염병, 식품안전성과 정신건강을 포함했다.[27] 호주 국립외상대응응급치료센터는 열대 기후 지역의 재난 대응 능력과 재난 정보 관리에 관한 연구 프로그램을 개발한 바 있다.[28]

우리나라는 기후변화 적응 정책의 하나로 「기후위기 대응을 위한 탄소중립·녹색성장 기본법」이 있다. 5년마다 수립하는 법정 계획인 「국가 기후변화 적응대책」은 현재 제3차(2021~2025)가 진행되고 있다. 2023년에 추가 발표한 내용에는 '기상, 기후재난(홍수, 폭염)으로 인한 정신질환 증가' '대기오염에 의한 정신질환 증가'를 건강 위험 목록에 포함했다.[29]

2020년에 폭염이 발생하면서 폭염 재해에 대한 저소득층 대책 중 정신건강 정책이 필요하다는 조사 결과가 나왔다. 폭염에 취약한 주민들은 신체적 고통보다 정신적 고통을 더 많이 호소했다.[30] 또한 국내 트라우마 경험률을 조사했더니 기후재난 발생 시 조사 대상자의 절반이 트라우마를 경험했다고 응답했다. 기후와 관련된 재난은 정신적 트라우마와 큰 관련이 있다고 할 수 있다.[31]

기후재난에 따른 심리지원도 시작됐다. 「정신건강증진 및 정신질환자 복지서비스 지원에 관한 법률」에 따라 2018년 국가트라우마센터가 설립되어 강원도 산불과 같은 재난 발생 시 심리지원을

시행하기도 했다.[32]

2023년 미국심리학회가 낸 선언문에는 기후위기가 지속될 때 정신건강에 나타날 수 있는 현상들이 열거돼 있다.[33]

- 음주가 증가한다.
- 가정폭력이 증가한다. 여성이 피해자가 될 수 있다.
- 자살 생각과 행동이 증가한다.
- 이동과 이주, 지역사회 기반 시설 붕괴, 식량 부족, 일자리 상실, 사회적 지지와 유대감 부족 등 사회 문제가 대두된다.
- 심각한 심리적, 정서적 스트레스를 일으킨다.
- 정보 전달, 의사소통에 영향을 미친다.
- 사람들이 기후위기에 대한 이해가 부족하거나 부정과 회피를 할 수 있다. 기후위기의 심각한 위험성을 인식하는 것부터가 중요한 과제다.
- 어린이, 노인, 만성질환자의 정신건강에 부정적인 영향을 미친다.
- 기후불평등을 초래한다.
- 기후위기를 처음 겪을 때 정신적 충격이 크다.
- 정신질환이 있는 사람이 더 위험하다. 향정신성 약물을 복용할 때 열 조절 능력이 떨어지고 약물의 원활한 제공과 조달이 어려워질 수 있다.
- 약물 남용이 더 심각해진다.
- 고립된 사람일수록 더 취약하다.

2022년에 세계보건기구도 정책 브리핑을 통해 기후위기가 정신건강에 미치는 영향을 경고했다.[34] 먼저 스트레스 반응이다. 기후위기는 극심한 정서적 고통으로 이어질 수 있다. 사람들은 기후로 인한 비상사태가 발생하면 어떤 형태로든 고통을 경험한다. 하지만 기본적인 욕구가 충족되고 안전과 보안이 회복되면 효과적으로 대처할 수 있다.

스트레스로 인한 신체건강 문제도 심각하다. 스트레스는 면역 반응을 떨어뜨려 대기오염과 수인성 질병에 취약해진다. 또 만성적 고통은 수면장애와 관련이 있어 신체질환에 영향을 미치거나 정신건강과 심리사회적 웰빙을 악화한다. 심리적 스트레스로 심혈관질환과 자가면역질환을 비롯해 잠재적으로 암 발병 위험도 커진다.

기후위기를 경험한 뒤부터 우울증, 불안증, 스트레스를 포함한 정신질환이 발병한 비율도 증가했다. 또한 사회적 관계의 긴장도 높아진다. 기후재해로 인해 대인관계에 긴장이 생기거나 가정폭력이 일어날 수 있다. 그리고 가족 분리와 아동이 일시적으로 거주지를 옮겨 결석하거나 다른 학교로 전학해야 한다. 이처럼 사회적 지원 시스템이 단절되는 등 심리사회적 문제가 생길 수 있다.

기후변화의 영향을 목격하면 미래에 대한 걱정과 함께 무력감과 괴로움을 느낀다. 또한 두려움, 슬픔, 상실감, 좌절감 등 힘든 감정이 증가한다. 기후변화를 막거나 변화를 끌어낼 수 없다고 느끼면서 생기는 감정들이다. 젊은 세대는 기후변화에 대응하지 않는 정부에 대해 심한 배신감과 불신감을 느끼는 것으로 보고됐다. 자살 행동의 증가도 우려스럽다. 기후변화와 관련해 반복적이거나 심각한 위험을 경험한 사람들에게 자살 위험이 더 커질 수 있다. 기온 상승은 많은 국가에서 자살률 증가와 관련이 있다.

중요한 개인적 공간의 상실도 발생한다. 기후변화는 환경과 지역사회를 위협해 개인적으로 중요한 장소에 대한 상실감과 황량함을 느끼게 할 수 있다. 물리적 환경의 변화와 주거 환경의 혼란으로 인해 정서적 고통과 방향 감각의 상실도 겪을 수 있다. 예를 들어 해수면 상승으로 집을 잃거나 장기적인 가뭄으로 농사와 식량 재배가 불가능해지면 정서적 고통과 무력감을 느끼게 된다. 기후위기로 인한 이동이나 이주로 가정환경이 달라지면 삶의 연속성, 소속감, 자아 정체성을 잃을 수 있다.

자율성과 통제력의 상실도 일어난다. 기후변화로 인해 기본적인 필요와 서비스를 제공할 수 없게 되거나 사람들의 자율성과 통제력도 약해질 수 있다. 예를 들어 노인과 장애인의 주거, 이동, 치료가 어려워지기도 한다. 또한 기후변화의 중요한 원인인 대기오염으로 정신질환이 증가할 수 있다. 임신 중 산모가 특정 물질에 노출되면 태아에게도 그 물질이 전달돼 위험해질 수 가능성이 높다.

기후위기가 정신건강에 심각한 위험을 초래한다는 것은 여러 데이터로 증명되고 있다. 여러 기관에서 발표한 기후위기와 정신건강과의 관계를 정리하면 다음과 같다. 우선 기온 상승과 자살 사이에는 분명한 관계가 있다. 그리고 극심한 기상이변 이후 심각한 고통, 예컨대 홍수 이후 외상후스트레스장애와 정신질환 발병 증가 등에 대한 명확한 증거가 있다.

정신질환을 앓고 있는 사람들은 신체건강뿐만 아니라 기후변화의 영향에 더 취약하다. 젊고 어린 세대와 기후위기의 직접적 재난을 처음 겪는 사람들의 정신적 고통은 더 크다. 기후재난이 발생하면 지속적 치료가 필요한 정신질환자에 대한 서비스가 중단되는 위기도 자주 발생한다. 기후변화는 사회적 불평등과 관련이 깊어 정신건강 관리에도 이런 불평등이 작용한다. 또한 기후변화가 정신건강에 미치는 영향과 관련해 드러나지 않고 정량화되지 않은 경제적 비용이 든다.

4

기후재해가 생명을 죽음으로 몰아간다

기후재해가 정신건강을 망가뜨린다

가장 막대한 피해를 주는 기후재해는 크게 폭염, 가뭄, 산불, 홍수, 태풍 및 호우, 한파, 대기오염 등으로 분류할 수 있다. 이 중 제일 영향이 큰 폭염은 뒤에서 더 자세히 다루기로 하고 여기에서는 폭염을 제외한 다른 이슈를 한번 살펴보자.

첫째, 가뭄 및 사막화다. 농촌과 물 부족 지역이나 국가에서 가뭄은 불안과 우울을 부추기는 기후재해다.[35] 세계 여러 지역의 날씨가 건조해지고 토양 비옥도가 감소하여 사막화가 진행되고 있다.[36] 기후위기로 기온이 높아지고 강수량이 줄어들면서 가뭄의 발생과 기간도 점점 늘어난다. 가뭄이 지속되면 농업이 타격을 입고 물 부족으로 인한 여러 현상이 나타난다. 가뭄은 심리적 고통, 불안, 우울, 자살 증가 등 정신건강에 부정적인 영향을 미치는 것으로 보고됐다.[37]

가뭄은 농민들에게 매우 위협적이다. 작업량 증가, 풍작 감소, 물 자원 확보로 인한 재정적 어려움, 미래 불확실성 등 신체적, 심리적 스트레스가 심하다. 물 자원이 줄어들면 식량도 줄어들지만 물을 사용하기 어려워져 수치심과 괴로움을 겪게 된다.[38] 이러한 가뭄과 관련한 스트레스는 젊을수록, 농장에서 일할수록, 경제적인 어려움을 겪을수록, 고립되어 있을수록 더 높은 것으로 나타났다.[39]

둘째, 산불이다. 기후위기로 인한 기온 상승과 긴 가뭄의 영향으로 산불의 발생 빈도와 규모가 크게 변화하고 있다. 산불은 단지 숲만 파괴하는 것이 아니다. 집과 일터를 파괴해 이재민에게도 신체적, 정신적으로 막대한 피해를 준다.[40] 산불 피해자들에게 수년에 걸쳐 알코올 남용, 외상후스트레스장애, 정신신체질환과 같은 정신건강 문제가 증가했다.[41]

2007년 그리스 산불 피해자들을 조사했는데 피해자들은 우울, 외상후스트레스장애, 걱정, 편집증, 적대감 등의 정신건강 문제를 경험했다.[42] 2014년 캐나다에서 발생한 극심한 산불로 인해 대피와 고립을 경험했던 사람들은 두려움, 스트레스, 불확실성에 대한 불안한 감정 등 부정적인 영향을 받았다. 오래 지속된 산불로 발생한 연기 때문에 호흡기도 나빠졌다.[43]

산불과 관련된 63개의 연구 결과에서 산불 경험 후 수년 동안 외상후스트레스장애, 우울, 불안을 경험한 사람들의 비율이 증가했고 어른과 어린이 모두에게 심각한 정신건강 문제를 일으킨 것으로 나타났다. 가장 심각한 문제는 외상후스트레스장애였고 우울, 불안, 약물 남용 순이었다.[44]

셋째, 홍수, 태풍, 폭우다. 홍수는 집과 더불어 소유물 전체를 잃게 되는 큰 재해다. 그래서 홍수를 경험하면 외상후스트레스장애, 우울, 불안과 같은 정신건강 문제가 매우 심각하다.[45]

영국에서 2013~2014년 발생한 광범위한 홍수로 집과 재산 등에 직접적인 피해를 겪은 사람 중 20.1%가 우울증, 28.3%가 불안장애, 36.2%가 외상후스트레스장애를 진단받았다. 수몰 지역의 거주민들도 정신건강 문제를 경험했다. 이들 중 10%가 우울, 10.7%가 불안, 15.2%가 외상후스트레스장애를 진단받았다.[46] 홍수로 인한 피해는 오래 지속되는 경향이 있다. 홍수 후 3년이 지난 시점에서도 우울과 외상후스트레스장애는 유의미하게 높은 비율을 보였다.[47]

태풍은 정신건강에 더 강력하게 영향을 미친다. 미국에서 허리케인 카트리나가 발생한 지 18개월 후에도 지역 주민들의 자살 사고와 계획이 감소하지 않았다.[48] 당시 허리케인 카트리나를 경험한 군인들은 다른 군인들에 비해 정신질환에 걸릴 확률이 6.8배나 높았다.[49] 2005년 미국에서 발생했던 카트리나와 같은 강력한 허리케인이나 아시아에서의 태풍 경험은 급성스트레스장애ASD, 외상후스트레스장애와 관련성이 높다. 허리케인이나 태풍 영향권에 있는 지역 주민들은 우울증을 앓거나 자살하는 비율이 높아졌다는 연구 결과가 다수 발표됐다.[50] 또한 비가 장기간 내리거나 폭우가 지속되는 지역이나 국가들은 상대적으로 비가 적은 지역에 비해 전 생애 동안 기분장애를 가질 확률이 높은 것으로 나타났다.[51]

넷째, 대기오염이다. 기후재해 중 폭염 다음으로 가장 일상적이며 규모가 큰 재해는 대기오염일 것이다. 환경 피해로 알려진 대기오염은 기후와 맞물리면 그 피해가 더 커진다. 대기오염이 기후와 맞물려 호흡기질환과 심혈관질환에 어떻게 영향을 미치는지에 대한 연구는 많고 그 근거도 잘 확립돼 있다. 지금까지 많은 연구에서 대기오염이 심해지면 극심한 스트레스, 치매, 우울증 등의 발병이 증가하고 정신질환이 있는 사람들의 사망 위험률도 증가한다고 발표했다. 최근에는 어린이와 청소년에게 미치는 영향에 관한 연구가 많아졌다.

오염된 대기는 어떻게 정신건강을 파괴할까? 대기오염이 정신질환에 영향을 미치는 생물학적 기전이 상세히 밝혀졌다. 생물학적 기전 측면에서 초미세먼지(PM2.5), 미세먼지(PM10) 등 대기오염 물질은 염증성 매개체의 증가, 신경염증 반응의 활성화, 중추신경계에 영향을 주어 정신건강이 나빠진다. 이로 인해 정신질환과 자살 위험이 증가한다.[52] 시카고대학교의 안드레이 르제츠키Andrey Rzhetsky 교수는 미국과 덴마크 사람들을 대상으로 대규모 연구를 실시했다. 그 결과 대기오염에 노출됐을 때 우울증, 정신분열증, 양극성 장애, 인격장애 등 정신질환이 증가했다. 그리고 정신장애가 발생하는 기전이 신경계의 염증 기전과 관련 있음을 밝혔다.[53]

최근 대기오염과 해마, 편도체, 전전두엽피질의 관계에 관한 100여 개의 연구를 종합 분석한 연구팀은 인간과 동물이 대기오염에 노출된 후 정서 및 정신건강 관련 증상과 이상행동이 증가했다고 하는 연구가 73%를 차지한다고 보고했다.[54] 이 연구를 주도한 웨인대학교의 클라라 준델Clara G. Zundel 교수팀은 세계경제포럼에서 "오염된 공기를 마시는 사람들은 감정을 조절하는 뇌 영역에서 변화를 경험하며 그 결과 깨끗한 공기를 마시는 사람들보다 불안과 우울증을 겪을 가능성이 더 높을 수 있다."라고 발표했다.[55]

최근의 또 다른 연구에서는 뇌 발달의 중요한 시기를 경험할 때 특히 대기오염에 취약할 수 있는 어린이와 청소년에 대한 잠재적인 영향을 조사했다. 연구 결과는 심각했다. 대기오염이 어린이와 청소년의 우울증과 자살 행동의 위험성 증가와 관련이 있다는 증거를 발견했다. 또한 신경 영상 연구를 통해 뇌의 구조적, 기능적 변화와 관련된 증거도 찾았다. 심각한 수준의 대기오염에의 단기 노출과 어린이의 응급실 정신과 방문 횟수 증가 사이의 연관성을 발견하기도 했다.

2018년 세계보건기구는 전 세계 아동의 90% 이상이 건강과 발달에 위험하고 심각한 수준의 대기오염에 노출되어 있다고 추정했다.[56] 대기오염 물질에 노출되면 인지 발달에 부정적인 영향을 미친다. 두뇌 및 행동 발달은 10대 후반에서 성인 초기까지 이루어진다. 그러므로 대기오염은 어린이의 인지 및 행동 발달뿐만 아니라 정신 및 정서 발달에도 치명적인 영향을 미칠 수 있다. 성장 과정에서 대기오염에 노출되면 정신질환 발병률이 더 높아졌다는 연구 결과도 있다.[57]

오염된 대기를 흡입한 결과로 정신건강 질환도 늘어나고 있다. 먼저 우울증의 증가다. 대기오염 물질의 농도가 높을수록 우울증으로 인한 응급실 방문, 우울증 등의 발병 위험이 커진다.[58] 그리고 만성질환자의 우울장애도 늘어났다. 만성질환을 앓는 경우 대기오염과 우울장애의 상관성이 더 높다.[59]

초기 인지 손상도 발생할 수 있다. 이런 손상은 뇌에 장기적으로 영향을 미쳐 인지장애, 치매 등으로 발전할 수 있다.[60] 또한 자살에도 영향을 미친다. 대기오염과 자살 간의 연관성에 관한 9개의 선행연구에서 초미세먼지(PM2.5), 미세먼지(PM10), 오존O_3, 이산화질소NO_2, 아황산가스SO_2 등 대기오염 요소가 복합적으로 자살에 영향을 미친 것으로 나타났다.[61]

대기오염과 연관된 가장 중요한 요인을 무엇일까? 2023년 하버드대학교의 마크 와이스코프 교수Marc G. Weisskopf 연구팀은 대기오염과 관련한 가장 위험한 요인은 초미세먼지에 노출되는 것이고 이 작은 입자상 물질은 치매 위험 증가와 관련이 깊다고 밝혔다.[62] 초미세먼지에 장기적으로 노출되면 우울과 불안 상태에 빠질 위험이 유의미한 수준으로 높다는 보고도 있다. 이 수준은 대기오염이 신체건강에 미치는 영향의 크기와 유사했다.[63] 특히 초미세먼지는 정신질환 중에서도 응급 입원, 불안, 자해, 우울감 등과 더 연관이 있는 것으로 나타났다.[64]

기온 상승 때문에 자살률도 늘어난다

기온 상승은 자살 증가의 중요한 요인이다. 기온이 높아질수록 자살률이 증가하는 것으로 나타났다.[65] 기온 상승에 따른 자살률 증가는 소득과 상관없이 발견된다. 지역적으로도 일부 국가라기보다는 전 세계적이다.

미국과 멕시코 자료를 분석한 결과 월평균 기온이 1도 상승할 때마다 미국과 멕시코의 자살률이 각각 0.7%, 3.1% 증가했다.[66] 그리고 이산화탄소 배출이 억제되지 않아 기온이 지속해서 상승하면 미국과 캐나다에서 오는 2050년까지 9,000~4만 명이 더 자살할 것으로 전망했다.[67]

미국 캘리포니아주의 2005~2013년 응급실 방문 자료에는 기온이 5.6도 상승할 때 자해 또는 자살로 인한 응급실 방문이 5.8% 증가한 것으로 나와 있다.[68] 우리나라는 기온이 4.7도 상승할 때 자살 사망 위험이 6.8% 증가했다. 비교 국가인 일본은 4.2도 상승할 때 4.5%, 대만은 2.3도 상승할 때 7.8% 증가했다.[69]

가뭄, 산불, 대기오염 등의 기후재해에서도 자살은 증가한다. 전 세계적으로 장기적인 가뭄으로 인해 농민들의 자살이 증가하고 있다.[70] 가뭄이 지속될 때 농촌 지역의 30~49세 남성들의 자살 위험이 15%나 증가한 것으로 나타났다.[71] 허리케인과 같은 기상이변도 자살률을 높이는 원인이 될 수 있다.

특히 대기오염은 자살과 연관된 결과가 더 많이 보고된다. 대기오염과 자살의 연관성에 관한 연구들을 보면 여러 대기오염 요소가 복합적으로 영향을 미친 것으로 나타난다. 대기오염 물질에 노출되는 정도나 농도가 증가할수록 자살 시도와 자살 사망 위험이 커졌다. 대기오염 물질에 단기적으로 노출되는 것은 자살 사망의 중요한 요인이라고 할 수 있다.[72]

5

기후위기로 삶의 터전을 잃어간다

이재민이 이주민이 되어 처참해진다

기후위기와 기후재해로 많은 사람이 삶의 터전을 잃었다. 이재민이 되고 또 이주민이 된다. 기후위기로 인한 홍수, 해수면 상승, 가뭄, 식량 및 경작지 부족이 계속된다면 2050년까지 2억 명에 달하는 기후난민이 발생할 것으로 여러 국제기구가 예측하고 있다.[73] 집과 지역사회를 떠나야 할 정도의 극심한 재난으로 외상후스트레스장애 위험이 2배 이상 높아지고 심각한 불안, 우울증, 불면증 등 정신건강 질환에 걸리게 된다.[74]

기후재해인 홍수, 폭풍, 산불로 인해 집을 잃은 사람들은 영구적인 정착지를 찾기까지 여러 번 이주할 수도 있다. 이 과정에서 분리나 별거로 인해 가족관계가 악화되거나 자녀의 학교 문제를 포함한 교육 문제로 더 어려운 상황에 맞닥뜨릴 수 있다. 교육이 중단되거나 혹은 새로운 학교에 다녀야 하면서 스트레스를 받게 된다.[75] 구호나 원조에 의지해야 하는 이재민들은 지원을 제대로 받지 못할 때 정신건강이 악화된다. 허리케인 샌디로 인해 대피소에 머물렀던 이재민은 가족이나 친구와 함께 지낸 이재민에 비해 외상후스트레스장애 비율이 훨씬 높았다.[76]

산불, 홍수, 해수면 상승으로 터전을 완전히 상실했을 경우 이재민이 아니라 이주민이 되는 운명에 처하기도 한다. 이주민이 된다는 것은 인생을 전면적으로 수정하는 일이다. 이주민의 정신건강 문제들을 비교 고찰한 문헌을 보면 이주민들은 애도, 신체적 위험, 소외 등 다양한 스트레스 요인을 경험한다. 이주한 후에 외상후스트레스장애 발병률이 47%에 이른다.[77] 이주는 연속적인 상실의 과정이고 소외의 과정이며 스트레스가 많아지는 과정이기 때문에 이주민의 연속성과 소속감을 배려하는 것은 아주 중요하다.[78]

기후난민은 중대한 미래 문제다. 유엔 국제이주기구는 2009년 12월 제15차 유엔기후변화협약 당사국총회에서 "2050년에 이르면 최대 10억 명의 기후난민이 발생할 것"이라고 예측한 보고서를 발표했다. 전 세계 인구의 10%가 기후난민이 될 수 있다는 암울한 전망이다. 2018년 3월 세계은행은 기후변화로 인한 국제 이주 문제에 대해 "인구 밀집 지역에서 기후변화가 악화하면 2050년까지 1억 4,000만 명 이상의 사람들이 국경 내외로 이동하는 위기가 발생할 수 있다."라고 발표했다. 기후난민이 밀집할 예상 지역은 기후위기에 가장 취약한 지역Hot Spot으로 다음과 같이 예상한다.

- 사하라 이남 아프리카에 8,600만 명
- 북아프리카에 1,900만 명

- 남아시아에 4,000만 명
- 동아시아 지역
- 태평양 연안 지역
- 북미 지역(미국, 캐나다, 멕시코)

　기후로 인한 대규모 이주는 국제적인 문제가 될 가능성이 크다. 첫째, 특히 가난한 나라들에서 대규모 이주가 발생할 것이다. 둘째, 기후난민들은 물 부족, 흉작, 해수면 상승, 폭풍 해일과 같은 기후 문제로 생존의 위협을 받으면서 다른 지역으로 이주해야 할 것이다. 셋째, 사막화와 해수면 상승의 영향을 직접 받는 나라들 중심으로 발생할 것으로 예상한다.

　2020년 비영리 독립 싱크탱크인 경제평화연구소에서 「생태 위협 보고서 2020」를 발간해 2050년까지 예상되는 어려움을 사회에 알렸다.[79] 우선 2050년 157개 국가 가운데 141개 국가가 최소 1개의 생태 위협에 노출될 것으로 전망한다. 이 중 19개 국가는 최소 4개 이상의 생태 위협에 노출될 것으로 보인다. 이 영향을 받는 국가의 인구를 합하면 21억 명일 것으로 추정한다.

　2050년에 가면 전 세계 10억 명 이상이 자연재해의 위협에 처할 것으로 예측한다. 전 세계적으로 자연재해 발생 건수는 1960년 39건에서 2019년 396건으로 10배 이상 확 늘어났다. 자연재해로 치른 경제적 피해는 1980년대 58조 1,600억 원에서 지난 10년간 연간 232조 6,400억 원으로 급증했다.

　2019년에만 자연재해로 발생한 기후난민은 2,490만 명으로 무력 분쟁으로 발생한 난민인 860만 명보다 3배 정도 많다. 기후난민이 가장 많이 발생하는 기후재해는 홍수 〉태풍 〉가뭄 〉산불 순이다. 대규모 난민이 발생한 가장 큰 재해는 홍수이며 발생 건수도 가장 많다. 다음으로 태풍이 29.6%(2,942건)를 기록해 태풍과 홍수가 전체 재해 유형의 71%를 차지했다. 극단적 기온, 가뭄, 산불도 각각 5.3%(524건), 4.8%(475건), 3.4%(341건)였다. 국가별로 보면 미국, 중국, 인도, 필리핀이 지난 30년간 자연재해의 영향을 가장 많이 받은 지역이었다. 이들 국가는 평균적으로 연간 10개 이상의 자연재해를 경험하고 있다.[80]

데이터로 보는 기후변화와 질병의 관계

국가	가뭄	극단적 기온	홍수	태풍	산불	합계
미국	14	20	145	444	81	704
중국	31	13	246	264	6	560
인도	7	39	216	110	3	375
필리핀	6	0	123	219	1	349
방글라데시	1	22	65	108	0	196
인도네시아	3	0	170	5	11	189
베트남	6	0	85	90	1	182
멕시코	5	14	52	87	3	161
호주	5	7	45	66	28	151

(출처: IEP)

기후 열대화로 인한 해수면 상승으로 사라지는 땅과 나라들도 생겨났다. 국제 비정부 기구인 국내실향민감시센터는 「2020년 강제 이주에 관한 글로벌 보고서」에서 기후재해로 인한 이주 문제의 핵심은 해수면 상승이라고 봤다.[81] 남북극 빙하가 녹으면서 발생하는 해수면 상승은 매우 심각한 지경이다. 2021년 기후변화에 관한 정부 간 협의체는 사라질 땅과 나라들을 다음과 같이 밝혔다.[82] 지상 최대 휴양지인 몰디브, 해가 가장 먼저 뜨는 나라로 알려진 키리바시 섬, 키리바시 공화국을 포함한 태평양 44개의 섬나라 등이다. 키리바시공화국의 아노테 통Anote Tong 대통령은 '태평양 해양경관 관리협의회'를 결성했다. 태평양 23개 도서 국가 또한 2050년 무렵 국가 전체가 바다에 가라앉을 위기에 놓인 상황을 공유하고 세계에 기후위기의 심각성을 알리기 위해 노력하고 있다.

지금의 기후위기 속도가 이대로 진행된다고 할 때 해수면 상승의 위기를 예측하면 21세기 말에 해수면이 104센티미터 상승할 것이다. 그렇게 되면 뉴욕, 마이애미, 상하이, 뭄바이, 베네치아, 자카르타 등 대도시 중 상당 부분이 물에 잠길 것이다. 또한 전 세계 인구의 41%가 살고 있는 해안가의 위기는 심각해진다. 인구가 1,000만 명 이상 되는 대도시의 3분의 2가 바다와 인접한 저지대에 있는 상태라 모두 상당한 위기에 처할 것이다.[83]

지구의 지도는 지구열대화에 따른 해수면 상승으로 새롭게 그려져야 할 운명 앞에 놓였다.

기후위기는 상실과 불안을 키우는 재앙 덩어리다

기후위기 때문에 겪게 되는 상실과 정신건강의 악화는 여러 가지가 있다. 첫째, 관계와 신뢰의 상실이다. 먼저 지역사회에서의 관계와 신뢰의 문제를 보면 갑작스럽게 기후재난이 발생하면 지역사회는 혼란에 빠지고 유대감과 사회적 지지를 필요로 하는 일들이 늘어난다. 이 과정에서 도움의 손길이 미치지 못하거나 줄어들면

주민들은 버림받은 느낌과 외로움 등을 느끼며 신뢰를 잃어간다.[84] 또한 기후재해로 발생한 이재민들은 복구 초기의 혼란스러운 단계에서 지역사회 구성원들과의 사회적 관계가 약해져 갈등이 커질 수 있다.

기후재난 이후 가정 내 갈등과 학대도 증가하고 있다. 폭풍이나 홍수 등 재난이 발생하면 아이들은 집이나 자신의 지역을 더 이상 안전한 곳이라고 인식하지 못할 수도 있다.[85] 게다가 재난 기간에 가정 내에서 아동 학대가 더 늘어나기도 한다.[86] 2021년 기후재난에 관한 문헌들을 체계적으로 고찰한 연구에서 기후재난 이후 질병과 경제적 문제가 발생하면서 아동 학대가 증가하는 것으로 나타났다.[87]

기후변화로 인한 신뢰감 상실과 갈등 역시 증가했다. 기후위기에 대한 걱정이 많은 사람은 이주민이나 외국인 등의 이질적인 집단 구성원에게 더 적대적이고 불평등하게 대할 수 있다는 연구 결과가 있다.[88] 재난 영화에서 익숙하게 보았던 장면들이다. 또 다른 연구에서는 기온이 높아지면 소수자와 이민자를 지원하는 정책에 대해 사람들이 더 부정적인 태도를 보였다.[89] 기후재해로 자원이 고갈되고 이주 문제가 생기면 선주민과 이주민 집단 간에 폭력이 증가하기도 한다.[90] 기후위기로 인한 사회 혼란도 늘어나고 있다. 긴장이론 범죄학의 권위자인 로버트 애그뉴Robert Agnew는 기후변화의 영향으로 "긴장이 높아지고 사회적 통제가 줄어들고 사회적 지원이 약해짐으로써" 범죄를 저지를 가능성이 있다고 지적했다.[91]

기후변화로 인한 가뭄과 물 부족 상태가 심각해지면 사람들은 공격적으로 변하고 기존 질서와 위계에 대한 반발이 강해진다. 그래서 테러와 같은 위험 행동이 높아질 수 있다. 가뭄으로 인해 생계, 안전, 지위를 상실하고 회복할 희망이 거의 없으면 일부 사람들은 독립성, 삶의 통제권, 사회적 지위를 되찾기 위한 최후의 수단으로 테러 행위를 할 수 있다.[92]

둘째, 정체성의 상실이다. 먼저 장소의 상실, 고향의 상실을 들 수 있다. 기후위기와 기후재해로 인한 상실감은 장기적으로 심리에 영향을 미친다.[93] 일단 가장 큰 상실감은 물리적 장소를 잃어버리는 것에서 비롯된다. 익숙하고 낯익은 장소가 사라졌다는 것에 대한 상실감은 상당한 영향을 미친다. 많은 사람이 자신에게 중요한 장소를 잃었다는 망연자실을 경험한다. 이를 글렌 알브레히트가 '솔라스탤지어'라고 명명했다.[94]

토네이도로 집을 잃은 사람 중에는 방향 감각을 잃을 정도로 힘들어하는 사람들도 있다.[95] 평생 살아온 터전과 고향을 잃는다는 것은 심각한 경험이다. 자신이 사는 지역에 강한 애착을 가진 사람들이 행복감, 삶의 만족도, 낙관주의가 더 높은 것으로 보고된다. 이들이 애착을 느낀 장소가 붕괴되면 신체건강, 대인관계, 업무 성과에 모두 부정적인 영향을 미칠 수 있다.[96] 애착을 느끼는 장소가 있는 사람들은 심리적으로도 자존감과 소속감이 더 높다. 그런 장소가 사라지는 것은 자존감과 소속감에 상처를 입는 큰 고통이다. 그리고 땅 자체에 대한 정서적 유대감이 강한 원주민 커뮤니티는 장소의 상실에서 오는 슬픔의 차원이 다를 수도 있다. 신을 잃은 것과 같다는 부족들도 있다.[97]

기후재해로 인해 많은 사람이 고향을 떠나서 살아야 한다. 해수면 상승이나 홍수로 고향이 사라지기도 한다. 영구적인 이주를 해야 하는 사람 중에서는 만성적인 고통을 안고 사는 사람들도 있다.[98] 기후재해를 예측하고 미리 계획된 이주를 하게 되더라도 사람들은 생계와 재정에 어려움을 겪고 장소와 지역사회와의 연결이 끊어져 정신건강에 다양한 부정적인 영향을 받는다.[99]

직업 정체성, 개인 정체성, 문화의 상실도 있다. 기후변화로 인해 일이 바뀌고 일터가 바뀌면 구성원들은 개인 정체성, 직업 정체성의 상실을 경험할 수밖에 없다. 농민들과 어민들이 주로 영향을 크게 받는다. 기후 조건에 따라 농산물의 작황도 달라지지만 품종도 달라진다. 어장도 달라지고 잡히는 수산물의 종류도 달라진다. 대부분 변화무쌍한 기후위기에 시달리며 일을 계속해야만 하는지를 고민하는 직업 정체성 위기를 겪는다.

지역과 장소에 기반하는 산업이나 직업은 기후에 막대한 영향을 받는다. 기후위기로 인해 장소가 크게 변화하면 산업과 직업이 사라질 수 있다. 그 때문에 농민과 어민은 정체성을 잃을 수 있고 직업을 잃은 사람은 우울증에 빠질 위험이 커진다.[100, 101] 홍수, 태풍, 산불로 집과 자산을 잃을 수 있다. 자산에는 가족들의 소중한 물건, 가보, 선물이나 사진, 일기장과 같은 개인 기록물이 포함된다. 개인이나 가족의 물품을 상실하게 되면 정체성이 훼손되고 자신이 누구인지에 대한 감각이 마비된다.[102] 특히 홍수 피해자들은 더 큰 어려움을 겪는다는 연구 결과가 있다.[103]

기온 상승으로 인해 빙하가 녹고 눈이 사라지면서 그 지역에 사는 부족들은 자신들의 문화가 사라지는 것을 경험하고 있다. 캐나다의 북극 가까운 지역에 사는 이누이트 공동체를 연구한 사람들은 심각한 우려를 드러냈다. 자연환경과의 상호작용이 변화하며 식량 불안, 슬픔과 분노의 감정, 가족 스트레스 증가, 자존감 및 공동체 결속력 약화 등이 나타난다고 보고했다. 이누이트족은 추운 기후를 자신들의 문화와 민족을 형성해온 정체성의 일부로 여겨왔다. 기온 상승으로 인해 추위에 기반한 문화가 사라지자 사람들의 관계도 변화하기 시작했다고 한다.[104]

기후변화로 인해 지역사회의 축제나 행사들도 변화하고 있다. 우리나라에서도 얼음이 얼지 않거나 춥지 않아서 겨울 축제가 사라지고 폭염 때문에 여름 축제가 취소되기도 한다. 오랜 세월 이어왔던 문화 행사나 지역 축제가 문화적, 역사적 의미를 잃고 있다. 이로 인해 문화의 상실과 변천을 겪고 있으며 사람들은 충격과 불안, 우울을 경험하기도 한다.

셋째, 자율성과 통제력의 상실이다. 장시간에 걸쳐 형성된 생활 습관이나 생활 방식이 기후위기로 인해 변화하면서 개인과 집단의 자율성에 큰 영향을 미치고 있다. 폭우로 이동을 할 수 없거나 폭염으로 근무 시간이 바뀌기도 하고 기후재해가 발생해 재난 지역에 살게 되기도 한다. 언제든지 위험한 상황에 빠질 수 있다. 또한 집을 떠나 피신하거나 이주해야 한다는 생각에 이르면 자신을 통제할 수 없게 될까 봐 무력감에 빠지기도 한다. 그리고 기후재난 영화에서 많이 등장하듯이 교량이 파괴되고 전기가 끊기면 이동이 금지되고 식량 부족으로 걱정해야 하는 상황이 벌어진다.

재난으로 인해 자율성을 빼앗길 뿐만 아니라 통제의 대상이 되기도 한다. 노인, 아동, 장애인은 이 과정에서 최약자가 되고 보호, 이동, 구호에 어려움을 겪는 대상자가 된다. 기후재난이 발생하면 전쟁 상황과 같은 어려움을 겪게 된다.

기후위기로 인한 영향과 기후재난은 일상생활에 큰 변화를 가져온다. 일상성이 파괴되면 자신에 대한 자율성과 통제력이 떨어진다. 원치 않는 환경 변화를 경험하면 삶에 대한 통제력도 약해질 수 있다. 이처럼 일상생활의 안정성이 무너지면 불안과 우울증이 심해질 수 있다.[105]

6

폭염이라는 살인마에게 목숨을 잃다

끓는 지구의 시대에 폭염은 살인마다

"지구온난화의 시대는 끝났고 지구가 끓는 시대가 도래했다."[106]

이 말은 2023년 7월 안토니우 구테흐스António Guterres 유엔 사무총장이 한 것이다. 그의 말처럼 폭염과 함께 산불, 건조, 가뭄이 맞물리면 인류의 대재앙은 본격적으로 시작될 것이다. 그 전조처럼 여겨졌던 사건이 2023년 추위의 땅으로 여겼던 러시아 시베리아에서 일어났다. 시베리아의 온도가 38도까지 치솟아 초대형 산불이 났다는 사실은 유럽과 아시아에 모두 충격을 주었다.[107] 이렇게 계속 더워지면 어떤 일이 일어날까? 대량의 빙하가 녹으면서 해수면 상승이 본격화되어 많은 도시가 물에 잠길 것이다. 폭염으로 많은 사람이 죽고 농작물이 시들고 산불은 더 빈번해질 것이다. 이런 현상은 이미 진행되고 있다. 폭염은 자연도 파괴하지만 인간의 생명도 파괴한다.

만일 현재의 온실가스 배출량을 줄이지 않은 채로 2100년에 도달하면 지구인 4명 중 3명이 1년 중 20일 이상 치명적인 폭염에 노출될 것이라고 경고하고 있다. 지구 온도가 산업화 이전 수준보다 1.5도가 상승하는 시나리오에서는 대규모 폭염 사태가 3년에 두 번꼴로 벌어져서 많은 사람이 죽고 2도가 상승하면 해마다 장기간의 폭염 사태로 더 많은 사람이 죽을 수 있다. 이렇게 해마다 장기간의 폭염으로 사람들이 죽고 해수면이 상승해 도시 문제와 도서 국가의 영토 문제가 발생하면 이주와 함께 에너지 고갈에 따른 국가 간 갈등, 대규모 이동, 인류의 전쟁이 촉발될 수도 있다. 기후위기는 국가와 집단의 위기가 되고 결국 사람들이 불안, 공포, 죽음을 피하고자 하는 생존권 다툼으로 이어져 갈등과 공격성은 필연적으로 증가할 수밖에 없다.[108]

더 큰 문제는 한참 뒤에 일어날 것으로 예견했던 기후위기 현상이 이미 나타나고 있다는 것이다. 많은 사람이 정부에 당장 기후와 관련한 실천과 개혁을 요구하고 있다. 하지만 정부의 의사결정자들은 이 위기를 간과하고 결정을 미루고만 있다. 폭염이 지속되면 실제로 어떤 일이 벌어지는지 사례를 통해 알아보겠다.

첫째, 폭염 속에 벌어지는 끔찍한 일들이다. 폭염과 고온이 지속되면 나타나는 정신건강의 변화는 아주 다양하고 크다. 만일 한 달 내내 폭염이 이어져 가뭄이 든다면 인간의 정신은 어떻게 변화하고 우리를 둘러싼 환경은 어떻게 변화할까? 캘리포니아 버클리대학교의 경제학자이자 기후학자인 솔로몬 시앙Solomon Hsiang은 다음과 같이 지구온난화의 문제를 경고했다.[109]

"평균 기온이 1도 오를 때마다 더위는 아동의 시험 성적을 떨어뜨리고 임신부의 유산 위험을 높인다. 또한 심장 및 신장 질환으로 인한 사망률이 높아지고, 더 충동적으로 행동해 분쟁이 늘어난다. 소셜미디어에서는 비방과 혐오가 증가한다. 그리고 자살과 총기 난사도 늘어나고 강간 사건을 포함한 폭력 범죄도 많아진다. 아프리카와 중동에서는 내전도 늘어난다."

폭염이 일으키는 정신건강 문제의 위험성은 계속 보고되고 있다. 공통적인 내용은 다음과 같다.

- 자살률, 정신적 고통, 정신건강 질환 관련 입원율이 증가한다.
- 정신질환이 있는 사람들의 사망률이 높아지는 등 신체건강과 정신건강에 부정적인 영향을 미치는 것으로 나타난다.
- 수면장애에 큰 영향을 미친다.
- 폭염이 정신건강에 미치는 영향은 실업의 영향과 맞먹는다.
- 일부 향정신성 약물이 효력을 발휘하지 못한다.
- 농업이 어려워져 농민들의 자살이 증가한다.
- 여러 사회 기반 시설이 운영을 중단하거나 파괴되어 이주민이 발생한다.

지구온난화는 단지 더워지거나 생태가 파괴되는 문제가 아니다. 인류에게 큰 도전이 돼 사람들의 마음과 행동에 큰 변화를 가져올 것이다.

연평균 기온이 23도 이상인 지역에 사는 사람 중 기온이 1도 상승할 때마다 우울 위험이 7%씩 증가했다. 또 65세 이상의 노인 인구는 폭염에 노출되면 우울 위험에 더 취약하다는 연구 결과도 있다.[110]

세계적인 의학 저널 『랜싯』은 2019년 폭염으로 인해 사망한 사람이 세계적으로 50만 명에 달한다고 추산했다.[111] 이 숫자는 온도가 지속해서 조금씩 오르면 더 많아질 것으로 추정한다. 폭염은 생명을 빼앗는 가장 큰 기후재해가 될 것이다.

더위를 넘어 '폭염heat wave, extreme heat'이라는 개념이 생긴 것은 더위 이상의 심각한 고온 현상에 대한 주의를 기울이기 위함이다. 우리나라는 폭염을 기온이 33도 이상인 날로 정의하는데[112] 폭염의 기준은 나라와 연구마다 다양하다. 폭염일수란 이날들의 수를 말한다. 폭염주의보는 1일 최고 체감온도가 33도 이상인 날이 2일 지속될 때 발효되고 폭염경보는 35도 이상인 날이 2일 이상 지속될 때 발표된다.

나이, 기저질환, 소득, 교육 수준, 지역에 따라 폭염에 의한 영향이 달라질 수 있다. 하지만 일반적으로 고온에 노출될 때 일어날 수 있는 열사병, 열탈진, 열경련 등은 누구에게나 나타날 수 있다. 기저질환으로 탈수나 심뇌혈관질환이 있는 사람들이 가장 위험한 것으로 알려져 있다. 폭염 취약 계층으로는 만성질환이 있는 노인이나 열 조절이 어려운 어린이, 야외 근로자, 환경이 좋지 않은 빈곤층이 있다.

둘째, 폭염으로 공격성과 범죄가 증가한다.[113] 기온이 높아지면 경찰 응급 전화번호의 신고량이 증가하고 범죄도 늘어난다. 런던 경찰청이 공개한 2010년 4월에서 2018년 6월까지의 자료를 보면 폭력 범죄는 20도가 넘었을 때 더 증가했다. 미국 필라델피아의 10년간 범죄율을 분석한 자료도 여름에 범죄율이 올라갔다. 클리블랜드, 미니애폴리스, 댈러스에서도 비슷했다. 멕시코에서도 16

년간의 범죄 자료를 분석한 결과 기온이 1도 상승하면 범죄율이 1.3% 상승했다.

국제 학술지 『이코노믹 인콰이어리』에 소개된 논문 「극단적인 기온과 극도의 폭력: 러시아의 증거」를 보면 극도로 더운 온도가 폭력적인 사망률을 높이는 결과를 가져오는 것으로 나타났다.[114] 반면에 극도로 추운 온도는 영향을 미치지 않았다. 이 연구팀은 1989년부터 2015년까지 러시아 연방 79개 지역의 데이터를 활용해 온도와 폭력의 관계를 연구했는데 극단적인 높은 온도만이 공격성을 유발한다는 결과가 나왔다.

국내에서는 이윤호 동국대학교 경찰행정학과 교수가 발표한 「날씨 및 요일 특성과 범죄 발생의 관계의 분석」 보고서에 최저기온이 높을수록 폭력 범죄 발생 건수가 증가하는 것으로 나타났다.[115] 더위가 심해지면 폭력과 범죄가 늘어나는 이유가 무엇일까? 우선 기온이 높아지면 불쾌감, 불행감이 상승한다. 더우면 땀이 나는데 여기에 습도가 더해지면 사람들은 불쾌감을 느낀다. 자기 몸이 끈적한 것도 불편하고 타인의 땀에서 나는 체취를 맡는 것도 불편하다. 불쾌지수가 높아진 영향이 크다. 캘리포니아대학교의 한 연구자는 작성자의 위치가 확인된 트위터 메시지 10억 개와 해당 위치의 그 당시 날씨를 연구했다.[116] 연구 결과 두 개의 온도 구간인 27~30도와 15~20도에서 느끼는 '행복'의 차이는 일요일과 월요일에 느끼는 행복감 차이와 비슷할 정도로 컸다.

그리고 기온이 높아지면 공격과 관련된 호르몬이 높아진다. 폭염은 체온 조절 기능을 마비시킨다. 체온을 유지하기 위해 심박수가 증가하면 공격성과 관련된 호르몬인 테스토스테론의 분비도 증가한다. 테스토스테론의 분비가 증가하면 짜증이 늘고 시간 감각도 마비된다.[117] 공격성이 증가하면 신체에 대한 통제력을 잃고 이성적 판단력이 흐려져 인지 기능도 떨어진다. 결국 더위는 공격성을 배가하는 결과를 낳는다.

폭염 시기에는 범죄가 늘어난다. 기온이 높아지면 범죄 기회도 더 많아지기 때문이다. 해가 길고 날씨가 더워지면 사람들이 공공 장소나 유흥가에서 보내는 시간이 늘어난다. 사람들 간에 접촉이 늘어나고 밀도가 높아지면 갈등이 더 생길 수 있다. 이 과정에서 범죄가 일어날 가능성이 높아진다. 더 많은 시간을 집 밖에서 체류하고 찌는 듯한 더위에 노출되는 데다가 알코올이나 약물까지 섭취하면 범죄가 발생하기에 가장 좋은 조건을 갖추게 된다. 여름뿐만 아니라 겨울에도 날이 따뜻하면 범죄율이 상승하는 원인도 여기서 찾을 수 있다. 외출과 교류가 더 많아지기 때문이다.

그렇다면 폭염은 인간의 공격성과 범죄에 어떤 방식으로 영향을 미치는가? 기후가 인간의 공격성을 부추기고 범죄를 저지르게 한다는 기제에 관한 연구는 몇 가지 이론을 기반으로 한다. 먼저 '기후 자체로 인한 공격성 증가 이론'이다. 공격성 증가 이론은 여름의 고온다습한 날씨와 기후가 직접적으로 인간의 공격성과 분노를 자극한다고 한다. 이 영향에 따라 폭력적인 행동이 증가한다고 본다. 공격성 증가 이론에 따르면 여름에는 불쾌지수와 습도가 직접적으로 작용해 사람들이 더 폭력적으로 된다. 높은 기온과 습도로 인해 사람들의 생리적 상태, 기분, 조절력과 인내심이 변화한다.[118] 높은 기온을 일종의 스트레스 요인으로 보고 기온이 올라갈수록 스트레스가 증가하며 이로 인해 폭력 범죄도 함께 증가한다.[119]

브라질 상파울루의 바니아 세카토Vania Ceccato 교수 연구에서도 비슷한 결과가 도출됐다.[120] 살인은 더운 여름과 가을에 가장 많이 발생하는 것으로 나타났다. 여름 동안 낮의 길이가 상대적으로 길고 사람들 간에 접촉 빈도가 증가하기 때문이다. 아울러 다른 상황적 기회 요인들을 통제한 상태에서도 높은 기온은 살인 증가의 요인으로 나타나서 공격성 이론은 설득력 있게 받아들여진다.

그리고 '하절기 활동 증가로 인한 일상 활동 이론'이다. 일상 활동 이론은 날씨의 변화가 외출 시간과 외출 횟수 등과 같이 사람들의 생활 패턴에 영향을 미쳐 범행 기회의 증감 요인이 된다고 본다. 예를 들어 겨울에 비해 여름에 야외 활동이 잦아지고 겨울에 기온이 올라갈수록 야외에서 활동하는 사람들의 숫자가 증가하게 된다.

잠재적 범죄자, 적절한 범행 대상, 보호자의 부재라는 범죄 발생의 3가지 필수 요소가 동일한 장소와 시간에 존재하게 되면 범행 기회가 만들어진다. 결국 야외 활동이 증가하여 사람들 간에 접촉과 상호 작용이 늘어나면 범행 기회 역시 증가한다.[121]

높은 불쾌지수가 일상과 사회를 뒤흔든다

불쾌지수란 무엇인가? 불쾌지수는 1957년 미국 시카고대학교의 기후학자 얼 톰Earl Thom이 만든 지수로 기온과 습도의 조합을 통해 사람이 느끼는 온도의 한 형태를 표현한 것이다. 1959년 미국의 약 300개 도시에서 불쾌지수를 발표하고 사용하기 시작했다. 불쾌지수 계산법은 다음과 같다.[122]

불쾌지수$_{DI, Discomfort Index}$=0.72×(기온+습구온도)+40.6

복사, 바람, 환기의 영향을 고려하지 않아 다소 문제점이 있는 지표라고 지적되기도 한다. 같은 지역의 기후라 하더라도 인종에 따라 반응이 달라 불쾌지수의 반응 범위도 다르다. 예를 들어 아시아인에 비해 미국인은 더위를 더 느끼고 동시에 추위도 더 느끼는 경향이 있다. 예를 들어 한국인은 30도부터 매우 덥다고 느끼는 반면 미국인은 27도부터 매우 덥다고 느낀다. 한국인은 미국인이 에어컨을 더 많이 틀고 난방도 더 따뜻하게 한다고 느낀다.[123] 따라서 인종의 영향을 고려할 필요가 있다.

우리나라 기상청은 1964년부터 불쾌지수 정보를 제공해왔다. 하지만 불쾌감은 그 정도가 사람마다 다르고 불쾌지수를 발표함으로써 불쾌감을 더욱 조장한다는 의견이 많아 2020년 6월 1일부터 불쾌지수를 발표하지 않고 있다.[124]

불쾌지수에 따른 신체 증상

DI	℃	불쾌를 느끼는 정도
68 이하	20 이하	전원 쾌적
70	21	불쾌를 나타냄
75	24	10% 정도 불쾌
80	26.5	50% 정도 불쾌
83	28.5	전원 불쾌
86	30.0	매우 불쾌

(출처: 웨더아이[125])

"불쾌지수에 더 영향을 미치는 것은 높은 온도다."

이 말은 맞는 말일까, 틀린 말일까? 틀린 말이다. 불쾌지수의 핵심은 습도다. 기온이 올라갈 때 우리 몸은 체온 조절을 위해 열을 발산하고 땀을 분비하는데 특히 더울 때 땀을 분비하고 증발시켜 몸을 식힌다. 땀이 증발할 때 그 에너지를 몸에서 발생하는 열로부터 얻게 되고 열에너지를 뺏긴 몸은 시원함을 느낀다. 땀 배출은 과열된 체온을 몸 밖으로 퍼뜨리는 열 손실 활동 중 하나다. 하지만 습도가 높으면 몸이 배출한 땀이 증발하지 않고 피부에 남아 있게 된다. 더욱 덥고 불쾌하게 느끼게 되는 이유다.

불쾌지수와 연관된 사회적 현상들로는 무엇이 있을까? 먼저 불쾌지수와 교통사고 간의 상관관계를 알 수 있다. 불쾌지수가 80이 넘는 여름철, 교통사고가 가장 많이 일어나는 시간대는 언제일까? 현대해상 교통기후환경연구소가 2018~2020년 3년간 여름철인 6~8월에 발생한 교통사고 69만 건을 분석한 「혹서기 교통사고 특성 분석」 자료를 보면 불쾌지수가 높아진 날에는 교통사고가 28%나 더 증가했다. 특히 불쾌지수가 80을 넘는 날의 하루 중 기온이 가장 높은 시간대는 오후 2~4시로 전체 사고의 22.7%가 발생했다. 해당 시간대 여름철 평균 사고 발생률과 비교해보면 8.2% 더 높은 수치다.[126]

불쾌지수는 폭력 사건과도 깊은 연관이 있다. 국가통계포털의 통계를 보면 전체 폭력 사건에서 여름철인 6~8월의 비중이 28%로 가장 높게 나온다. 그다음이 26%인 9~11월, 25%인 3~5월이었다. 반면 불쾌지수가 낮은 겨울철인 12~2월은 21%로 가장 낮게 나왔다. 월별로 분석해도 비슷한 결과가 나온다. 1년 중 습도가 높고 야외 활동이 잦은 7월에는 폭력 사건이 1만 8,785건으로 가장 많고 기온과 습도가 낮은 1월은 1만 2,188건으로 가장 적다.[127]

7

개인과 사회가 모두 무너지고 있다

체온 조절에 한계를 느끼기 시작했다

폭염 속에서 인간의 한계를 측정하는 더 중요한 온도 체계는 '습구온도'다. 습구온도는 온도계 볼 위를 젖은 심지로 감싸 습도와 온도를 합쳐 측정한 값이다. 많은 의사와 연구자가 습구온도로 35도가 인간이 감당할 수 있는 임계선으로 추정한다.[128] 참고로 습구온도 35도는 습도가 100%일 때 35도, 습도가 50%일 때 46.1도를 가리킨다. 이 임계온도 이상으로 온도가 상승하면 땀을 증발시켜 신체 체온을 조절하는 기능에 마비가 온다.

우리 신체는 열을 어떻게 처리할까? 우리 몸에는 적정 온도를 위한 대사 활동의 중추가 있다. 이 중추는 자율신경계를 조절하는 시상하부에 있다. 시상하부에 체온이 상승한다는 신호가 오면 시상하부는 심장과 혈관에 신호를 보내 심박수를 늘려 피를 말단으로 보내고 혈관을 확장하여 땀으로 수분을 배출하는 시스템을 작동한다. 이렇게 몸속 열을 배출하는 방식은 땀을 통한 방식이 75%에 해당한다. 땀을 흘려야만 열을 내릴 수 있다. 그런데 외부 습도가 높으면 피부에서 땀이 잘 증발하지 않아 체온 조절이 어려워진다. 건조한 기후보다 습한 기후가 갖는 문제가 여기에 있다. 더운데 습도가 높으면 짜증만 높아지는 것이 아니라 땀 배출도 어려워져 심부체온이 잘 내려가지 않는다.

미국 펜실베이니아대학교 신체운동학과 래리 케니W. Larry Kenney 교수 연구팀은 더위의 생존선을 알아보기 위해 18~34세의 건강한 젊은 남녀 24명을 대상으로 열 스트레스 실험을 했다.[129] 실험 참가자들에게 무선 원격장치 캡슐을 삼키게 하고 바깥 온도 변화에 따른 신체 심부체온 조절 기능을 관찰했다. 일상생활을 하도록 하다가 온도를 서서히 올려서 측정했더니 사람들이 견디기 어려워하는 기온은 이론적 추정치인 습구온도 35도보다 더 낮았다. 심부체온을 항상 유지할 수 있는 습구온도는 31도로 습도 100%에서 31도, 습도 60%에서 38도로 측정됐다. 이 기온을 넘어서면 노인과 만성질환자들은 체온 조절에 한계를 느끼기 시작한다는 뜻이다.

높은 온도로 인해 열이 몸에 영향을 미칠 때 우리 몸은 심장에서 더 펌프질을 해서 피를 피부로 보낸다. 그리고 피부에서 땀으로 체액을 배출해 열을 식히려는 시스템을 작동한다. 이 시스템이 제대로 작동하지 않으면 온열질환으로 죽게 된다. 체온이 40도가 높으면 체온 조절 중추가 작동하지 않아 열을 식힐 수 없고 의식이 마비되고 죽음에 이를 수 있다.

그렇다면 폭염은 어떻게 정신을 마비시킬까? 극심한 폭염으로 인해 정신질환을 가진 사람들의 정신건강 상태가 취약해지는 것은 뇌

측두엽의 시상하부 전엽에 문제가 생기기 때문이다. 정보가 시상하부 전엽으로 전달돼야 하는데 조현병(정신분열)은 이 부분의 회로상에 문제가 있는 경우가 많다. 시상하부는 체온의 중요 조절 중추다. 이 중추와의 감각 정보 소통이 어렵다는 것은 온도 조절에 대응하기 어렵다는 것이다. 즉 조현병은 뇌에서 다른 신체로 연결되는 회로가 고장 나서 신체의 가열이나 냉각에 관여하는 시스템이 제대로 작동하지 않는다. 그래서 열 조절에 실패할 가능성이 높다.[130]

체온 조절과 도파민, 세로토닌, 엔도르핀 등 기분을 조절하는 물질은 서로 연관이 있다. 뇌의 기분 조절 물질들은 모두 체온의 영향과 외부 온도의 영향을 받는다. 미국심리학회의 기후변화 및 정신건강 위원회 의장인 조슈아 워첼Joshua Wortzel 박사는 "뇌의 세로토닌 수치는 외부 온도의 영향을 받는다."라고 말했다.[131] 기온이 상승하면 정신질환과 관련이 있는 여러 중요 물질들로 인해 신체 시스템에 이상이 생길 수 있다.

폭염으로 인한 죽음의 날이 계속 늘고 있다. 죽음에 이르는 습구온도 35도를 넘는 날이 계속 늘어나고 있다. 캘리포니아공과대학교의 콜린 레이먼드Colin Raymond 교수 연구팀이 전 세계 4,000개 기상관측소의 40년간(1979~2017년) 데이터를 분석해보니 지구의 여러 곳에서 습구온도 35도를 넘는 지역들이 생겨나고 있다고 보고했다. 이 연구팀이 파악한 바로는 인도와 파키스탄의 인더스강 유역, 중동 페르시아만의 홍해 해안 지대, 북미 남서부 해안 지대, 멕시코만, 캘리포니아만, 카리브해 지역, 서아프리카, 남중국 등이 습구온도 35도 이상인 상태가 자주 발견되는 위험 지역이다.[132]

유럽에서 2003년 습구온도가 28도였던 해에 7만 명이 폭염으로 목숨을 잃었다. 현재 습구온도 30도를 넘기는 날이 갈수록 늘고 있다. 폭염으로 죽음을 맞이하는 사람 수는 계속 늘어날 것이다. 폭염에 가장 취약한 사람들은 심장병이 있는 고령자, 열 조절이 어려운 신체질환이 있는 사람, 어린이 그리고 정신건강 질환이 있는 사람들이었다. 그러므로 폭염주의보, 폭염경보가 내려지면 이 그룹에 해당하는 사람들에 대한 대비를 반드시 해야 한다.

폭염 때문에 뇌가 폭발하기 일보 직전이다

폭염은 심장에만 가혹한 일을 시키는 것이 아니다. 심장이 뜨거워지면서 폭발할 수 있는 중요 부위는 바로 뇌다. 체온 조절 중추가 뇌에 있기 때문이다. 폭염 속에서 뇌의 조절 능력이 마비되면서 뇌질환, 즉 정신질환도 증가한다.

기온과 관련한 여러 빅데이터를 통해 특히 폭염과 함께 정신병리가 악화하고 정신질환이 증가하며 이에 따라 입원과 자살 위험이 늘어나는 것을 알 수 있다. 미국심리학회의 2021년 자료에 따르면 기후변화로 인해 이전보다 조현병과 양극성장애(조울증) 등의 정신질환 사망자가 더 늘었다고 한다. 지난 몇 년간 기온 상승이 자살 증가와도 밀접한 관련이 있다는 사실도 보고되고 있다.

폭염은 정신질환으로 인한 공격성의 증가, 응급실 방문과 입원, 치매, 정신질환자와 약물 중독자의 사망과 관련이 있다. 이에 관해 2021년 미국심리학회가 발표한 「정신건강과 기후변화: 영향, 불평등, 반응들」[133]과 2023년 한국보건사회연구원의 채수미 교수팀이 발표한 「기후위기가 정신건강에 미치는 영향」[134]에 상세하게 나와 있다. 그중에서 핵심적인 내용을 소개하겠다.

첫째, 정신건강 문제가 늘어난다. 기온 상승은 기분장애, 불안장애, 조현병, 혈관성 치매 등 정신건강에 문제를 불러일으키는 것으로 나타났다.[135] 고온에서 생겨나는 불쾌함으로 인해 적대적인 감정과 공격적인 생각, 신체적인 폭력과 살인이 증가할 수 있다.[136] 고온 환경에서 일하는 노동자들은 열 스트레스로 인한 정신적 고통이 크다.[137]

둘째, 응급 정신건강 서비스와 입원환자가 증가한다. 평균 기온의 상승은 응급 정신건강 서비스 이용 증가와도 관련이 있다.[138] 이스라엘, 호주, 미국 일부 지역과 같이 더운 국가는 물론 프랑스, 캐나다와 같이 상대적으로 서늘한 국가에서도 관찰된다.[139] 그리고 폭염에 노출되면 입원 위험이 커진다.[140] 정신질환이 있는 사람들의 입원 위험도 커진다. 특히 기질성 정신질환과 지적 장애가 있을 때 더 높아졌다.[141]

셋째, 긍정적인 감정이 줄어들고 피로감이 높아진다. 더위는 불쾌감뿐만 아니라 시간이 지남에 따라 정신건강 문제로 진단할 수는 없는 낮은 수준의 스트레스를 유발한다. 미국 전역의 주민들을 대상으로 한 설문조사에서 사람들은 거주 지역의 기온이 21도를 넘으면 긍정적인 감정이 낮아지고 부정적인 감정이 커진다고 응답했다. 피로감도 느낀다고 했다. 특히 32도 이상의 기온에서 이러한 영향이 두드러졌다.[142]

넷째, 공격성과 폭력성이 증가한다. 더운 날씨가 공격성과 폭력에 미치는 심리적 영향은 광범위하게 연구되고 있다. 기온이 올라갈수록 사람들은 타인에게 더 공격적으로 변한다. 공격성 연구자인 크레이그 앤더슨Craig Anderson은 평균 기온 상승과 관련한 폭력의 증가를 예측했다.[143] 더위와 폭력성의 관계는 더위가 각성 및 과민성에 미치는 영향, 주의력 및 자기 조절 능력의 감소, 부정적이고 적대적인 생각의 증가로 인한 것일 수 있다.[144]

다섯째, 수면이 부족해진다. 고온으로 인해 충분히 수면을 취하지 못하면 과민성이 높아진다.[145] 또한 더위는 인지 기능에 부정적인 영향을 미쳐 폭력 없이 갈등을 해결하는 능력을 떨어뜨릴 수 있다.[146]

여섯째, 범죄가 증가한다. 하버드대학교 정보과학자인 매슈 랜슨 Matthew Lanson 박사는 2010년부터 2099년까지 기후변화로 인해 평균 기온이 상승하면 약 3만 건의 살인, 20만 건의 강간, 320만 건의 절도가 추가로 발생할 것으로 추산했다.[147]

일곱째, 정신질환자의 사망이 증가한다. 기온 상승은 정신질환이나 신경학적 질환이 있는 사람들의 사망에도 영향을 미친다. 특히 65세 이상의 노인, 조현병, 망상장애 그룹에서 폭염 기간에 사망률이 높아진다는 연구들이 있다.[148] 2012년 『영국 정신의학저널』 발표된 논문에는 기온이 1도가 오를 때마다 정신질환자, 치매 환자, 약물 사용 환자의 사망 위험이 거의 5% 증가했다.[149] 또 다른 메타 분석 연구에서는 폭염에 노출되면 정신질환으로 인한 사망 위험이 3배나 높아지는 것으로 나타났다.[150] 브리티시컬럼비아 질병통제센터 연구팀은 2021년 6월 캐나다 브리티시컬럼비아주에서 기온이 49.5도에 이르렀던 심각한 폭염 시기에 폭염 사망자 중 8%가 조현병 진단을 받은 사람들이었다고 보고한다.[151]

여덟째, 폭염으로 인한 열대야의 증가는 신체와 정신에 영향을 준다.[152] 폭염일수가 늘면서 열대야 일수도 늘고 있다. 열대야 일수는 열대야(오후 6시~익일 오전 9시) 최저기온이 25도 이상인 날들의 수다. 수면은 체온과 건강과 깊은 관련이 있다. 특히 열대야로 인해 수면을 방해받는 것은 어린이, 노인, 임산부, 정신질환자의 건강과 생명에 큰 영향을 끼친다.

우선 수면은 체온 조절의 중요한 기능을 담당한다. 사람은 자정쯤에 최고 체온에 도달하고 새벽에 최저 체온에 도달한다. 체온 조절은 시상핵 송과체에서 분비되는 멜라토닌의 영향을 받는다. 멜라토닌의 야간 분비가 심부체온 조절과 수면을 연결하는 기능을 한다. 피부 혈류량 증가, 피부 온열 및 체열 손실로 시작되는 심부체온의 최대 감소율은 수면 시작과 일치한다.[153] 높은 온도는 수면의 시작과 유지를 방해한다.

폭염은 수면을 방해한다. 기온이 높아지면 수면을 정상적으로 하기가 어렵다. 수면 시작 시 주변 온도가 높으면 수면장애가 생긴다. 폭염 기간에는 수면제 사용이 증가한다. 서울대학교 예방의학과 민경복 교수팀은 졸피뎀, 트리아졸람과 같은 수면제 처방이 야간에 주변 온도가 높아짐에 따라 증가한다는 것을 발견했다.[154]

야간 기온 상승은 사망률 증가와 관련이 있기 때문에 특히 우려스럽다.[155] 또한 높은 주변 온도에서 잠을 자는 노인은 낮은 주변 온도에서 잠을 자는 노인보다 수면의 질은 낮고 생리적 스트레스(갈바닉 피부 반응 및 심박수 증가)는 더 높았다.[156]

열대야에서 어린이가 겪는 불면은 비만, 호흡 불안정 등 다양한 신체건강과 관련이 있다.[157] 임산부와 신생아는 폭염으로 인해 수면에 크게 영향을 받는다. 기후변화가 여성의 성적 성숙, 임신, 신생아 건강, 수유 등에 부정적인 결과를 초래할 가능성이 있다.[158]

폭염은 자연재해이자 사회재해다

폭염이 시작되는 시기쯤 가슴 아픈 뉴스를 듣곤 한다. 폭염 속에서 일하다가 사망한 사람들의 이야기다. 불볕더위 속에서 목숨을 잃을 줄도 모르고 일했던 사람 중에는 성실한 가장이 많다. 한편 어느 가정에서는 하루 종일 에어컨을 켜놓고 지내면서 "저 아저씨는 진짜 더워서 죽은 거야?"라고 묻는 아이에게 부모가 "저렇게 더운 곳에서 일하지 않으려면 공부 열심히 해야 한다."라고 말한다. 폭염은 계층 간 삶의 격차를 그대로 보여주는 자연재해이자 사회재해다.

폭염재해의 피해자는 주로 노동자, 노인, 병약자들이다. 폭염재해는 그 사회가 약자를 보호하고 있는지, 인권 상태가 어떤지를 보여주는 리트머스 시험지와 같다. 이미 많은 나라가 폭염을 기후재해의 하나로 포함했다. 우리나라도 온열질환 사망자가 급격히 증가했던 2018년 국가재해 범주에 폭염을 포함했다. 이전까지 폭염을 심각한 자연재해로 여기지 않았던 이유는 태풍이나 홍수처럼 집중적인 재난 장면이 사람들에게 각인되지 않았기 때문이다.

하지만 폭염은 무서운 재해다. 쪽방촌에서 낡은 선풍기에 의존하며 지내는 허약한 중장년 1인 가구와 만성질환 노인들이 더위 속에서 죽고 인적이 드문 농촌의 밭 한복판에서 농민들이 쓰러져 죽는다. 그래서 폭염은 '조용한 기후 살인'이라고도 불리는데 실제로 홍수나 태풍보다 더 많은 사람의 목숨을 앗아간다. 통계청 집계로는 2011~2019년 폭염 사망자 수는 총 493명으로 태풍과 호우에 의한 인명 피해를 합친 것보다 3.6배가량 많다.[159] 유럽연합 통계청은 유럽 16개 국가에서 2022년 5월 30일부터 9월 4일까지 6만 2,000명 정도가 온열질환으로 사망했다고 발표했다.[160]

2023년 근로복지공단은 산업재해경위서에 최근 5년간 온열질환으로 산업재해를 인정받은 노동자가 117명이라고 보고했으나 노동단체들은 이보다 훨씬 많을 것이라고 주장하고 있다.[161] 산업별로는 건설업, 제조업, 배달업 등에서 온열질환이 많이 발생한다. 준공일자에 쫓겨 무리하게 일하는 건설 노동자들이 폭염 사망자들의 다수를 차지한다. 이 노동자들의 주검을 맞이했던 응급실 의료진은 이들에게 필요했던 것은 대단한 의료시술이 아니라 물, 그늘, 휴식이었다고 말한다. 생명보다 돈을 중시하는 문화가 또 다른 폭염 살인의 협력자였다.

폭염이 위험한 재해인 또 다른 이유는 성숙한 정신 상태를 유지할 수 없다는 점이다. 폭염과 높은 습도로 인해 불쾌지수가 높은 상태에서는 살인과 폭력 같은 범죄 행위가 증가한다. 교통사고도 더 많이 자주 일어난다. 충동 조절이 어려워지고 공격적으로 변해서 대형 사고가 나기 쉽다. 폭염으로 인해 열대야를 겪고 수면이 부족해지면 더욱 그럴 수 있다. 1일 최고 체감온도가 33도 이상인 상태가 2일 이상 지속되는 폭염주의보는 일종의 대피령이어야 하며 건물 밖에서의 일은 중단해야 한다. 폭염재해에서 시민사회가 안정을 이루려면 물, 그늘, 휴식을 아낌없이 제공해야 한다. 온도 지능을 높이고 온도 격차를 줄이는 사회가 돼야 한다. 우리 사회는 과연 그럴 채비가 되어 있는지 묻고 싶다.

3장

인간은 감정으로
지구와 연결된다

1

지구감정으로 연결된 우리는 지금 아프다

지구와 연결되어 경험하는 감정이 지구감정이다

2007년 12월 태안 앞바다에서 삼성 크레인 부선(동력이 없는 배)을 예인선이 끌고 가는 과정에서 와이어가 끊어져 유조선 허베이 스피리트호와 부딪히는 사건이 발생했다. 유조선이 파열되면서 원유 1만 2,547킬로리터(7만 8,918배럴)가 해상에 유출됐다. 이 사건은 현재까지 우리나라에서 발생한 사상 최악의 기름 유출 사건이다.

사고 발생 다음 날인 12월 8일 아침 사람들은 약 17킬로미터의 해안에 폭 10미터의 검은 기름띠가 해안 바닷가를 뒤덮은 것을 목격하고 경악했다. 기름 범벅이 된 새, 하얗게 죽어가는 성게와 갯가재, 검게 변한 조약돌 그리고 기름띠가 흘러가는 바다는 검은 재앙 그 자체였다. 「태안 그 후 10년 바다, 다시 꽃피다」라는 다큐멘터리는 당시 주민들의 목소리를 전하는 인터뷰를 담았다.

"제 몸이 소름 돋듯이 막 찌릿한 것을 느꼈거든요……. 검은 띠들이 그때부터 막 흘러가는 것을 보았거든요."

"옛날에는 하얀 파도였는데 시간이 지나면서 검은 파도로 바뀌니까 이제 세상이 어두워지는 것처럼……."

"당시 파도 소리가 안 들릴 정도로 검은 기름이 바다를 뒤덮고 있어서 사고를 처리할 때도 막막했고 또 답답한 것도 있었고 겁도 상당히 났습니다."

시간이 흐르면서 오염된 해안의 범위가 넓어져 375킬로미터가 오염됐고 101개 섬이 오염 피해를 입었다. 이 사건은 생계 대부분을 수산업과 관광업에 의지하던 지역 주민들의 삶의 기반을 송두리째 파괴했다. "우리들은 캄캄하고 죽는 줄 알았죠. 죽는 심정이죠. 생계고 뭐고 다 놓쳤는데 이 기름 유출로 인해서 우리들이 그냥 쓰러질 정도니까 우리들은 죽었구나 그런 마음이었죠."

2009년에 이루어진 태안 주민들의 재난 적응 과정에 관한 연구[1]에 따르면 주민들은 자신들의 처지에 대한 무력감, 좌절감, 미래에 대한 무망감을 많이 경험하고 있었다. 또한 "앞으로 얼마나 갈지 모르겠다." "뭐가 뭔지 도대체 모르겠다."라는 등의 현실과 미래에 대한 불확실성으로 인해 심리적으로 소진됐다. 처음에는 방제작업에 사활을 걸면서 동시에 적극적으로 농성, 데모, 단식투쟁 등을 전개했고 자살과 같은 극단적인 행동을 보이기도 했다. 그러나 결과적으로 이루어진 것은 없어 보이는 현실을 마주할 수밖에 없었다. "악쓰고 대처해봤자 해결되는 것은 아무것도 없더라."라는 식의 무력감이 팽배했다.

이 사고로 충격을 받은 것은 삶의 터전을 잃은 지역 주민들만이 아니었다. 전 국민이 뉴스를 통해 까맣게 변해버린 해안선과 죽어가는 생태계를 접하고 충격에 빠졌다. 다음은 당시 기름 유출 현장에서 자원봉사를 했던 사람들의 인터뷰 내용이다.

"사고 소식을 들은 건 겨울 방학을 앞두고 있었을 때예요. 그해 여름에 친구들과 만리포에서 한바탕 놀고 왔으니까 이후 1년도 채 지나지 않았을 때죠. 뉴스를 통해 기름에 뒤덮인 바다를 봤는데 도무지 믿기지 않더라고요. 태안 바다는 저뿐만 아니라 많은 사람에게 추억이 많은 곳이잖아요. 다시는 예전 모습을 볼 수 없을 것 같단 두려움에 뭐라도 해야겠다 싶어 현장으로 달려왔죠."

"저도 맨 처음엔 정말 무관심했거든요. 그런데 어느 날 사진 한 장을 봤어요. 꽤 유명한 사진인데 가마우지라는 새가 기름에 뒤덮여 있는 사진을 보고서는 제가 두 시간 동안 펑펑 울고서는 나도 한 번만 갔다 오자. 갔다 오면 괜찮아지겠지 생각했거든요. 그 한 번이 한 번 더 가게 되더니 7개월이 돼버렸어요."

한순간에 변해버린 자연을 직간접적으로 마주한 국민은 다양한 심리적 혼란을 겪었다. 그리고 이를 극복하기 위해 하나둘씩 피해 지역으로 발걸음을 옮겼다. 지역 주민과 관계 기관의 방제를 위한 노력에 하루 최대 6만 명까지 총 123만여 명의 자원봉사자 손길이 더해졌다. 사고 발생 7개월여 만인 2008년 7월 태안군 만리포 해수욕장에서 국제 수영 대회가 열릴 정도로 피해지역은 예상보다 빠르게 회복됐다.

이렇듯 자연환경의 변화는 단지 물리적 현상에 그치지 않고 개인과 공동체에 중요한 심리적 영향을 미치고 우리의 행동을 변화시킨다. 호주의 환경철학자 글렌 알브레히트는 환경 변화와 관련하여 사람들이 경험하는 감정들을 설명하기 위해 '지구감정earth emotion'이라는 용어를 만들었다.[2] 우리는 환경과 관련하여 사랑, 안정감, 공감, 감탄, 행복 등의 긍정적 감정을 느낄 수도 있고 분노, 적대감, 두려움, 불안, 우울 등의 부정적 감정을 경험하기도 한다. 이러한 지구감정은 알게 모르게 우리의 심리적 건강과 웰빙에 중요한 영향을 미친다.

대표적인 지구감정 중 하나는 '솔라스텔지어solastalgia'다. 이는 위안을 뜻하는 살러스solace와 향수를 뜻하는 노스텔지어nostalgia의 합성어로 사랑하는 자연환경을 상실한 사람들이 겪는 정서적 고통을 의미한다. 그는 석탄 채굴 사업의 확장으로 변화된 호주 뉴사우스웨일스주 헌터밸리 지역을 관찰하며 풍경의 급격한 변화가 지역 주민들에게 상당한 정서적 고통을 야기하는 것을 관찰했다.

헌터밸리 지역의 사람들은 슬픔, 불안, 상실을 경험했다. 그리고 그들의 환경에서 일어나는 비가역적 변화를 받아들이기 위해 고군분투하고 있었다. 알브레히트는 이러한 형태의 정서적 고통이 우울증이나 불안과 같은 심리학의 기존 개념으로는 적절하게 포착되지 않는 독특한 감정적 경험이라는 것을 깨닫고 새로운 개념적 틀을 제시했다. 그는 환경 변화가 사람들의 장소 감각에 지대한 영향을 미치고 친숙한 환경의 상실은 소속감 상실로 이어지는 등 다양하고 부정적인 심리적 영향을 유발할 수 있다고 보았다. 사람들은 익숙한 풍경의 상실에 대해 슬픔을 느끼거나 환경의 미래에 대한 불안이나 두려움을 경험할 수 있다. 그들은 또한 자연 세계로부터의 단절감이나 소외감을 느끼거나 정체성이나 소속감을 상실할 수도 있다.

기후위기는 지구감정을 더 자주 느끼게 한다

최근 들어 기후변화와 환경 파괴의 위협이 증가함에 따라 지구감정을 더 또렷하게 느끼는 사람들이 늘어나고 있다. 급만성적인 재난이 빈번해지면서 사람들은 직간접적으로 자연계와 단절됐다. 이로 인해 사람들이 느끼는 슬픔, 절망, 불안, 상실감과 같은 심리적 혼란이 2000년대 이후 각계의 주목을 받고 있다.

유엔개발계획은 기후위기에 대한 대중의 인식을 조사하기 위해 2020년 영국 옥스퍼드대학교와 여러 비정부 기구와 협력하여 50개국에 걸쳐 광범위한 설문조사를 실시했다. 총 120만 명의 응답자 중 64%는 기후위기가 전 지구적 응급 사항이라고 대답했다. 59%의 응답자들은 기후위기를 해결하기 위해 당장 할 수 있는 모든 행동을 취해야 한다고 답했다.

미국 예일대학교의 환경학교 산하 연구센터인 기후변화커뮤니케이션센터는 수년 동안 매년 기후변화와 관련된 미국인의 심리 및 행동 변화를 추적하여 관찰하고 있다. 2023년 실시한 설문조사에서 65%의 응답자들이 기후변화에 대해 걱정하고 있었다. 10%의 응답자들은 설문조사 시점을 기준으로 지난 2주 동안 수일 이상 지구온난화로 인해 불안이나 우울 증상을 경험한 적이 있다고 대답했다. 2023년 미국심리학회에서 시행한 미국인의 스트레스에 관한 설문조사에서도 응답자의 50%가 기후변화를 '어느 정도의 또는 상당한 스트레스 원인'으로 꼽았다. 국내 시사 주간지 『시사인』에서 2022년 시행한 설문조사에서는 64.5%의 응답자들이 기후위기나 환경 문제를 자신의 문제처럼 느낀다고 했다. 응답자 중 상당수는 죄책감, 분노, 우울증, 무기력까지 경험하고 있었다.

이런 지표들은 기후위기가 많은 사람에게 실질적인 위협으로 느껴지고 있다는 것을 말하고 있다. 즉 기후위기는 인류에게 주요한 스트레스 원인이 되고 있다. 그러나 기후위기 문제는 기존 스트레스 요인과는 다른 몇 가지 특성이 있다. 인류는 첨단 과학기술을 통해 기후변화에 관한 데이터를 축적하고 예측 도구를 발전시키고 있다. 하지만 기후변화는 헤아릴 수 없는 변수들이 복잡하게 상호작용을 하는 카오스 시스템이다. 그렇기에 많은 과학자가 기후변화가 향후 어떻게 진행될지, 언제 끝날지 불확실하다고 말한다. 인류의 존속에 영향을 미칠 수 있는 사건임에도 불확실성이 높다는 특성은 우리를 멈출 수 없는 불안의 악순환에 빠져들게 할 수 있다.

극한 기상 현상은 역사적으로 반복되어 왔다. 기후위기와 관련되기 전까지는 생존자들이 회복하고 재건할 수 있는 일회성 자연재해로 간주됐다. 그러나 기후변화와 극한 기상 현상의 관련성이 밝혀짐에 따라 인류는 재난이 일상적으로 반복될 수 있다는 사실에 적응해야 한다. 나아가 상상하지 못한 재난에 대비해야 하는 상황을 맞닥뜨리고 있다. 인류가 생존을 위협하는, 어떻게 진행될지 모르는 불확실한 변화에 적응하고 대비해야 한다는 것은 지구에 사는 인간이라면 누구도 피할 수 없는 공통적이고 동시대적인 스트레스다.

자연세계와의 정서적 연결을 복원해야 한다

전 세계적으로 기후위기에 대응하려고 노력 중이다. 그러나 심리적 영향에 대한 관심은 상대적으로 적었다. 일부는 그것이 객관적

수치로 변환되기 어렵기 때문에 과학적이지 않다거나 사실이 아니라고 주장했다. 일부는 좀 더 다급한 문제라고 여겨지는 물질적, 경제적 변화에 주목하기 바빴다. 하지만 북극 및 아북극 지역의 기후변화 연구자인 애슐리 쿤솔로Ashlee Cunsolo는 환경잡지 『윈 레질리언트 어스』와의 인터뷰에서 공중보건 영역 중 정신건강에 미치는 영향을 우리는 아직 가늠하지 못하고 있을 뿐이라고 말했다.

그녀는 기후위기와 관련된 정신건강 문제는 심오한 영역이기에 기후변화가 진행될수록 이전에 경험하지 못했던 방식으로 사람들의 정신에 영향을 미칠 것이라고 예측했다. 우리는 일어나기 전까지는 무엇이 일어날지, 전 세계 사람들에게 어떤 영향을 미칠지 알지 못한다. 예를 들어 점진적인 기후변화로 인해 우리의 상상을 넘어 대규모로 다양한 형태로 많은 이주와 분쟁이 발생할 수 있다. 해수면 상승, 영구 동토층 해빙, 빙하의 상실, 사막화와 같은 다양한 요인으로 사람들은 자신의 집과 고향을 자발적, 비자발적으로 떠나게 될 수 있다.

이주는 특히 국경을 넘을 때 매우 스트레스가 된다. 여정 자체가 불확실하고 새로운 거주지에 적응하는 과정도 모두가 낯설고 어렵다. 경제적인 어려움은 대부분이 겪는 중대한 문제다. 특히 선주민이 이주민을 환영하지 않을 때 더욱 그렇다. 비옥한 땅, 좋은 일자리, 깨끗하고 충분한 물, 주거를 지을 수 있는 충분한 공간과 같은 희소한 자원에 대한 경쟁으로 사회적 갈등이 일어나 이주민과 선주민 모두 정신적 건강이 악화할 수 있다.

우리는 이러한 지구감정을 들여다보면서 인간이 평소 자연 세계와 얼마나 깊이 연결되어 있었는지, 그것이 우리 자신에 대한 인식에 어떻게 영향을 미쳐왔고 우리의 웰빙에 얼마나 많은 기여를 했는지 깨닫게 된다. 알브레히트는 긍정적인 지구감정에 대해서도 논의했다. 예를 들어 '에우티에라eutierra'는 '자연과 하나됨을 느끼는 감정'이다.[3] 그는 "사람과 자연 사이의 경계가 흐릿해지는 정신적 공간에 있을 때 우리에게 깊은 평화와 연결감이 스며든다."라고 표현했다. 에우티에라를 경험하는 사람은 환경과 자아 사이의 상호연결성을 이해하게 된다.

　나아가 알브레히트는 긍정적이든 부정적이든 지구감정을 인정하고 표현해야만 인간이 자연 세계와 더 깊은 관계를 맺어갈 수 있다고 했다. 이것이 지속가능한 발전과 환경 복원을 위한 동기가 될 것이라고 말이다. 또한 자연 세계와의 정서적 연결을 복원하고 유지하는 것은 인간에게 풍요로운 삶의 목적과 의미를 제공할 수 있다. 이런 의미에서 환경을 보호하는 것은 생태학적, 경제적 이유뿐만 아니라 개인과 공동체의 정서적, 심리적 안녕을 위해서도 중요하다.

2

얼마 남지 않은 시간 때문에 불안에 시달린다

우리에게 주어진 시간은 얼마 남지 않았다

"우리에게 주어진 시간의 창이 빠르게 닫히고 있다."

「더사이언스플러스」가 기후변화에 관한 정부 간 협의체 6차 평가보고서를 한 문장으로 요약한 것이다. 우리가 예상했던 것보다 지구온난화가 빠르게 진행되고 그 영향이 광범위하게 관찰되면서 지금 삶의 방식을 유지할 수 있는 미래를 확보할 기회의 창이 빠르게 닫히고 있다.

지구 기온은 이미 1850년에서 1900년에 이르는 산업화 이전보다 섭씨 1.1도 높아져 있다. 또한 지난 50년 동안 지구 표면온도가 상승한 속도는 관측 기록상 적어도 지난 2,000년 동안 유례가 없다. 그런데도 인류의 온실가스 배출량은 계속 증가하고 있다. 2019년 대기 중 이산화탄소 농도는 처음으로 410ppm이라는 기록적인 수준에 도달했고 증가 추세는 현재까지 지속되고 있다.

또한 6차 평가보고서는 온실가스 배출량에 따른 향후 미래 시나리오를 그리고 있다. 산업기술의 빠른 발전에 중심을 두어 화석연료 사용률이 높고 도시 위주의 무분별한 개발이 확대될 것으로 가정하는 시나리오(SSP5-8.5)에서는 21세기 후반부에 지구 표면온도가 산업화 이전보다 약 5도 정도 상승할 것으로 예측했다. 기후변화 완화 정책에 소극적이며 기술 개발이 늦어 기후변화에 취약한 사회구조를 가정하는 시나리오(SSP3-7.0)에서는 약 4도가 상승할 것으로 예상했다. 반면 재생에너지 기술 발달로 화석연료 사용을 최소화하고 친환경적으로 지속가능한 경제성장을 이룰 것으로 가정하는 시나리오(SSP1-2.6)에서는 2도 미만으로 상승할 것이다.

평균 지표면온도가 상승하면 기후재난도 함께 증가하고 피해가 심각해질 것이다. 6차 평가보고서에 따르면 산업화 시대와 비교해 지구 표면온도 상승 폭을 1.5도 이하로 유지하더라도 폭염의 빈도와 강도가 증가한다. 2도 상승 시에는 최소 2배, 3도 상승 시에는 최소 4배 이상이 될 것으로 예상한다. 빠르게 온실가스를 감축하더라도 2050년이 오기 전 북극 빙하는 완전히 녹게 될 것이다. 반면 1.5도 목표를 달성하면 21세기 후반에는 지금의 반 정도로 줄어든 북극의 얼음이 남아 있다가 완만하게 회복하기 시작할 가능성이 있다. 그러나 이것은 빙하가 표면부터 천천히 녹아내리는 것을 가정한 시나리오다. 과학자들은 이러한 예측을 벗어난 극단적인 현상도 일어날 수 있다고 주장한다.

예를 들어 남극의 초대형 빙하인 스웨이츠 빙하는 '지구 종말의 날 빙하'로도 불린다. 이 빙하가 전부 녹게 된다면 남극 빙하가 연쇄적으로 녹아 해수면이 상승해 지구에 재앙을 가져올 수 있다는 의미에서 붙은 별칭이다. 오리건주립대학의 부교수이자 빙하학자 에린 페티트Erin Petit는 이 빙하가 현재 금이 간 유리와 같은 상태라고 보고 있다. 어느 순간 금이 간 부분이 벌어져 공기에 닿는 표면적이 넓어지면 녹는 속도는 지금 예상하는 것보다 훨씬 빨라질 것이다.

미디어에서 보도하는 공신력 있는 과학적 관찰 결과들을 볼 때 우리는 이제 돌이킬 수 없는 온난화의 영향 아래에 살고 있다는 사실을 받아들일 수밖에 없다. 앞에서 소개한 예일대학교 기후변화커뮤니케이션센터에서 실시한 설문조사에서 응답자의 47%는 지구 온난화가 진행되고 있는 현실을 피부로 느끼고 있다고 답했다.

기후위기로 인한 생태불안이 정신건강을 해친다

기후위기와 관련되어 그려지는 미래는 어둡고 또 불확실하다. 그러한 미래가 머지않았고 지금 우리 뒷마당에서 일어나는 일일 수 있다는 불현듯 한 깨달음은 걱정, 우려, 불안을 낳는다. 예일대학교 기후변화커뮤니케이션센터에서 시행한 설문조사에서 40~50%의 응답자들이 기후변화가 자신, 가족, 공동체에 해를 끼칠 것이라고 예상했다. 64%의 응답자들은 이에 대해 어느 정도 혹은 상당히 걱정하고 있었다. 어쩌면 지금 이 글을 읽는 독자 중 일부는 이러한 감정을 경험하고 있을 것이다.

이처럼 기후위기로 인한 직접적인 피해를 받지 않았는데도 단순히 그와 관련된 사실들을 접하는 것만으로도 우리는 두려움, 불안감, 무력감을 느끼고 기운이 소진될 수 있다. 미국심리학회는 2017

년 성명을 통해 '생태불안eco-anxiety'을 '돌이킬 수 없는 기후변화와 그로 인해 영향을 받을 자신과 다음 세대의 환경적 운명에 대한 만성적 두려움'으로 정의했다. 생태불안은 기후위기와 관련된 신조어 중 가장 주목받고 많이 쓰이고 있는 개념 중의 하나다.

생태불안과 비슷한 맥락으로 쓰이는 용어로는 '기후불안climate anxiety'이 있다. 두 용어는 종종 같은 현상을 지칭하는 용어로 사용된다. 하지만 둘 사이에는 몇 가지 차이점이 있다. 생태불안은 환경과 그 파괴에 대한 우려로 인해 발생하는 불안을 말한다. 여기서 환경 변화는 반드시 기후변화에만 국한되지 않으며 삼림 벌채, 생물 다양성 손실, 오염 및 기타 형태의 환경 파괴와 같은 다양한 환경 문제를 지칭한다. 반면에 기후불안은 기후변화의 영향에 초점을 맞춘 보다 좁은 의미의 생태불안이라고 할 수 있다. 예를 들어 기상이변, 해수면 상승, 식량 및 물 부족 등과 같은 기후변화의 잠재적 결과에 대한 우려에서 발생하는 걱정, 두려움, 불안이다. 최근 환경 이슈로 인해 발생하는 불안은 주로 기후변화와 관련되어 있다. 이 장에서는 용어의 혼란을 피하기 위해 생태불안이라는 용어를 사용하겠다.

생태불안은 특히 기후위기의 직접적인 영향을 경험했거나 경험할 것으로 예상되는 지역의 사람들에게 심각하게 나타날 수 있다. 예를 들어 2019년 최악의 산불로 고통받은 호주 국민들에게 기후변화 인식에 대한 설문조사를 한 결과 66.7%가 기후변화에 대해 심각하게 걱정하고 있었다.[4] 해수면 상승으로 국토를 잃어가고 있는 투발루 국민들은 95%가 기후변화로 스트레스를 받고 있고 87%는 일상생활에 영향을 받을 정도라고 답했다.[5]

과거 기후재난을 직접적으로 경험하지 않았더라도 생태불안이 발생할 수 있다. 이 경우 불안의 정도는 사회적 맥락의 영향을 받는 것으로 알려져 있다. 기후위기에 대한 그 사회의 인식과 수용도에 따라 그에 대한 어느 정도 걱정이 적절한지, 과도한지가 결정된다는 것이다. 이런 측면에서 대중 매체를 통해 전달되는 기후위기에 관한 정보와 영향력 있는 사람들의 의견은 해당 사회의 사람들 인식에 큰 영향을 미친다. 다시 말해 그 사회가 기후위기와 이와 관련한 심리적 고통을 어떻게 바라보느냐에 따라, 혹은 그 사람이 어떤 그룹에 속해 있으며 어떤 미디어를 통해 정보를 취득하느냐에 따라 생태불안을 경험하는 정도가 달라질 수 있다.

생태불안은 기성세대보다 젊은 세대에게 더 자주 나타난다고 알려져 있다. 기성세대에 비해 기후위기를 겪어야 할 세월이 긴 젊은 세대에서 그 영향을 체감하는 정도가 높으리라는 것은 당연한 결과다. 예일대학교 기후변화커뮤니케이션센터에서 2020년 시행한 설문조사 결과를 보면 지구온난화에 대해 MZ 세대는 59%가 관심을 가지고 걱정하고 있는 반면 세대가 올라갈수록 그 비율이 감소하는 경향을 보였다. 호주, 핀란드 등 총 10개국에서 16~25세를 대상으로 한 설문조사에서도 응답자의 60%가 기후변화에 대해 '매우' 혹은 '극도로' 걱정된다고 답했고 45% 이상은 기후변화가 그들의 일상에 부정적인 영향을 미친다고 응답했다.[6] 반면 『시사인』에서 2022년 시행한 설문조사에서는 기후위기가 나의 일처럼 가깝게 느껴지느냐는 질문에 20대는 54.7%로 가장 낮고 60대 이상은 70.9%가 그렇다고 대답해 세대가 올라갈수록 그렇다는 응답이 높았다. 연령뿐 아니라 성별이나 가치관을 변수로 넣었을 때도 응답률에서 차이를 보였다. 성별 변수를 넣고 같은 항목을 다시 분석했을 때 20대 남성은 가장 낮은 비율을 보였다. 20대 여성은 평균보다 높은 비율이었다. 탈물질주의와 같은 가치관에 따라서도 기후위기에 민감하게 반응하는 정도가 다르게 나타났다. 이는 문화와 성별에 따라 생태불안에 취약한 계층이 달라질 수 있다는 것을 시사한다.

불안 자체는 병리적이지 않다. 불안은 우리가 위협을 마주하고 있음을 알려주며 그에 주의를 기울여 적절하게 대처하게 해준다. 우리가 생태불안을 경험한다는 것은 우리 앞에 닥친 기후위기 상황에 주의를 기울일 수 있게 됐다는 것이다. 그러나 불안이 적절하게 다뤄지지 못한다면 정신건강과 웰빙에 상당한 영향을 미칠 수 있다. 미국심리학회는 생태불안이 우울, 불안, 자살, 폭력, 알코올 의존 등 다양한 정신건강 문제들로 이어질 수 있음을 경고했다.

생태불안은 기후위기 문제에 대한 무력감과 절망감을 불러일으킬 수 있다. 사람들이 환경 문제의 규모에 압도되고 이를 해결하기 위한 조치의 부족에 실망할 때 개인과 정부가 변화를 끌어낼 수 있는 능력에 대해 불신할 수 있다. 이러한 불신은 기후 위기와 미래에 대한 체념으로 이어진다. 또한 환경 문제를 회피하고 적절하게 대응하지 못할 수 있다. 사람들이 환경 문제의 규모와 심각성에 압도될 때 회피하고 도피하는 것은 어쩌면 불안에서 자신을 보호하기 위한 행동일 수 있다. 그러나 회피와 도피가 만연해지면 기후위기를 해결하기 위한 동력이 줄어들고 문제는 더 심각해질 것이다.

불안은 이를 줄이기 위한 강력한 동기를 제공하기 때문에 생태불안과 행동의 관련성이 많이 연구되고 있다. 영국 바스대학교에서 시행한 연구에서 생태불안을 보고한 사람들은 그렇지 않은 사람들보다 기후위기에 대응하기 위한 행동을 할 가능성이 높았다. 이와 관련된 또 다른 사회 현상은 출산파업 운동이다. 출산파업 운동은 점점 심각해지는 기후위기를 이유로 아이를 갖지 않기로 결정한 사람들이 벌이는 세계적인 운동이다. 이 운동은 2018년 영국의 한 여성 그룹이 '출산파업BirthStrike'이라는 페이스북 그룹을 만들어 생태학적 붕괴에 맞닥뜨린 세상에서 아이들을 낳는 것에 대한 우려를 논의하면서 시작됐다.

출산파업 운동가들은 급변하는 지구의 위험과 불확실성 속에서 아이를 낳는 것은 비윤리적이라고 주장한다. 한편으로 그들은 자녀를 갖지 않기로 선택함으로써 기후위기의 근본 원인을 해결하지 못하는 시스템을 반대하는 입장을 취하는 것이기도 하다. 일부는 이를 기후위기에 대한 시급한 조치를 촉구하는 강력한 행동으로 본다. 반면 어떤 이들은 인구 감소 및 기타 사회 문제로 이어질 수 있는 잘못된 접근 방식이라 하여 비판하기도 한다.

출산파업 운동의 의의와 비판점을 넘어 기후위기 문제는 아이를 가질지 고민할 때 중요한 변수가 되고 있다. 『시사인』의 설문조사에서 20대 여성의 33.5%와 20대 남성의 9.9%(전 세대는 15.8%)가 기후위기 때문에 자녀를 출산하지 않겠다고 생각하는 것으로 조사됐다. 앞서 말했던 10개국 16~25세 1만 명을 대상으로 시행한 연구에서도 10명 중 4명이 기후위기와 관련해서 아이를 갖는 것에 불안감을 느끼고 있었다.

생태불안을 겪는 우리 자신을 돌봐야 한다

만약 당신이 기후위기와 관련하여 걱정과 불안을 경험하고 있는지 궁금하다면 다음의 설문지를 통해 진단해볼 수 있다.

[기후변화 불안 관련 질문][7]

다음은 기후변화 불안에 대한 질문입니다. 문항을 잘 읽고 해당되는 칸에 V 표로 답변해 주십시오.

질문 내용	전혀	드물게	가끔	가끔	거의항상
1. 나는 기후 변화에 대한 생각 때문에 집중하기 어렵다.	1	2	3	4	5
2. 나는 기후 변화에 대한 생각 때문에 잠자기 어렵다.	1	2	3	4	5
3. 나는 기후 변화에 관한 악몽을 꾼다.	1	2	3	4	5
4. 나는 기후 변화 때문에 눈물이 날 때가 있다.	1	2	3	4	5
5. 나는 "기후 변화에 더 잘 대처할 수 없을까?"하고 생각한다.	1	2	3	4	5
6. 나는 왜 나만 기후 변화에 대해 이렇게 느끼는지 생각한다.	1	2	3	4	5
7. 나는 기후 변화에 대한 내 생각을 적어보고 분석한다.	1	2	3	4	5
8. 나는 "내가 왜 기후 변화에 대해 이렇게 반응하지?"라고 생각한다.	1	2	3	4	5
9. 나는 기후 변화에 대한 우려로 가족이나 친구들과 재밌게 지내는 것이 어렵다.	1	2	3	4	5
10. 나는 지속가능성에 대한 우려와 가족들의 요구 간의 균형을 맞추는 데 어려움이 있다. *지속가능성: 인간이 삶의 터전으로 삼는 환경과 생태계 또는 공공으로 이용하는 자원 따위	1	2	3	4	5

를 계속해서 사용할 수 있는 환경적 또는 경제 사회적 특성「네이버 국어사전 참조」 *예시: 음식을 주문할 때 나는 일회용 용기 대신 우리 집에 있는 유리 용기에 음식을 담아오고 싶은데 다른 가족원은 배달하는 것을 선호한다.					
11. 나는 기후 변화에 대한 우려로 과제를 하거나 일을 하는 데 방해받는다.	1	2	3	4	5
12. 나는 기후 변화에 대한 우려로 잠재력을 발휘해 과제를 하거나 일하기가 어렵다.	1	2	3	4	5
13. 내 친구들은 내가 기후 변화에 대해 너무 많이 생각한다고 말한다.	1	2	3	4	5

이 설문지는 연구용으로 개발된 것이라서 개인이 생태불안을 겪고 있는지를 정확히 판별하는 데 적용할 수는 없다. 어차피 생태불안 자체는 병리적인 것이 아니라 정확한 진단이 중요한 것은 아니다. 다만 한 개 이상의 항목에 '가끔'보다 높은 점수를 매겼다면 기후변화와 관련한 심리적 고통을 겪고 있는 것은 아닌지 고민해볼 필요가 있다.

생태불안을 겪고 있다면 이를 완화할 수 있는 몇 가지 방법이 있다. 먼저 문제에 대해 정확히 알기 위해 주변 사람들과 대화하는 것이다. 기후위기의 원인과 잠재적인 결과에 관해 더 많이 배우면 무슨 일이 왜 일어나는지 더 잘 이해할 수 있다. 이것은 무력감을 줄이고 통제력을 회복하는 데 도움이 될 수 있다. 부모와 학교는 아이들에게 기후위기에 대해 이야기하고 해결하는 데 필요한 지식을 가르쳐야 한다. 성인들도 어색함을 극복하고 기후위기에 관한 이야기를 나눔으로써 서로 지식을 교류하는 게 필요하다. 또한 보다 지속 가능하고 친환경적인 대안을 찾아가야 한다.

두 번째는 행동하는 것이다. 아무리 작은 행동이라도 변화를 끌어낼 수 있다. 자동차 운전을 줄이고 식물성 식품을 더 많이 섭취하고 에너지 효율적인 가전제품을 사용하여 탄소 발자국을 줄일 수 있다. 행동의 결과가 얼마나 효과적인지와는 별개로 자신을 위해 행동한다는 그 자체만으로 통제력을 회복하고 불안감을 덜 수 있다. 기후위기에 대응해 행동하는 그룹에 가입하는 것도 도움이 된다. 자신의 의견을 표명하고 동조하는 사람들을 만나고 함께하는 행동에 참여하면 불안을 해결하는 데 도움이 된다. 만일 불안을 떨치지 못하고 관련 기사와 자료를 검색하는 데 많은 시간을 쏟고 있다면 일정 수준으로 언론이나 인터넷 노출을 제한하는 것도 도움이 된다.

이외에도 자신을 돌보는 시간을 충분히 갖는 것이 필요하다. 자신을 돌보는 방법은 개인적 특성, 자신을 둘러싼 상황에 따라 다를 수 있다. 생태불안을 해소하기 위해 특별히 제안하는 것은 자연에서 시간을 보내는 것이다. 여러 연구에서 자연을 많이 접하는 것은 불안을 줄이고 역경을 극복할 수 있는 회복탄력성을 높인다고 보고하고 있다. 코넬대학교 공중보건학 및 보전생태학 교수 젠 메러디스Gen Meredith 등이 2020년 수행한 연구에서 사람들이 매일 자연에서 10~20분만 보내도 스트레스와 정신건강 문제를 예방할 수 있었다.

현재의 위기를 마주하면서 우리는 그 어느 때보다 일상생활에서 자연이 얼마나 필요한지 깨닫고 있다. 그 위기에 잘 적응하고 대처하기 위해, 사람과 지구의 회복탄력성을 키우기 위해 자연과의 접점을 늘리는 방법을 고민해야 할 때다.

3

인간은 자연과 단절되면 생태슬픔을 느낀다

생태슬픔은 잃은 것에 대한 애도 반응이다

'생태슬픔ecological grief'은 사람들이 자연과 단절됐을 때 혹은 단절이 예상될 때 경험하는 심리적, 정서적 애도 반응을 말한다. 기후위기와 그것이 지구에 미치는 영향에 대한 인식이 높아지면서 등장한 비교적 새로운 개념이다. 생태슬픔은 슬픔뿐만 아니라 무망감에서 절망감에 이르기까지 다양한 방식으로 나타날 수 있다. 흔하게 겪는 생태슬픔 중 하나는 환경의 물리적 요소가 손상되거나 사라졌을 때 경험한다. 이는 기후위기로 인해 경관이 훼손되거나 생물 종이 사라지거나 생태계가 망가지는 등 우리가 직접 보고 느낄 수 있는 변화와 관련된 애도 반응이다.

2005년 발생한 허리케인 카트리나는 경제, 환경, 인명에 막대한 피해를 줬다. 미국 역사상 가장 치명적이고 파괴적인 자연재해로 기록됐다. 가장 많은 피해를 입은 지역 중 하나인 뉴올리언스는 제방이 붕괴하여 도시의 80%가 물바다가 됐고 이재민 6만 명이 경기장에서 지냈다. 뉴올리언스에서만 10만 채가 넘는 집이 손상되거나 파괴됐다. 총재산 피해액은 약 1,000억 달러로 추산된다. 최종적으로 1,800여 명이 사망했다. 허리케인의 여파로 기름이 유출되어 멕시코만에 심각한 환경 피해도 발생했다. 유출된 기름은 지역 생태계와 야생동물에 장기적인 영향을 미쳤다.

이러한 환경 피해는 또다시 지역 주민들에게 광범위한 정서적 고통을 불러일으켰다. 미국의 영화감독 스파이크 리Spike Lee의 「제방이 무너졌을 때」는 허리케인 카트리나의 피해를 다룬 다큐멘터리다. 후반부에 뉴올리언스 주민인 몬태나-르블랑은 재해를 겪은 당시의 심정을 담은 자작시를 낭송한다. 다음은 그 시의 일부분이다.

제방만 부서진 게 아니라 영혼도 부서졌다
내 영혼이 부서졌다
가족들은 뿔뿔히 흩어졌다
(…중략…)
암흑 때문에 방향 감각이 무너졌다
이따금 빛이 비추었지만 우릴 떠났다
내가 부서졌을 때 침착하던 마음도 부서졌다
(…중략…)
부서진 미소, 부서진 마음, 부서진 인생들
(…중략…)
그러니 물을 보면
부서지는 제방을 보면

그와 함께 무엇이 정말 부서졌는지 알기를……

이 시는 당시 생존자의 부서진 마음을 잘 담고 있다. 그녀를 포함하여 당시 살아남은 사람들은 여러 정신적 후유증을 경험했다. 허리케인 1년 후 시행된 연구 결과를 보면 피해지역인 걸프만 지역 주민들은 카트리나 이전보다 2배 이상 정신질환에 시달리고 있었다. 피해 2년 후에 같은 조사를 시행했는데 정신질환율은 줄어들지 않거나 오히려 늘어나 있었다.

또 다른 종류의 생태슬픔은 환경이 변화하면서 그와 관련된 기존 지식이 쓸모없어지는 데서 기인하는 감정이다. 음식, 문화, 이동, 치유 등을 자연 자원에 의존하는 사람일수록 생태슬픔을 겪을 가능성이 크다. 대표적으로 캐나다의 북극 지역에 살고 있는 이누이트족을 꼽을 수 있다. 영구 동토층이 녹으면서 지반이 약화하여 거주가 불안정해지고 교통로였던 얼음이 녹으면서 이동이 어려워졌다. 더불어 기온 상승으로 바다사자, 물개, 고래, 순록 등 많은 생물의 서식지 한계가 북상하면서 어떤 지역은 사냥할 동물이 많아진 반면 어떤 지역은 줄어들고 있다.

이처럼 기후위기는 생태 순환이 이전과 달라지는 것을 의미한다. 그로 인해 생존과 일상생활을 하는 데 필요했던 자연에 대한 이누이트족의 기존 지식이 유용하지 않게 됐다. 더 이상 호수와 해안가의 얼음은 이전에 알고 있던 안전한 상태의 얼음이 아니다. 매우 불안정하여 이동 시 안전을 보장할 수 없다. 또한 생물의 서식지에 관한 기존 지식을 이용해 먹을거리를 마련하는 것도 어려워졌다.

지식 체계의 변화는 이누이트의 전통문화와 정체성 변화에 큰 영향을 미치고 있다. 땅의 조건이 변화하면서 그동안 알고 있던 그 땅과 관련한 삶의 지식과 생존 방식도 변화한 것이다. 기후위기로 사냥과 이동이 힘들어지면서 기후 패턴, 얼음 상태, 사냥술, 생존 능력, 항해술 등에 관한 지식이 세대를 거쳐 전수되지 못하게 됐다. 사람들은 연장자로부터 얻는 경험적 정보보다 위치정보시스템 GPS, 인공위성 전화 등 기술을 더 신뢰하여 실제 사냥에서 점점 더 기술을 활용하여 이동하고 있다. 이로 인해 결국 공동체 의식이 옅어지게 된다.

지역 환경에 대한 경험적 이해의 중요성이 줄어들면서 공동체 지식의 중요성도 감소했고 사회적 결속도 약해졌다. 땅과 그에 관한 지식과 연결된 정체성이 약해지자 앞선 세대는 공동체에서 위치를 잃으며 좌절과 무력감을 경험한다. 이누이트족의 인터뷰를 담은 다큐멘터리 「땅을 위한 애도」에서 한 주민은 이렇게 말한다.

"(변화는) 여러 의미에서 아픕니다. 마음이 매우 아프죠. 내 손주들에게 우리가 살아왔던 방식을 보여주고 알려주지 못할 것이라 생각하니까요. 이 생각으로 나는 몹시 아픕니다. 많은 시간을 아파했죠. 그러나 나는 이 아픔을 혼자서만 간직할 겁니다."

더불어 젊은 세대는 새로운 사회 시스템에 적응해야 하는 부담감이 있다. 예를 들어 사냥이 감소하면서 수렵 경제에서 임금 경제로 전환되고 있다. 사냥을 해서 먹을거리를 확보하기보다 슈퍼마켓에서 구매하는 것을 선호하게 되면서 대부분의 물건을 비싼 항공 운송에 의존하고 있다. 이누이트 지역의 필수 생필품의 가격은 캐나다 오타와 지역과 비교할 때 3배 이상 비싼 편이다. 그렇다고 임금 노동을 선택한 젊은 세대에게 충분한 일자리가 제공되는 것도 아니다. 2006년 자료에 따르면 이누이트족의 실업률은 약 40%에 이른다.

기후위기로 인해 땅에 의존해서만 살 수 없게 됐다. 더군다나 높은 실업률 때문에 임금 경제에서 살아갈 수 있는 조건도 충족하지 못했다. 또한 사냥과 이동을 위한 기존 지식 대신에 첨단 기술에 의존하면서 비싼 장비를 사용할 수 있는 사람들과 아닌 사람들의 생산성과 생활 수준이 점점 더 차이가 벌어지면서 빈익빈 부익부 현상이 뚜렷해지고 있다.[7]

생태슬픔은 잃을 것에 대한 애도 반응이다

앞선 두 종류의 생태슬픔보다는 덜 뚜렷하지만 보다 전 지구적으로 만연할 수 있는 생태슬픔은 미래에 예상되는 환경적 상실과 관련 있다. 재난을 이미 경험한 사람들뿐만 아니라 기후위기에 관한 뉴스를 접한 사람들은 미래를 보는 시각이 그 전과 결코 같을 수 없다. 그들은 언젠가는 자연환경의 일부를 그리고 우리의 일부를 상실하게 될 것에 대비해야 함을 알게 된다.

2021년 호주 농업자원경제과학국에서 발표한 연구 결과를 보면 2020년 호주의 평균 기온은 1910년과 비교해 약 1.4도 증가했다. 기온 상승과 관련하여 강우량이 감소하고 가뭄이 빈번하게 발생하고 있어 지난 20년간 호주의 농장 수익이 23%나 줄었다. 나아가 2050년 평균 겨울철 강우량은 2000년 이전 수준과 비교해 최대 30%까지 감소할 것으로 전망했다. 그럴 경우 농장 수익은 절반 가까이 줄어들 수 있다. 호주 농민들은 자신의 농장을 포기해야 하는 상황에 놓여 있다.

재난과 환경 변화에 관한 뉴스를 접하는 동시대 사람들은 이러한 상실이 앞으로 어떤 형태로든 자신에게도 닥칠 수 있는 운명임을 직감한다. 쿤솔로는 『원 레질리언트 어스』와의 인터뷰에서 다음과 같은 심정을 고백했다.

"저는 우리가 정말 상실과 슬픔의 시대에 살고 있음을 실감합니다. 끝이 없는 슬픔인 것 같아요. 우리가 앞으로 몇 년 동안 보게 될 손실에 끝이 없다고 생각합니다. 제 생각에 인류는 우리가 이 상실의 시대에 있다는 사실을 받아들여야 합니다. 모든 탄소 배출이 중단되더라도 우리 앞에는 여전히 온난화의 영향으로 겪어내야 할 변화가 있습니다."

생태슬픔은 무엇이 소중한지를 알려준다

생태슬픔의 결과는 광범위할 수 있으며 개인과 지역사회를 넘어 전체 사회에 영향을 미칠 수 있다. 반면에 생태슬픔을 인정하고 해결함으로써 지구를 보호하고 우리 자신과 미래 세대를 위해 보다 지속가능한 미래를 만들어가는 조치를 시작할 수도 있다. 슬픔을 공유한 사람들은 함께 모여 변화를 요구하고 지구를 보호하기 위해 행동할 수 있다.

생태슬픔과 생태불안에 대응하는 방법과 크게 다르지 않다. 사실 생태슬픔과 생대불안은 긴밀히 연결돼 있어 둘을 동시에 경험하는 사람들도 많다. 그렇기에 앞서 말한 생태불안을 대처하는 방법들은 생태슬픔을 다룰 때도 유용하다. 다만 생태슬픔이 다른 지구감정과 다른 것은 상실의 경험과 관련해 우리에게 소중한 것을 알려준다는 점이다. 쿤솔로는 「가디언」과의 인터뷰에서 이누이트족의 경험을 통해 다음과 같은 것을 알 수 있었다고 이야기한다.

"슬픔은 괴롭지만 그 고통은 우리가 행성의 한 장소나 다른 사람들과 연결되어 있고 그것을 사랑한다는 것을 새삼 깨닫게 해준다. 우리가 슬퍼하는 이유는 사랑했기 때문이라는 사실을 우리는 떠올려야 한다. 이는 우리 자신의 가치가 평소 어디에 있었는지에 관해 많은 것을 알려준다.

나는 그 사랑을 기리고 상실을 표현하고 함께 모여 슬픔을 나누는 새로운 의식이 필요하다고 생각한다. 내가 이누이트족의 장로들로부터 배운 것은 기후변화나 다른 형태의 환경 파괴에 대한 슬픔을 완전히 정상적인 반응으로 여기는 것이다. 그것은 부끄럽거나 숨길 만한 일이 아니다. 또한 그들은 지역사회의 다른 사람들을 모아 우리가 연구에서 찾은 것에 관해 이야기하고 서로의 경험을 공유하기 시작했다."

2019년 100여 명의 기후학자와 지역전문가들이 모여 아이슬란드 빙하 오크외쿨의 장례식을 치렀다. 최초의 빙하 장례식이다. 오크외쿨은 2014년 빙하학자 오두르 시귀르드손Oddur Sigurðsson에 의해 사망 판정을 받은 바 있다. 당시 장례식에 참석한 기후학자 시메네 하우는 기후위기로 인한 상실감과 애도감이 사회에서 받아들여지지 않고 있으며 이를 다룰 방법이 부족하다는 것을 지적했다. 빙하장례식이라는 의식을 통해서 그는 거기에 모인 사람들이 비로소 애도를 표현하며 강한 집단적 확신과 연대감을 공유하게 되었다고 이야기했다. 상실과 애도를 나누고 극복하고자 하는 마음은 이후로도 이어져 2019년 스위스 피졸 빙하, 2020년 미국 클라크 빙하, 2021년 멕시코 아율로코 빙하, 2021년 스위스 바소디노 빙하 등의 빙하장례식들이 치러졌다.

우리는 생태슬픔을 겪어내며 소중한 혹은 소중했던 것을 회복하거나 지키기 위해서 행동할 수 있다. 이누이트 토착민 활동가 실라 와트클라우티어Sheila Watt-Cloutier는 미주간인권위원회에 미국 정부를 상대로 인권 침해 진정을 제기한 바 있다. 미국을 위시한 선진국들이 기후위기를 초래한 책임이 큰 데도 그에 대한 대응을 게을리하여 이누이트족의 주거 건강과 생명, 문화적 정체성의 기반인 동토가 사라지면서 자신들의 인권이 침해되고 있다고 비판했다. 그녀는 '추울 수 있는 권리'를 주장하며 그들의 주거지와 문화가 기후변화로부터 보호될 권리가 있다고 말했다. 결국 이 진정은 각하됐지만 미디어를 통해 널리 소개되며 기후위기가 어떤 영향을 미치는지 대중의 관심을 불러일으켰고 기후 정책과 위기를 인권의 시각에서 보는 패러다임의 전환점이 됐다.

앞의 두 사례처럼 생태슬픔을 다루기 위해서는 먼저 자신의 생태슬픔을 깨닫고 다른 사람과 슬픔을 나누는 과정이 필요하다. 이를 통해 우리는 인류가 잃고 있는 것이 무엇인지 구체화할 수 있게 된다. 또한 아직 남아 있는 소중한 것들을 알아챌 수 있다. 생태슬픔을 나누면서 얻게 된 깨달음과 공감을 통해 생태슬픔은 우리 마음과 사회를 더 견고하고 건강하게 만들어주는 힘으로 전환될 수 있다.

4

기후위기에 죄책감을 느끼는 것은 당연하다

인간은 기후위기에 명백한 책임이 있다

기후위기와 관련한 인간의 책임과 관련한 문제는 특히 정치적인 이유와 어우러져서 많은 논쟁이 되고 있다. 사실 시야를 넓혀 지구의 일생을 살펴보면 지구는 여러 차례 고온과 저온을 오가는 기후 변동을 겪어왔다. 9,200만 년 전에는 기온이 너무 높아 극지방의 만년설이 없었다. 악어와 같은 동물이 캐나다 북극지방에 살 정도였다. 빙하가 녹아 해수면이 현재보다 25미터 높았던 적도 있다. 반대로 지금의 북아메리카와 유럽 대륙까지 빙상이 확대된 한랭기도 있었다. 이 시기에는 육상 대부분이 얼음으로 덮였기 때문에 동식물이 대규모로 멸종했다. 이러한 변동은 지구가 장기간에 걸쳐 태양을 공전할 때 흔들리는 방식, 화산 폭발, 엘니뇨와 같은 단기 기후 주기를 포함해 다양한 원인으로 인해 발생한다.[8] 최근의 기후위기와 그에 대한 인간의 영향을 부인하는 쪽에서는 지금의 지표면 온도 상승을 지구 역사에서 반복되어 온 일상적인 변동성의 일환으로 여긴다.

그러나 지표면 온도 상승을 일으킨다고 여겨지는 온실가스, 특히 이산화탄소가 어디에서 나왔는지 극지방의 얼음을 분석했더니 화석연료를 태울 때 나오는 탄소가 산업혁명기인 1850년 이후 크게 증가한 것으로 나타났다. 최근 80만 년 동안에는 대기 중 이산화탄소의 농도가 300ppm 이상으로 상승하지 않았다. 그런데 산업혁명 이후에는 거의 420ppm에 달하는 수준으로 치솟았다. 신생대인 지난 6,500만 년 동안 자연에서는 1,000년에 1도 상승이 가장 빠른 기온 상승 속도였다. 그러나 최근 100년 동안 약 1도 이상의 상승이 관찰됐다.[9] 인간이 화석연료를 태워 지난 100년 동안 지구 평균 온도가 약 1도라는 가파른 속도로 상승했다고 할 수 있다. 인류에 의한 기온 상승 속도가 자연보다 10배나 빠른 셈이다.

1990년 기후변화에 관한 정부 간 협의체가 발표한 1차 평가보고서에서는 지구온난화가 대부분 자연적 변동으로 발생하므로 인간의 영향을 확신할 수 없다고 했다. 그러나 1996년 2차 평가보고서에서는 인간 활동에 의한 기후변화를 암시하는 증거들을 보고했다. 2001년 3차 평가보고서에서는 지난 50년간 대부분의 지구온난화가 인간 활동에 의한 것임을 뒷받침하는 새롭고 강력한 증거들이 있다고 밝혔다. 이후 발표한 4차, 5차 평가보고서에서는 20세기 중반부터 진행된 지구온난화가 온실가스 때문일 가능성이 '매우 높다.'고 평가했다. 가장 최근인 2022년에 발표한 6차 평가보고서에서는 인간이 기후 시스템에 미치는 영향은 이제 확고한 사실이라고 밝혔다. 과학적 서술에서 확고하다거나 확실하다는 언급이 드문 것을 고려하면 현재의 기후위기에 인간이 영향을 미쳤다는 것은 이제 무시하기 힘든 사실이다.

특정 교통수단의 이용, 에너지 소비, 폐기물 처리, 음식 선택과 같은 일상적인 활동이 환경 파괴와 기후위기에 미치는 영향을 깨닫고 이에 대한 후회와 책임감을 느끼는 것을 '생태죄책감eco-guilt'이라고 한다. 이와 비슷한 용어로 '생태수치심eco-shame'이 있다. 이 감정 또한 인간이 환경 파괴와 기후위기를 초래한다는 것을 알게 되는 것에서 기인한다. 하지만 몇 가지 중요한 면에서 생태죄책감과 다르다. 죄책감은 "에너지를 낭비한 내 행동은 잘못됐어."처럼 자신의 행동에 대한 부정적 느낌이라면 수치심은 "에너지를 낭비한 나는 나쁜 사람이야."처럼 자기 존재 자체에 대한 부정적 느낌이다. 죄책감과 수치심을 일으키는 평가 기준도 다를 수 있다. 죄책감은 "에너지를 낭비하니 내 마음이 불편해."처럼 양심 등의 내적 기준이 적용되고 수치심은 "에너지를 낭비한 나를 사람들이 비난할 것 같아."처럼 타인의 시선이 기준이 된다.

수치심은 보통 주변 사람들의 평가에 좌우되는 경향을 보인다. 어떤 사람의 목표가 다른 사람과 집단으로부터 부정적 평가를 받는 것을 피하는 것이라면 수치심을 더 자주 느낄 것이다. 따라서 부정적 평가를 피하기 위한 행동에 더 몰두할 수 있다. 생태죄책감보다 생태수치심을 강하게 느낀다면 자신이나 사회가 근본적으로 결함이 있거나 부적절하다고 느낄 수 있다. 심할 경우 절망감, 불안, 심지어 우울증이 생길 수 있다. 결과적으로 자존감이 낮아지고 환경 문제에서 멀어질 수도 있다.

다시 말해 생태죄책감과 생태수치심은 모두 환경 문제와 기후위기에 대한 책임감에서 비롯되지만 강도, 침투성, 개인의 자존감과 통제력에 미치는 영향은 다를 수 있다.

생태죄책감은 사람들을 행동하게 한다

생태죄책감이나 생태수치심은 다방면으로 사람들의 행동에 영향을 미치고 있다. 한 연구에 따르면 유럽인의 82%가 소비할 때 죄책감을 느낀다고 한다.[10] 그들은 소비 행위가 현재의 욕망을 채우기 위해 미래에 살아갈 지구를 훼손하는 행위라고 생각한다. 이와 궤를 같이하는 새로운 현상으로 플룩샴flugscham, 플뤼그스캄 flygskam, 플라이트셰임flight shame이 있다(이하 플룩샴으로 통칭). 비행기를 타는 것이 부끄럽다는 뜻이다. 비행과 관련된 죄책감이나 수치심은 비행기가 이산화탄소를 제일 많이 배출하는 교통수단이라는 인식에서 비롯됐다. 한편으로 여전히 비행기로 여행하지만 이를 숨기는 스뮈그플뤼가smygflyga라는 단어도 생겨났다.

비행기는 승객 1인당 탄소 배출량이 자동차의 2배, 기차의 20배다. 항공 산업 전문가 연합 단체인 항공운송활동그룹은 2015년 세계 민간 항공기 운항으로 발생한 이산화탄소가 7억 8,100만 톤이라고 발표했다. 같은 기간 전 지구적으로 배출된 이산화탄소는 360억 톤가량이다.[11] 이러한 사실이 알려지자 플룩샴을 경험하는 사람들이 늘어났다. 그 결과 비행기에 비해 더 오랜 시간이 소요되더라도 기차 등 다른 수단을 이용하자는 반反비행 운동이 일어났다. 이에 동조하는 페이스북 그룹 태그시메스터Tagsemester에는 2024년 8월 기준 26만 명이 넘는 사람들이 참여하여 자신의 기차

여행 사진을 게시했다. 생태죄책감이나 생태수치심이 '생태자부심 eco-pride'으로 연결되는 순간이다.

이런 움직임은 특히 유럽에서 광범위하게 퍼지고 있다. 2019년 통계를 보면 스웨덴에서는 기차 이용이 증가한 반면 국내선 항공편은 이용이 감소했다. 스웨덴의 주요 열차 운영사는 2018년에 전년도보다 150만 장의 표를 더 판매했다고 보고했다. 반면 공항 운영사는 국내 여행이 전년 대비 8% 감소했다고 밝혔다.

생태죄책감의 또 다른 예는 에너지 소비와 관련한 죄책감이다. 많은 사람이 에너지 소비가 천연자원 고갈과 온실가스 배출에 작용한다는 것을 알고 난 뒤 자신이 사용하는 에너지의 양에 대해 죄책감을 느낀다. 죄책감에서 벗어나기 위해 조명과 가전제품을 끄려고 좀 더 노력하고 에너지 효율적인 제품을 사용한다. 태양열이나 풍력과 같은 재생 가능한 에너지원을 선택하려 한다.

세계적으로 인기 있는 영국의 록 밴드 콜드플레이는 2019년 앨범을 발매하고 통상적으로 진행해왔던 월드투어를 환경보호를 위해 하지 않기로 했다. 콜드플레이는 2016년과 2017년 5개 대륙에서 총 112번의 공연을 열었고 5억 2,300만 달러(5,890억 원)의 수익을 올렸다. 하지만 그만큼 환경에 미치는 영향도 막대했다. BBC는 최근 조사에서 영국에서만 음악 공연에 매년 400만 톤의 온실가스가 발생한다고 보도했다. 공연 자체뿐만 아니라 관객들, 굿즈, 조명, 무대 장치 등이 환경에 영향을 미친다. 이에 여러 아티스트는 환경오염을 줄이기 위해 공연 조명을 LED로 바꾸고 수소연료전지 사용과 기타 줄 재활용 등 많은 변화를 시도하고 있다. 콜드플레이의 리더 크리스 마틴Chris Martin은 2019년 BBC와의 인터뷰에서 "공연이 지속가능할 뿐만 아니라 환경적으로도 유익한 방법을 찾기 위해 앞으로 2~3년 정도 공백 기간을 가질 예정이다."라고 말했다. 대신 요르단에서 두 차례 공연을 하고 이를 유튜브로 생중계하기로 했다.

음식 선택은 생태죄책감이 발생할 수 있는 또 다른 영역이다. 기후위기는 식량의 안전한 공급을 위협한다. 기온 상승, 강수량 증가, 극단적인 날씨 등은 곡물 성장과 가축 생존에 영향을 미친다. 거꾸로 식량 생산은 기후변화에 기여하기도 한다. 특히 낙농업은 가축이 배출하는 메탄가스로 인해 지표면 온도를 상승시키고 목장 확장 등으로 산림을 파괴한다. 이를 알게 된 사람들은 육식이나 과식 행동에 대해 생태죄책감을 느낄 수 있다. 어떤 사람들은 육류 소비를 줄이거나 채식을 선택함으로써 이러한 죄책감을 완화하려고 한다. 또한 남은 음식을 동물의 사료로 쓰거나 필요한 사람들에게 나눠주는 단체들도 늘고 있다. 스위스 제네바에 있는 푸드뱅크 파타주는 상점에서 팔리지 않고 남은 음식을 지역 내 필요한 사람들에게 나눠주는 운동을 펼치고 있다.

생태죄책감은 회피와 분열을 낳기도 한다

생태죄책감은 개인과 사회에 긍정적 영향과 부정적 영향을 모두 미칠 수 있다. 긍정적 측면에서 생태죄책감은 개인이 환경에 미치는 영향을 줄이기 위한 행동을 하도록 동기를 부여한다. 부정적 측면에서 과도한 죄책감은 불안감과 절망감을 유발하고 이를 회피하기 위해 환경 문제에서 완전히 눈을 돌리게 한다. 이러한 감정은 특히 개인의 행동이 환경 문제를 해결하는 데 충분하지 않다고 느끼는 사람에게서 나타날 수 있다. 또한 동일한 수준의 환경 의식을 공유하지 않는 다른 사람에 대한 도덕적 우월감이나 판단으로 이어져 갈등과 분열의 원인이 되기도 한다. 그렇게 되면 환경 문제에 대한 건강한 사회적 해결책을 찾기 어려워질 수 있다.

생태수치심은 다른 사람과 사회로부터의 고립감과 단절감을 유발할 수 있다. 수치심은 꽤 고통스러운 감정이라서 우리는 본능적으로 수치심을 불러 일으키는 상황을 회피하려 하기 때문이다. 따라서 생태수치심을 느끼는 사람은 이를 불러 일으키는 사람이나 상황을 피하려 하여 사회적 배제와 소외로 이어질 수 있다. 사회적으로 행동하려는 개인과 집단이 줄어들어 기후위기 문제에 적절히 적응하지 못하게 된다.

생태죄책감의 부정적 영향을 극복하려면 개인이 할 수 있는 것과 사회가 해야 하는 것을 구별해야 한다. 환경 파괴에 대한 개인 행동의 영향을 인정하고 동시에 사회구조적 문제의 영향을 인식하는 균형 잡힌 접근을 하는 것이다. 개인은 기후위기를 완화하기 위해 일상생활을 바꿔가면서 지속가능성과 환경 정의와 관련한 정책과 사회적 변화를 옹호하는 활동을 할 수 있다. 예를 들어 개인은 대중교통 이용하기, 자전거 타기, 걷기 등을 통해 탄소 배출량을 줄일 수 있다. 그와 함께 지속가능한 교통 인프라와 청정에너지에 대한 투자를 촉진하고 화석연료 의존도를 줄이는 정책과 기업을 선호할 수 있다. 또한 재활용과 퇴비화를 통해 폐기물을 줄이고 일회용 플라스틱을 줄여 순환 경제를 촉진하는 정책과 기업을 지지할 수 있다.

생태죄책감과 생대수치심을 건강하게 다루려면 한쪽만 봐서는 안 된다. 긍정의 요소와 부정의 요소를 모두 들여다봐야 한다. 기후 문제를 전체적인 관점에서 보고 통합적으로 접근해야 지속가능한 미래를 기대할 수 있다.

5

기후위기로 심리적 마비 상태에 빠져버렸다

생태마비 때문에 행동을 주저한다

"호모 사피엔스 종이 흥미로운 것은 그들이 만들어낸 현대의 문명이 붕괴되는 경향을 정교하게 관찰하고 기록할 수 있을 만큼 똑똑하지만 그들 스스로 초래한 곤경에서 벗어날 만큼 현명하지는 못하다는 것이다.

우리가 숭배하는 최고의 지식 체계인 과학이 인류의 멸망을 시사하고 있다면 왜 이를 막기 위한 정책이 국제 정치 담론의 주요 주제가 되지 않는가? 왜 우리는 집단적으로 공포에 떨지 않거나 놀라지 않는가? 왜 사람들은 인간과 자연 사이의 균형을 회복하는 데 도움이 될 자발적 행동과 초국가적 제도에 대해 활발히 토론하지 않는가?"

브리티시콜롬비아대학교의 생태경제학과 윌리엄 리스William E. Rees 교수가 자신의 칼럼에서 던진 질문이다. 이에 대한 답은 '생태마비eco-paralysis'라는 현상으로 일부분 가능하다. 이는 기후위기에 대해 의미 있는 반응을 할 수 없는 심리적 마비 상태를 말한다. 알 브레히트는 생태마비를 기후위기 문제의 규모에 압도됐을 때 나타나는 정상적인 반응 중 하나라고 말했다. 기후위기는 전 세계가 동시에 맞닥뜨린 엄청난 규모로 다가온 실존의 문제이기 때문이다. 미국심리학회는 생태마비와 같은 기후위기에 대한 부정적인 심리 반응이 이 문제를 건설적인 방식으로 다루는 개인의 대응 능력을 약화할 수 있기에 주목해야 한다고 보았다.

사람들은 옳은 일을 하기를 원하지만 문제의 무게에 마비되어 옴짝달싹 못 할 수 있다. 예를 들어 플룩샵 운동, 채식, 에너지 절감 등 개인이 실천할 수 있는 행동들이 전 지구적 현상인 기후위기에 얼마만큼 영향을 줄 수 있을지 질문하는 것은 우리를 무력감과 좌절감에 빠지게 할 수 있다. '지구에 사는 나머지 80억 명이 비행기를 타는데 나 하나 비행기를 타지 않아봤자 무슨 소용인가?' '내가 텀블러를 이용해 커피를 살 때 일회용기에 커피를 담는 사람들을 보면 어떤 느낌이 들겠는가?' 이처럼 환경 문제에 대해 새로이 알게 된 지식, 인간으로서 추구하고 있는 가치, 개인이 할 수 있는 행동 사이의 격차로 인해 생기는 딜레마는 생태마비의 원인이 된다.

생태마비는 무심함이 아니라 무력감 때문이다

겉으로 보기에 생태마비는 문제에 대한 무관심으로 보일 수 있지만 무심함은 아니다. 정신분석가 르네 러츠만Renée Lertzman은 연구 결과, 많은 사람이 실제로 기후 문제에 너무 관심이 많아 마비라는 심리적 방어 기제를 사용하게 되는 사례들을 발견했다. 우리는 기후 문제가 일으킬 수 있는 문제들에 압도되면 자동으로 피하려고 한다. 특히 개인이 그 문제에 영향을 미칠 힘이 없다고 느낄수록 더 그렇다.

사람들은 강력한 불안 앞에서 무력감을 느낄 때 차라리 그걸 알기 전으로 되돌아가려고 한다. 그렇지 않으면 매우 고통스럽기 때문이다. 이러한 마음의 구조는 기후변화와 관련한 과학적 사실을 받아들이고 행동하는 것을 저지한다. 가장 극단적으로는 과학적 사실을 완전히 부인하는 형태로 드러날 수 있다. 또 과학적 사실을 완전히 부인하는 것은 아니지만 개인이 할 수 있는 행동에 대해 회의적인 미세 부인micro-denial이 있을 수 있다. 이외에도 인간이 할 수 있는 것이 아무것도 없다는 생태 허무주의나 반대로 근거 없는 희망에 매달리는 생태 낙관주의도 생태마비의 여러 형태 중 하나다.

평소 자연 세계에 대한 정서적 연결이 부족하면 생태마비의 위험성이 높아지는 것으로 알려져 있다. 문명화가 진행되면서 많은 사람이 도시 지역에 살고 있으며 자연과 유대감을 잃어가고 있다. 자연과 유리되어 있다는 건 환경 파괴의 영향에서 한동안은 떨어져 있을 수 있다는 뜻이다. 이로 인해 대도시에 사는 사람들은 상황의 긴급성을 직관적으로 이해하기 어려울 수 있다.

자기효능감이 부족한 사람들이 생태마비에 빠지기 쉽다는 연구 결과도 있다. 이탈리아 정신건강의학과 의사인 마테오 이노센티Matteo Innocenti는 생태불안이 어떤 사람들에게는 생태마비를, 또 다른 사람들에게는 환경친화적 행동이라는 정반대의 결과를 낳는다는 사실을 바탕으로 그 두 그룹의 차이가 무엇인지 분석했다. 자기효능감이 떨어진 사람들이 생태불안을 겪었을 때 생태마비가 발생할 확률이 높았다. 반면 자기효능감이 강한 사람들은 생태불안을 환경친화적 행동으로 대응하려 했다.

자기효능감은 자존감을 높이고 취약성을 낮추며 스트레스를 줄이는 효과가 있다. 그래서 잠재적 정신장애를 예방하는 데 도움이 된다. 또한 자기 역량에 대한 인식은 개인이 목표를 달성하는 데 도움이 되는 행동을 끌어낼 수 있다. 생태불안을 겪는 사람들이 자기효능감을 높일 수 있다면 생태마비의 늪에 빠지지 않고 보다 건설적인 방향으로 행동할 수 있다.

생태마비는 사회 분열을 유발할 수 있다

생태마비가 마음의 정상적인 과정 중 하나라고 하더라도 적절히 해결하지 못하면 여타 정신건강 문제로 이어질 가능성이 높다. 무력감을 느끼고 환경 문제에 압도된 사람들이 심각한 불안, 우울증, 기타 정신건강 문제를 경험할 수 있다는 연구 결과들이 있다. 또 생태마비는 사회 분열을 유발할 수 있다. 개인이 압도되고 조치를 취할 수 없다고 느끼면 사회 참여나 정치 참여를 하지 않으려 할 수 있다. 사회적 응집력이 붕괴하거나 환경 문제를 해결하는 데 필요한 집단행동이 어려워진다.

생태마비의 가장 걱정스러운 결과는 기후위기 문제와 관련한 의미 있는 행동과 조치를 취하지 않는 것이다. 생태마비에 적절하게 대응하는 것은 개인적으로나 사회적으로 필요하다. 사람들이 환경 문제를 해결하기 위해 행동하지 않으면 지구가 맞닥뜨린 문제는 점점 악화될 것이다. 생태마비를 극복하려면 우리가 할 수 있는 긍정적 해결책에 집중하는 것이 도움이 된다. 우리가 이뤄낼 수 있는 긍정적 해결책을 강조한다면 사람들에게 희망과 동기를 부여할 수 있을 것이다. 환경 문제를 해결한 성공 사례를 강조하는 것도 생태마비를 불러일으키는 무력감을 극복하는 데 도움이 된다. 이는 자기효능감을 효과적으로 증진하는 방법이기도 하다.

안전하고 따뜻한 커뮤니티를 구축하는 것도 생태마비를 극복하는 데 도움이 될 수 있다. 환경운동에 전념하는 사람들이 커뮤니티에서 활동하며 변화하고자 하는 개인을 지원하거나 동기와 책임을 부여할 수 있다. 커뮤니티는 생태마비를 일으킬 수 있는 고립감을 극복하는 데도 도움이 된다.

생태마비가 단순히 패배주의적이고 무심하고 후퇴한 것이 아님을 인식하는 것도 중요하다. 여러 학자가 이야기했듯이 기후위기와 같은 거대한 규모의 문제와 마주했을 때 일어나는 자연스러운 반응 중 하나다. 생태마비는 꼭 그 자리에 머물러 있어야만 하는 말기 판정이 아니다. 우리는 기후위기가 어떻게 우리 삶에 영향을 미치게 되는지를 인식하기 시작했을 뿐이며 앞으로 기후 문제를 다룰 생산적인 방법을 찾는 과정에 있다.

6

기후불평등으로 분노가 타오른다

기후불평등은 사람들을 분노하게 한다

G20 국가들은 현재 전 세계 연간 탄소 배출량의 78%를 배출하고 있다. 산업화 초기부터 배출한 누적 탄소량을 고려하면 기후위기에 대한 책임은 현재의 선진국들이 다른 나라들에 비해 훨씬 크다고 할 수 있다. 그러나 국제구호개발기구 옥스팜이 2022년 발표한 「더워지는 세계의 굶주림」 보고서를 보면 기후변화 피해가 소말리아, 지부티, 케냐 등 아프리카 최빈국에 집중돼 있다. 소말리아는 2021년 40년 만에 최악의 가뭄이 닥쳤고 과테말라도 가뭄으로 옥수수 수확량이 평년보다 80% 가까이 줄었다. 식량 부족에 시달리는 인구는 2016년 2,100만 명에서 2021년 4,800만 명으로 123% 증가했다. 기후변화로 가장 많은 피해를 입은 10개 국가가 배출하는 탄소량은 전 세계 탄소 배출량의 0.13%에 불과하다.

기후위기가 생산성에 미치는 영향도 국가별로 다르게 나타나고 있다. 스탠퍼드대학교 마셜 버크Marshall Burke 연구팀은 2015년 『네이처』에 발표한 논문에서 연평균 기온과 경제 사이에 관계가 있음을 밝혔다. 생산성은 연평균 기온이 13도인 나라가 가장 높고 13도에서 멀어질수록 떨어진다. 지금까지 일어난 지구온난화로 북반구 선진국에 해당하는 추운 나라는 최적 기온 13도에 다가가면서 혜택을 받았고 더운 나라는 최적 기온에서 멀어지면서 피해를 입었다. 현재 가난한 나라들은 대부분 더운 지역에 있기에 기후위기가 가난을 심화할 위험에 처한 것이다. 그동안 탄소 배출에 책임이 큰 선진국들보다 개발도상국 등 상대적으로 가난한 나라들이 기후위기와 관련하여 더 피해를 입고 있는 현상을 '기후불평등'이라고 한다.

기후불평등은 국가 사이에서뿐만 아니라 한 국가 내에서도 관찰된다. 세계불평등연구소는 「기후불평등보고서 2023」에서 이제 국가 내 탄소 불평등은 국가 간 탄소 불평등보다 더 큰 것으로 보인다고 발표했다. 또한 옥스팜과 스톡홀름환경연구소는 최근 보고서에서 계층별 탄소 배출량을 분석했는데 1990~2015년에 전 세계에서 가장 부유한 상위 10%가 누적 탄소 배출량의 52%에 대한 책임이 있다고 발표했다. 하위 50%의 책임은 단지 7%였다. 한편 가난한 사람은 부유한 사람보다 기후위기로 인한 타격을 더 많이 받을 수밖에 없다. 가난한 사람은 부유한 사람에 비해 위험에서 피할 기회와 수단이 상대적으로 부족하기 때문이다. 피할 수 없기에 속수무책으로 당하고 그러다 보니 더 가난해지는 악순환이 일어난다.

그러나 기후위기와 기후불평등을 해결할 책임과 힘이 있는 국가들은 미온적 태도를 보이고 있다. 기후변화에 관한 정부 간 협의체 6차 평가보고서에서는 지금과 같이 지구온난화가 지속된다면 금

세기 말에 산업화 이전 대비 4.4도가 상승할 것이라고 했다. 2022년 유엔기후변화협약 당사국총회 개회식에서 유엔 사무총장이 "우리는 액셀러레이터에 발을 올리고 기후 지옥으로 가는 고속도로에 있다."라고 말한 이유다. 기후변화에 관한 정부 간 협의체가 제시한 해답은 온실가스 배출량을 아주 빨리 그리고 많이 줄여야 한다는 것이다. 특히 2030년까지 전 세계 온실가스 배출량을 거의 절반으로 줄여야 한다. 즉 지금 우리는 동시에 강력히 탄소를 절감해야 하며 이를 수행할 국제적 차원의 노력이 절실하다. 이 문제를 해결하기 위해 세계 각국은 교토의정서나 파리협정과 같은 탄소 배출 제한에 대한 공동 목표를 세우고 달성하기로 합의했다.

그러나 각국의 정치, 사회, 경제적 상황 앞에서 이러한 합의가 무력해지는 상황이 빈번하게 발생한다. 2015년 당시 미국 트럼프 대통령은 파리협정이 미국에 가장 부당하다며 미국 시민들을 보호한다는 명분으로 파리협정에서 탈퇴했다. 참고로 그다음 대통령인 바이든은 취임 첫날 파리협정에 재가입했다

협정에서 탈퇴하지 않은 다른 나라들도 탄소 배출 절감에 소극적인 모습을 보이고 있다. 예를 들어 한국의 1인당 온실가스 배출량은 1990년 약 6.8톤이었지만 2021년에는 약 13.1톤으로 2배 넘게 증가했다. 같은 기간 총배출량 역시 2억 9,000톤에서 6억 7,000여 톤으로 폭발적으로 늘었다.[12]

유엔은 기후변화협약의 이행 사항 전반을 점검하고 협약의 세부 사항을 합의하기 위해 매년 유엔기후변화협약 당사국총회를 열고 있다. 그러나 최근 열린 2022년 회의에서도 국가 간 이익이 충돌하면서 온실가스 배출 규제에 대한 계획을 구체화하지 못했다. 이

는 기후위기에 대한 인류의 의지를 세울 기회를 놓친 진정한 후퇴라고 평해진다. 이처럼 기후위기와 기후불평등이 확산하고 있는데도 이를 해결할 힘을 가진 국가와 선진국들의 미온적 태도를 마주할 때 우리는 '생태분노eco-anger'를 경험하게 된다.

젊은 세대는 피해 당사자로 생태분노를 느낀다

생태분노는 특히 어린 세대에서 뚜렷이 나타난다. 기후위기가 세대 간에도 불평등한 영향을 미친다는 것은 잘 알려진 사실이다. 기후 재앙을 마주하지 않으려면 지금 어린 세대는 기성세대와 같은 양의 탄소를 배출할 수 없다. 허용할 수 있는 배출량이 이미 대부분 소진됐기 때문이다.

영국의 기후 단체 카본브리프Carbon Brief는 지구 평균 기온 상승을 1.5도 이하로 막으려면 어린이와 청소년(1997~2012년생)은 그들의 조부모(1946~1964년생)가 배출한 양에 비해 단지 6분의 1 정도만을 배출해야 한다고 분석했다. 벨기에 공공대학에서 주도한 「극한 기후 노출로 인한 세대 간 불평등에 관한 연구」를 보면 2021년에 태어난 어린이들은 60년 전에 태어난 사람들보다 평균적으로 7배 더 많은 폭염, 2배 더 많은 산불, 3배 더 많은 가뭄, 홍수, 기근이 일어나는 지구에서 살게 된다. 젊은 세대는 자신들이 배출하지 않은 온실가스 때문에 피해를 보게 되는 것이다.

그런데도 미래 세대는 기후위기 대응에 관한 의사결정에 참여할 수 없다고 느낀다. 현재 의사결정자의 무책임이 미래의 위험을 악화하고 있는데도 피해 당사자인 자신들이 배제된다고 느끼면 분노가 더욱 커질 수 있다. 호주, 핀란드 등 총 10개국 1만여 명의 청소년 및 청년 세대(16~25세)를 대상으로 설문조사를 했는데 기후변화는 젊은 세대의 정신건강에 실제적인 영향을 미치고 있었다. 그중 분노는 슬픔, 두려움, 불안에 이어 가장 많이 느끼는 감정으로 응답자들의 약 58%가 기후위기와 관련하여 분노를 느낀 적이 있다고 대답했다. 또 65%는 정치인들과 기성세대가 젊은 세대를 위한 정책을 만드는 데 실패했다고 평가했다. 58%는 정부가 자신이나 미래 세대를 배신하고 있다고 느꼈으며 60%는 정치인들이 사람들의 고통을 외면하고 있다고 응답했다. 절반이 넘는 응답자들은 기후변화와 관련한 정책이나 움직임에서 무시되거나 배제된다고 느낀다고 답했다[13]

생태분노와 좌절감이 환경운동의 원동력이 될 수 있다

생태분노는 긍정적인 변화를 위한 강력한 힘이 될 수 있지만 제대로 전달하지 않으면 부정적인 결과를 가져올 수도 있다. 사람들은 좌절감과 분노를 느끼면 기물 파손이나 폭력과 같은 파괴적인 행동을 할 수 있다.

최근 영국 런던 내셔널갤러리에서 기후활동가 두 명이 빈센트 반 고흐의 그림「해바라기」에 토마토수프를 던졌다. 네덜란드 헤이그에서는 이물질을 묻힌 사람들이 요하네스 페르메이르의 그림「진주 귀걸이를 한 소녀」앞으로 다가가는 시위를 했다. 오스트리아에서는 빈 미술관에 걸린 구스타프 클림트의 그림「죽음과 삶」에 검은색 액체를 뿌렸다. 얼핏 보면 기후위기와 명화들이 어떤 연관성이 있는지 어리둥절하다. 시위자들은 그런 괴리를 사람들의 이목을 집중시킬 수단으로 활용한 것이다. 그림 보호만큼 기후위기 대응이 중요하니 화석연료 사용 중단에 함께 나서달라는 메시지를 전달한 것이다.

이 '비폭력적이나 파괴적인' 시위의 효과는 어땠을까? 미국 펜실베이니아대학교 연구진이 미국 시민을 대상으로 한 설문조사에서 응답자의 46%가 이러한 시위가 기후변화 대응 필요성에 대한 지지도를 떨어뜨렸다고 답했다. 지지도가 올랐다는 답은 13%에 그쳤다.

건설적인 방식으로 생태분노를 전달하기 위해서는 문제 자체가 아니라 해결책에 집중하는 것이 도움이 된다. 환경 문제에 대한 인식을 높이고 부정적인 결과를 강조하는 것도 중요하지만 적절한 해결책을 내놓고 구체적인 목표를 향해 함께 노력하는 것도 똑같이 중요하다.

건설적인 생태분노와 좌절감은 환경운동의 원동력으로 작용할 수 있다. 또한 환경운동가들이 연대하고 공동체 의식을 형성하는 데 활용할 수 있다. 현재 젊은 세대는 같은 문제의식을 공유한 사람들과 정서적인 교류를 함으로써 생태분노를 적절하게 표출하려고 노력하고 있다. 팟캐스트 등에서 기후위기 문제를 이야기하고 있는 에이미 오브라이언Amy O'Brien은 제26차 유엔기후변화협약 당사국총회의 연합 행동의 날에 다양한 사람들과 함께했던 자신의 경험을 이야기했다.

"내가 혼자가 아니라는 것을 정말 다시금 알게 됐다. (…중략…) 우리는 함께 춤을 췄고 비가 오면 웃었고 빛나는 무지개를 함께 보았다. 정말 아름다웠다. 이 경험을 통해 제 목소리의 힘에 대해서도 알게 됐다." 그녀는 집단으로 함께하면서 가지게 된 희망에 대해 이야기하고 있다.

젊은 기후활동가 클로버 호건Clover Hogan은 사회적 기업인 포스오브네이처Force of Nature를 창립하고 기후위기와 관련한 교육 프로그램과 행동에 참여하는 기회를 제공하는 플랫폼을 운영하고 있다. 이를 통해 젊은 세대가 진정한 변화를 이뤄낼 힘을 키울 수 있도록 도움을 주고 있다.

부모들은 생태분노를 경험하는 자녀들을 위해 무엇을 해줄 수 있을까? 부모들의 환경단체인 클라이메이트 마마Climate Mama의 전무이사이자 기후교육자인 해리엇 슈가만Harriet Shugarman은 아이들이 기후위기와 관련된 질문을 할 때 숨김없이 진실을 알려주라고 권유한다. 인류의 암울한 미래와 관련하여 과학적 사실을 받아들일 수 있도록 도와주는 한편 인류가 수십 년 동안 보여준 모든 놀라운 발전과 지혜, 위기 극복 사례들도 알려줘야 한다. 동시에 아이들이 스스로 선택할 의지를 길러주는 게 중요하다. 아이들에게는 나름의 힘이 있고 각 나이에 맞는 힘이 더 생겨날 것이라는 사실을 알려주고 이를 고무할 수 있도록 노력해야 한다. 이러한 힘으로 아이들은 점차 나이와 상황에 맞는 행동을 할 수 있게 될 것이다.

7

예상만 해도 정신적인 아픔을 겪는다

기후위기 예상만으로도 정신적 외상을 입을 수 있다

남태평양의 섬나라들은 그리 머지않은 미래에 지도상에서 아예 사라지거나 혹은 현재와는 완전히 다른 모습으로 변할지도 모른다. 지구온난화가 가속하면서 빙하가 녹아내려 해수면이 갈수록 높아지고 있기 때문이다. 이 섬들은 대부분 산호초로 이루어졌거나 화산섬으로 만들어졌다가 다시 땅이 내려앉은 지형이다. 대개 해발 수 미터 이내의 저지대로 이루어졌다. 대륙의 바닷가에 있는 대도시 역시 해수면 상승으로 인해 수몰 위기를 피할 수는 없다. 하지만 이 지역 사람들은 지대가 더 높은 내륙으로 피난 갈 길이 있다. 그러나 남태평양의 섬나라 사람들은 마땅히 후퇴할 땅이 없다. 머지않아 대규모 이민이 필요한 상황이 될 수 있다.

이미 호주 대륙의 북동쪽에 있는 솔로몬제도 대부분의 섬에서 툭하면 바닷물이 집 앞마당과 마을 길까지 차고 올라와 수중 생활이 거의 일상화되다시피 했다. 같은 남태평양의 섬나라 투발루는 앞으로 50년에서 100년 사이에 섬이 완전히 사라질 것으로 과학자들은 예측한다. 투발루 외무장관 사이먼 코페Simon Kofe는 2021년 제26차 유엔기후변화협약 당사국총회 때 과거에는 육지였으나 이제는 수몰된 지역에서 하체가 물에 잠긴 채로 수중 연설을 하며 각국의 과감한 대처를 촉구하기도 했다.

최근 몇 년 동안 학자들은 이렇게 기후위기의 심각한 영향을 받을 것으로 예상하는 사람들이 '외상전스트레스반응pre-traumatic stress reaction'을 보인다는 것을 관찰했다. 이 용어는 미국 정신건강의학과 의사 리스 반 서스터렌Lise Van Susteren이 만들었다. 그녀는 특정 사람들이 기후위기와 관련한 미래의 충격적인 사건에 대해 지속적인 위협이나 두려움을 경험하고 있음을 관찰했다. 기후위기와 관련한 외상전스트레스를 겪는 사람들은 괴로운 생각, 재경험, 과잉 경계, 회피, 무감각과 같은 외상후스트레스증후군과 유사한 증상을 나타내는 경향이 있었다. 이전까지 정신적 외상은 과거 사건을 가리키는 것으로 여겨졌지만 외상전스트레스로 고통받는 사람들이 점점 늘어나는 것을 보면 트라우마가 과거 사건에 국한되지 않는다는 것을 보여준다. 끔찍한 일이 일어나리라는 것을 아는 게 실제로 일어났을 때만큼 스트레스가 될 수 있다는 것이다.

사실 외상전스트레스반응은 일면으로는 정상적이다. 자신의 생존과 실존을 위협하는 사건이 다가온다는 것을 구체적으로 실감하고 반추하는 것은 정신적 외상을 입히기에 충분할 수 있다. 이에 서스터렌은 외상전스트레스에 '장애syndrome'라는 단어가 붙는 것이 부적절하다고 판단했고 대신 '반응reaction'이라는 단어를 사용할 것을 제안했다.

　정상적인 반응임에도 전 세계 정신건강 전문가들은 기후위기와 관련한 외상전스트레스반응을 점점 더 우려하고 있다. 기후와 관련한 다른 정신건강 문제와 달리 외상전스트레스반응은 기존에 잘 알려진 외상후스트레스증후군과 긴밀한 관련이 있기 때문이다. 두 군에서 통상적인 증상들이 겹치는 것뿐만 아니라 외상전스트레스반응은 외상후스트레스장애로 발전할 가능성이 높다. 아프가니스탄 파병 군인들을 대상으로 한 2015년 덴마크 연구에서 파병 전 외상전스트레스반응이 파병 후 외상후스트레스증후군과 높은 연관성을 보였다. 따라서 외상전스트레스반응이 더 심각한 증상이나 질환으로 진행되지 않도록 주의와 돌봄이 필요하다.

정신적 외상이 기후위기 극복에 걸림돌이 될 수 있다

　외상전스트레스반응을 악화할 수 있는 요인들로는 다음과 같은 것들이 있다. 기후위기에 관한 언론 보도를 접하는 것은 외상전스트레스반응을 촉발할 수 있다. 기후위기에 관한 언론 보도에 지속적으로 노출되면 자신과 집단의 파멸을 구체적으로 상상할 수 있게 된다. 미디어에서 제공하는 자료를 통해 시각적, 청각적으로 더 생생하게 경험하면 정신적 외상을 입을 확률이 높아진다. 외상은 이전에 극한 기상 현상을 경험한 사람에게 더 심각하게 나타날 수 있다. 허리케인, 산불, 홍수와 같은 극한 기상 현상이 어떤 영향을 미칠 수 있는지 온몸으로 경험한 사람은 외상전스트레스반응을 보이기 쉽다. 기후위기에 관한 뉴스나 이야기를 듣는 것만으로 과거의 기억이 점화되기 때문이다.

개인의 가치관이나 신념도 영향을 미칠 수 있다. 평소 일상생활이 자연환경과 밀접하게 관련돼 있고 지구의 미래에 깊은 관심을 가진 사람들은 더 쉽게 외상전스트레스반응을 보인다. 기후위기에 대한 지역사회의 태도나 정부 정책과 같은 사회적, 문화적 요인도 영향을 미칠 수 있다. 예를 들어 기후위기의 영향을 부인하거나 경시하는 지역사회에 사는 개인은 고립되고 지원받지 못한다고 느낄 수 있으며 외상을 치유하고 돌볼 기회를 잃어 증상이 더 심각해질 수 있다.

영국의 기후심리학자인 캐롤라인 힉먼Caroline Hickman은 기후위기 논의가 대두되면서부터 그와 관련한 정신적 외상이 서구 사회의 집단정신에 포함되기 시작했다고 말했다. 정신적 외상은 숨어 있어서 적절한 돌봄을 받을 수 없고 극단적 부인이나 회피 등으로 더 악화할 수 있다. 그리하여 정신적 외상은 기후위기에 적절하게 대응하고 적응해 나가는 데 큰 장애물 중 하나로 작용하고 있는지도 모른다.

협력과 연결이 산산이 부서진 마음을 극복하게 한다

외상전스트레스반응은 외상후스트레스증후군과 비슷한 증상들을 보이기에 외상후스트레스증후군 치료법을 사용하여 도움을 받을 수 있다. 예를 들어 정신 치료, 안구운동 민감소실 및 재처리기법, 인지행동 치료, 마음챙김 기반 개입, 지역사회 지원 등이다. 북미와 영국 지역을 중심으로 활동하는 기후심리연합은 이런 기존 대처 방법으로 기후와 관련한 심리적 어려움을 해결하기 위해 노력하는 대표적인 치료자 모임이다. 이들은 홈페이지 등에서 기후 위기와 관련한 정신건강 문제에 대해 교육하고 적절한 대응 방법을 공유하며 치료자나 지지 집단과 연결되는 방법 등을 제공하고 있다.

외상전스트레스반응이 더 심각한 증상이나 정신장애로 발전하는 것을 막으려면 조기 개입 및 예방 전략도 중요하다. 일부 학자들은 지역사회 기반 개입의 필요성을 강조한다. 회복력 강화, 사회적 지원 촉진, 기후변화의 근본 원인 해결에 초점을 맞춘 지역사회 기반 접근법이 심리적 고통을 줄이고 정신건강을 개선하는 데 효과적일 수 있다. 정신적 외상으로 마음이 산산이 부서진 사람들에게 사회와 연결되어 있다는 안정감을 주는 것은 부서진 마음을 회복하는 데 많은 도움이 된다.

4장

부정한다고 기후위기가 없어지지 않는다

1

기후위기는 이미 표면에 드러났다

기후위기는 지금 일어나는 현실이다

우리는 기상이변에 관한 뉴스를 항상 접한다. '이변異變'이라는 단어는 원래 예상치 못한 사태를 의미한다. 하지만 이제는 폭염, 폭우, 폭설, 폭한이 해마다 계절마다 닥친다. 이를 기상과 이변을 조합한 단어로 지칭하는 것이 과연 맞는가 하는 의구심이 들 정도다.

최근에 있었던 기상이변을 살펴보자. 2023년 2월 하순 미국에 불어닥친 겨울 폭풍 뉴스가 지면을 장식했다. 2월 22일 「워싱턴포스트」는 무려 7,500만 명의 미국인이 겨울 폭풍, 얼음 폭풍, 눈보라의 위험에 처해 있다는 소식을 전했다. 같은 날 NBC는 따뜻한 곳으로 알려진 남부 캘리포니아에도 산악 지역에 눈이 내려서 역사적인 강설량을 기록할 것으로 예측했다. 또한 이번 겨울 폭풍으로 인해 무려 18만 5,000여 명의 캘리포니아 주민이 전기를 공급받지 못했다고 보도했다. 2월 28일 CNN은 중부 오클라호마, 캔자스, 미주리 등에서는 여러 토네이도가 발생해서 큰 피해를 입었다고 전했다. 이에 앞서 2월 3일 「가디언」은 북동부 지역에 '한 세대에 한 번 있을 만한' 북극 한파가 덮쳤다고 보도했다.

뉴잉글랜드 북부 일부 지역은 체감온도가 영하 45도를 기록했다. 심지어 뉴햄프셔의 마운트워싱턴주립공원은 영하 79도라는 기록적인 체감온도와 시속 160킬로미터의 강풍이 예보됐다. 어느 한 지역이 아니라 미국 서부에서 북동부까지 기록적인 폭설과 토네이도를 일으킨 겨울 폭풍은 기후위기와 관련 있는 것으로 본다. 인공위성을 이용해 북극의 온난화와 북반구 기후변화 사이의 연관성을 연구해 온 제니퍼 프랜시스Jennifer A. Francis 박사는 한 인터뷰에서 지구온난화로 인해 따뜻해진 바다에서 많은 증발이 일어나 대기에 수증기가 증가한 것이 미국의 겨울 폭풍에 영향을 미쳤다고 주장했다.[1]

극심한 겨울 폭풍과 한파를 겪은 미국과 달리 유럽은 반년 전에 역사상 가장 뜨거운 여름을 경험했다. 그마저 역사상 두 번째로 뜨거웠던 여름은 바로 직전인 2021년이었는데 2022년에는 더한 더위가 찾아왔다. BBC의 2022년 9월 8일 보도에 따르면 포르투갈은 무려 47도까지 치솟았고 상대적으로 여름이 시원한 영국조차도 40.3도를 기록했다. 「블룸버그」는 같은 해 7월 5일 보도를 통해 이탈리아의 극한 날씨 변화 이슈를 다루었다. 이탈리아는 높은 기온과 가뭄으로 북부와 중부 5개 지역에 비상사태가 선포됐다. 이탈리아에서 가장 긴 포강은 70년 만에 수위가 최저 수준으로 낮아져 강 밑바닥에 가라앉아 있던 제2차 세계대전 당시 독일 군용 차량이 모습을 드러냈다. 수력 발전은 50%까지 감소했다. 베네치아의 수로는 말라붙어 관광객에게 인기 있는 곤돌라와 수상택시가 멈춰 섰다. 알프스 자락에 있는 돌로미티산맥에서는 빙하가 무너지면서 눈사태가 발생해 7명 이상이 사망했다.

뜨겁고 건조한 날씨는 비정상적으로 높은 화재 위험을 초래한다. 2019년부터 2020년까지 호주 남동부에서 발생한 불은 엄청난 규모의 두 화재가 하나로 합쳐져서 '메가 파이어'로 불렸다.[2] 2019년 11월 11일 『시드니 모닝 헤럴드』에 따르면 뉴사우스웨일스주는 "호주 역사상 가장 위험한 산불 주간"이라고 언급하면서 긴급사태를 선포했다. 이 산불은 2020년 3월까지 무려 9개월 동안 지속됐다.[3] 한반도 면적의 86%에 해당하는 1,900만 헥타르가 불에 탔고 약 30억 마리의 동물들이 피해를 입었다.[4] 호주과학아카데미는 이번 산불에 대한 성명서를 통해 인간이 유발한 기후변화에 따른 지구온난화가 원인임을 언급했다.[5]

남극과 북극도 2022년 기록적인 기온이 관찰됐다. 3월 남극은 65년 만에 가장 높은 기온이 측정됐고 9월 그린란드는 기온이 평균보다 8도나 높았다.[6] 남극을 둘러싼 해빙의 면적은 해가 거듭될수록 작아지고 있다고 2023년 2월 17일 BBC는 보도했다. 이렇게 남극과 북극의 해빙이 줄어들면 얼음을 통해 햇빛을 다시 우주로 반사하지 못해서 태양열이 바다에 그대로 흡수된다. 이는 다시 해수 온도를 높여 해빙을 녹게 하는 악순환을 가져온다.

북극의 경우 영구 동토층이 녹으면 탄소 폭탄이 되어 온실가스를 더 방출하게 되고 상황이 악화한다. 2022년 5월 11일에 보도된 「타임」에 따르면 결국 이런 변화들로 인해 해류가 바뀌고 제트기류가 약해지면서 더 큰 가뭄, 더위, 홍수, 폭풍이 지구 생태계 전체에 파급된다.

2022년 이래로 아시아의 여름도 기상이변의 연속이었다. 2024년 5월 24일에 보도된 「연합뉴스」 기사를 보면 파키스탄과 인도는 각각 49도, 50도까지 올라갔다. 이에 더해 인도, 방글라데시, 파키스탄에는 엄청난 홍수가 났다. 2022년 9월 2일 유엔이 알린 바에 의하면 파키스탄은 인구의 15%인 3,300만 명이 홍수에 피해를 입었다. 그중 640만여 명은 긴급 구조가 필요했으며 110만 채의 집이 떠내려갔다.

우리나라도 예외가 아니었다. 「연합뉴스」는 2022년 8월 8일 중부 지방에 기록적인 집중 호우가 쏟아졌다고 보도했다. 서울 신대방동에는 한 시간 동안 141.5밀리미터의 비가 내려서 서울 시간당 강수량 역대 최고치였던 1942년 118.6밀리미터를 80년 만에 갱신했다. 이 폭우는 1907년 서울에서 기상 관측을 시작한 이래 115년 만에 가장 많은 비가 내렸다고 BBC는 다음 날 전했다. 강남의 아파트 지하 주차장에는 물이 쏟아져 들어왔고 고층 건물은 정전 피해가 발생했다. 관악구 반지하방에서 살던 장애인 가족 세 명은 갑자기 물 차올라 희생됐다고 2022년 8월 15일에 「한겨레」는 보도했다.

전 세계적으로 벌어지는 일련의 기상이변은 어제오늘의 일이 아니고 해가 갈수록 심해지는 양상이다. 이런 기상이변의 원인으로 산업혁명 이래로 계속 증가한 온실가스를 지목한다.[7] 배출되는 온실가스의 75%, 이산화탄소의 거의 90%는 석탄, 석유, 가스 등 화석연료의 연소 때문이다. 주요 온실가스인 이산화탄소와 메탄의 증가는 기록적이다. 이산화탄소는 417ppm으로 200만 년 이래 가장 높은 수준이고 메탄은 1,894ppb로 80만 년 이래 가장 높은 수치에 해당한다.[8] 결국 증가한 온실가스는 지구를 덮어서 태양열을 가두게 되고 지구온난화와 기후위기로 이어지고 있다.[9]

해가 거듭될수록 악화되는 기후위기에 대응하고자 기후변화에 관한 정부 간 협의체는 「지구온난화 1.5도 특별보고서」를 통해 산업혁명 이후 1.5도 온난화 수준의 안정화를 위해 2030년까지 전 지구적 탄소 배출량을 절반으로 감축해야 한다고 제안했다.[10]

지구온난화가 인류에게 심각한 위협임에 동의하다

기후위기와 관련하여 여론은 어떨까? 빈번해지는 기상이변을 겪으면서 기후위기에 대한 인식이 높아지고 있다. 2019년 갤럽은 39개국 성인 2만 9,368명을 조사했는데 지구온난화로 이어지는 기후변화가 있다는 데 동의한 사람들이 86%였다. 또한 84%의 사람들은 지구온난화가 인간 활동의 결과라는 데 인식을 같이했으며 지구온난화가 인류에게 심각한 위협임에 동의했다. 한국 사람들은 같은 질문에 대해 첫 번째 항목에는 95%, 두 번째와 세 번째 항목에는 93%가 동의해 조사 대상국 39개국 중 각각 2위, 4위, 5위 등 상위에 랭크됐다.[11]

2021년 KBS와 한국리서치에서 1,000명의 성인을 대상으로 한 조사에서도 현재 기후변화가 세계와 한국 사회에 미치는 영향이 심각하다는 데 93.2%가 동의했다. 93.2% 중 42.2%는 심각한 위기 상황이라고 보았고 51.0%는 위기까지는 아니지만 상당한 위협이 되고 있다고 보았다. 이러한 여론은 행동으로 이어지고 있다.

많은 사람이 지구온난화에 관심을 갖고 탄소 배출을 줄이려고 노력하고 있다. 그 가운데 스웨덴의 환경활동가 그레타 툰베리의 행보는 상징적이다. 2003년에 태어난 툰베리는 여덟 살 때 기후변화에 관심을 갖고 채식을 시작했고 비행기 여행을 거부했다. 과도한 가축 기르기와 비행기 이용이 온실가스 배출과 관련 있기 때문이었다.[12]

스웨덴 선거를 앞둔 2018년 8월 툰베리는 '기후를 위한 학교 파업'이라는 피켓을 들고 의회 밖에 섰고 여러 사람이 동참했다. 이후 툰베리는 '미래를 위한 금요일'이라는 제목으로 학교 파업을 금요일마다 주도했는데 133개국 160만 명이 넘는 사람들이 시위에 참여했다. 소셜미디어에도 툰베리에게 동조하는 글들이 한국 서울에서부터 뉴질랜드 오클랜드까지 이어졌다고 지난 2019년 5월 14일에 「타임」은 보도했다. 같은 해 2월 13일 「가디언」은 툰베리의 행보에 자극받은 대학교수들과 과학자들도 공개적으로 학교 기후 파업에 나선 학생들에 대한 지지를 선언했다고 전했다.

시위나 파업이 아니어도 많은 사람이 지구온난화와 기후위기에 관심을 기울이고 이에 대처하고자 한다. 누군가는 냉장고를 가득 채우지 않거나 쓰지 않는 전원을 꺼 전기를 아낀다. 또 어떤 이는 자동차 운전을 줄이고 걷기, 자전거 타기, 대중교통 이용하기를 통해 화석연료를 줄이려고 노력한다. 에어컨 온도를 높이거나 난방 온도를 낮추기도 하고 먼 지역의 농산물보다는 집 근처의 채소와 과일을 산다. 이런 개인적인 실천을 부모들이 먼저 행하면서 아이들이 함께할 수 있도록 가르친다.

요즘 전기차나 수소차에 대한 관심과 수요가 높아지는 것 역시 일부는 기후위기에 대한 인식과 연관된다. 휘발유나 디젤과 같은 화석연료를 직접 쓰는 자동차와 달리 전기차나 수소차는 이산화탄소를 배출하지 않는다. 물론 배터리 원료를 채굴하는 과정에서 환경오염과 많은 에너지가 쓰이고 충전 과정에서 석탄 발전소의 전기가 쓰이기도 해서 논란의 여지는 있다. 그럼에도 많은 연구에서 전기차와 수소차가 이산화탄소를 덜 배출해 화석연료 자동차보다 낫다고 주장한다.

미국 공화당 의원의 절반 이상이 기후위기를 믿지 않는다

기후위기로 인한 재난적 상황에 위기감을 느끼는 이들이 많이 있는 반면에 이런 상황에 강 건너 불 보듯이 무관심하거나 아예 무시하는 사람들이 많은 것 또한 사실이다. 우리는 다들 바쁘게 살아가고 있다. 직장인은 회사에서 아침부터 저녁까지 일한다. 주부는 집안 살림과 육아에 많은 시간을 쏟는다. 학생은 중간고사와 기말고사, 또는 수능을 준비하느라 학교와 학원에 오간다. 이들은 신문이나 방송 또는 소셜미디어를 통해서 기후변화, 기후위기와 같은 말을 자주 들었을지라도 일상이 바빠 대부분 큰 관심을 갖지 못했을 것이다.

이따금 TV에서 비쩍 마른 북극곰이 얼음 위를 배회하는 모습을 보여주면서 이산화탄소 증가와 지구 온실가스 효과를 연결지을 때 잠시 불쌍한 북극곰에 시선을 집중한다. 또는 남극과 북극의 빙하가 녹아 해수면이 높아지면 머지않은 미래에 아름다운 몰디브가 사라질 것이라는 뉴스를 보면서 '가장 가보고 싶은 휴양지가 사라지면 어떡하지?'라는 생각을 잠깐 해본다. 점점 더 커지는 태풍의 규모와 기록적인 폭우를 겪을 때 기상 예보에서 기상이변이 지구온난화에 따른 해수 온도 상승 때문이라는 얘기를 들으면 당장 지하 주차장이나 도로에 물이 찰 것을 걱정한다. 이런 뉴스들을 접할 때 잠시 '아! 불쌍한 북극곰' '몰디브가 사라지면 그곳에서 모히토를 마시려고 했던 내 버킷 리스트는 포기해야 하나?' '밤새 지하 주차장에 물이 차 내 차가 잠기면 어떡하지?' 등등 눈앞의 일을 걱정하지만 그 이상으로 생각을 진전시키지는 않는다.

이처럼 잠시 감상적인 상념에 빠지거나 눈앞의 걱정거리에 집중하는 동안 많은 사람은 거대 담론일 수 있는 기상이변, 지구온난화, 이산화탄소 증가 등 이런 현상들의 근본 원인에 대해 깊이 생각하지 않는다. 우리는 이런 이슈들이 정책과 법을 입안하고 실행하는 정치인이나 경제인 그리고 과학과 사실에 입각해서 이를 알려야 하는 언론의 문제이지 우리 자신의 문제라고 잘 인식하지 않는다. 하지만 정치인, 경제인, 언론인 역시 별반 다르지 않다. 미국 공화당 의원의 절반 이상은 기후위기를 믿지 않는다고 말한다. 지난 2021년 12월 29일에 「가디언」은 민주당 역시 화석연료 산업에 막대한 보조금을 지급하려고 하고 주요 언론들도 화석연료 광고를 내보내며 스포츠 뉴스로 기후변화 뉴스를 가린다고 보도했다.

기후위기에 대해 무관심하거나 민감성이 떨어지거나 부정하는 모습은 평범한 우리만이 아니라 정치 지도자와 주류 언론에서도 찾아볼 수 있다. 먼저 도널드 트럼프 전 미국 대통령이 기후변화에 대해 언급한 내용들을 살펴보자. 트럼프는 대통령이 되기 전부터 기후위기를 부정해왔고 대통령이 된 이후에는 정책을 통해서 자신의 생각을 행동으로 옮겼다. 그는 대통령에 취임한 후 2017년 6월 1일 백악관의 로즈가든에서 파리협정을 탈퇴할 것이라고 선언했다. 그는 이전 오바마 정부가 체결한 이 협정으로 인해 미국의 제조업 일자리 44만 개를 포함한 일자리 270만 개가 사라질 것이며 석탄 산업의 86%가 감소하고 천연가스 산업은 31%, 철강산업은 38%, 시멘트 산업은 23%, 제지 산업은 12%가 감소할 것이라고 역설했다. 그는 미국과 미국 시민을 보호해야 할 자신의 의무를 다하기 위해 파리기후협정을 탈퇴한다고 선언했다.[13]

트럼프의 기후위기 정책에 대한 관점은 행정부를 통해 수행됐다. 2018년 2월 환경보호청장은 환경보호청 웹사이트에서 기후변화에 관한 정보, 특히 지구온난화를 불러일으키는 석탄 화력발전소의 탄소 배출을 줄이기 위한 오바마 전임 대통령의 서명을 삭제하려고 했다고 CBS 뉴스는 전했다.

기후위기를 부정하는 모습은 공정한 언론의 대명사로 불리고 있는 BBC에서도 한때 볼 수 있었다. BBC는 기후위기 주제를 민감하게 과학적으로 보도해왔지만 2007년 3월 8일만큼은 예외적이었고 논란의 중심이 됐다. 「위대한 지구온난화 사기」[14]라는 제목의 BBC 다큐멘터리는 기후위기에 대해 그동안 과학적으로 논증하며 이뤄낸 합의에 정면 도전했다. 이 다큐멘터리에서 오프닝 시퀀스가 지나자마자 캐나다 위니펙대학교 기후학 교수인 팀 볼Tim Ball은 이렇게 말했다.

"우리가 지구온난화를 믿지 않는다고 사람들이 말할 때 저는 그렇지 않다고 말합니다. 저는 지구온난화를 믿지만 인간이 배출하는 이산화탄소가 온난화를 초래한다는 말은 믿지 않습니다."

이어지는 인터뷰 중 기후변화에 관한 정부 간 협의체의 미국 기후학자 존 크리스티John Christy 교수도 자기 의견을 밝힌다.

"지구온난화 이슈에 대해서 수천 명의 과학자들이 의견 일치를 보았다고들 하고 인간이 기후 시스템에 파국적인 변화를 가져오고 있다는 말을 종종 들어요. 음 저는 그것이 진실이 아니라고 생각합니다. 많은 사람이 그렇게 생각하고 있어요."

2

기후변화는 집단의 불안으로 번진다

불안이 기후위기에 대한 서로 다른 반응을 보이게 한다

해마다 계절마다 기후위기 관련 뉴스가 지상파 방송에 넘쳐나지만 우리는 앞에서 살펴본 것처럼 서로 다른 두 가지 상반된 반응을 보인다. 2023년에도 같은 일들이 반복됐다. KBS는 4월 14일 주부, 학생, 노인 등 3,000명의 시민이 세종 정부종합청사 앞 도로에 누웠다는 뉴스를 전했다. 시민들은 도로 위에 죽은 듯이 누워서 기후위기가 가져올 참담한 미래인 죽음을 표현했다. 이어 산업부, 환경부, 국토부를 돌면서 정부의 '탄소중립 기본계획' 확정에 항의했다. 이런 시위는 세종뿐만 아니라 서울에서도 이어졌다. 스웨덴의 환경활동가 그레타 툰베리의 기후위기에 대한 적극적인 항변과 시위가 우리나라로 이어진 것이다.

지구 전체의 온난화와 기후변화의 위급성과 파급성을 고려한다면 시위와 같은 적극적으로 대처하려는 시도는 충분히 이해할 수 있다. 그런데 반대쪽 끝단에는 정반대의 움직임이 있다. 앞에서 다룬 트럼프와 BBC가 보인 기후위기에 대한 부정은 여전히 다른 영역에서 진행형이다. 기후활동가들이 송유관 건설 중단을 위해 연계하고 기후과학자들이 연구를 공유하는 등 기후위기의 플랫폼 역할을 해온 트위터가 최근 기후변화에 대해 잘못된 정보와 스팸과 위협이 넘쳐나는 곳으로 바뀌었다고 2022년 12월 2일에 「가디언」은 전한다.

기후위기는 너무나 중대한 사안인 동시에 과학적으로 이견의 여지가 별로 없어 보인다. 그런데도 사람들의 의견이 하나로 모이기보다는 시간이 흐를수록 서로 첨예하게 대립하는 이유는 무엇일까? 이런 의문에 대해 어떻게 답을 해야 할지 생각하는 데 정신분석은 중요한 도구 중 하나다. 정신분석은 "사람들이 그렇게 행동하도록 동기가 된 것은 무엇일까?"라는 질문에 답을 찾으려는 시도에서 비롯됐기 때문이다. 물론 이런 질문에 대해서 종교, 철학, 역사, 정치, 경제, 자연과학 등이 각자의 관점에서 답을 내놓을 수 있다.

하지만 정신분석은 독특하게도 이해하기 어려운 인간 행동의 표면 아래 무의식에 어떤 동기가 잠재되어 있는지를 살펴봄으로써 이런 의문들에 대한 해답을 찾아가게 한다. 그런 점에서 여타 분야들과 다르다고 할 수 있다.[15]

이제 기후위기 앞에서 상반된 행동을 하는 사람들을 이해하기 위해 정신분석적 관점[16]으로 그들 마음의 깊은 곳을 들여다보겠다. 기후위기는 본질적으로 인간의 마음속에 두려움이나 불안을 초래할 수 있다. 다시 말하면 북극 한파, 겨울 폭풍, 기록적인 폭염, 건조하여 발생하는 산불, 집중호우 등의 기상이변과 이로 인한 재난이 해가 갈수록 빈도가 증가하고 있다는 뉴스를 접하거나 이를 직접 경험한 이들은 기후위기 앞에서 두려움과 불안을 느낄 것이다.

여기서 '두려움'과 '불안'이라는 단어는 일상에서 흔히 위험 앞에서 느끼는 감정으로 별 구분 없이 사용한다. 그런데 정신의학적 관점으로 보면 두 감정은 엄밀히 구분된다.[17] 먼저 '두려움fear'은 현실적인 위협 또는 위험에 반응해서 보이는 심리적, 생리적 변화로 이루어진 불쾌한 감정 상태다. 예를 들어 눈앞에서 무서운 맹수를 만난다든가 칼 든 강도를 만난다면 사람들은 극도의 두려움을 경험할 것이다. 이때 그들은 교감신경계 자극에 따른 심장 두근거림, 땀, 떨림, 동공 확장, 빠른 호흡과 숨 답답함 등 생리적 변화와 무섭다는 정서 상태를 경험한다. 이를 '두려움'이라 부른다. 정신의학적 관점에서 '불안anxiety'은 임박한 위험에 대해 심리적, 생리적 변화가 일어난다는 점에서 두려움과 비슷하다. 하지만 불안은 심리적 갈등에 대한 반응으로서 두려움과 다른 몇 가지 특징이 있다. 첫째, 두려움에서 위험은 현실적이라면 불안에서 위험은 비현실적으로 왜곡되어 인지된다. 둘째, 불안은 긴장이 장기간 지속됨에 따라 정신이 고갈되며 무력감에 압도된다.

우리는 기후위기에 대해 두려움을 느끼기보다는 불안을 느낄 수 있다. 그 이유를 세 가지로 생각해볼 수 있다. 첫 번째, 기후위기는 장기간에 걸쳐서 벌어진다는 점에서 순간적으로 눈앞에 나타난 맹수의 공격이나 강도의 위협으로 느끼게 되는 두려움과 구별된다. 산업혁명 이래로 250여 년 동안 이산화탄소 농도가 증가하며 온실효과가 일어나 지구의 온도가 서서히 올랐다. 사람들은 이렇게 장시간에 걸쳐서 일어나는 현상에 대해서 현실적으로 인식하기가 어렵다. 그리고 오랜 기간에 걸친 기후변화 속에서 지속되는 긴장과 무력감으로 불안을 경험할 수 있다. 두 번째, 기후위기는 현재뿐만 아니라 미래에도 지속해서 영향을 미쳐 영향 범위가 미래 세대까지 포함한다. 그래서 이 역시도 존재에 대한 근원적이고 원초적인 불안을 경험하게 한다. 세 번째, 기후변화는 광범위한 지역의 사람들에게 영향을 미친다. 단순한 두려움이 아니라 집단의 불안으로 번지게 된다.

이 세 가지 이유를 조금 더 상세하게 살펴보자. 첫 번째 이유는 기후위기가 장기간에 걸쳐서 일어나기 때문이라고 이야기했다. 우리가 어떤 현상에 대해 원인과 결과를 연결해 추론하려면 이 과정을 온전히 인식할 수 있는 적당한 시간이 필요하다. 예를 들어 깊은 밤 도시의 어두운 뒷골목에서 강도 사건이 발생한다면 우리는 그 원인으로 늦은 밤의 외출이라든지 후미지고 조명이 없는 장소 등을 거론할 수 있을 것이다. 이에 반해 이산화탄소 증가와 온실효과가 기후변화로 이어지는 과정은 수십 년, 수백 년에 걸쳐서 일어난다. 인과관계를 일상에서 유추하기가 어렵다. 물론 과학자들이 이산화탄소 농도와 지구 온도 사이의 연관성을 연구해서 과학적 증거를 밝히고 TV와 신문 등 언론과 인터넷 매체를 통해서 사람들에게 알린다. 하지만 사람들은 이산화탄소와 지구온난화의 연관관계에 대해서 막연하게만 인식할 뿐이다. 우리가 눈으로 바로 알 수 있는 인과관계가 아니기 때문에 불명확하게 알게 된다. 장기간에 걸쳐서 모호하게 일어나는 위험을 두려움이 아니라 불안으로 인식한다.

두 번째 이유는 기후위기는 현재 세대뿐만 아니라 미래 세대에도 심대한 영향을 끼치기 때문이라고 했다. 우리는 모두 죽음을 두려워한다. 예를 들어 산속에서 무서운 짐승을 만나든 우범 지역의 뒷골목에서 강도를 만나든 두려움에 휩싸일 수 있다. 여기서 우리가 죽을지도 모른다는 두려움은 기후위기에 따른 불안과는 궤를 달리한다. 기후위기는 근원적이고 원초적인 '멸절불안滅絶不安'을 가져온다.[18] 기후변화에 따른 파국은 우리 세대뿐만이 아니라 미래 세대의 죽음에 대한 위협이기 때문이다. 존재의 멸절에 대한 근원적인 불안은 '정말로 완전히' 죽는 것에 대한 불안이다.

우리는 모두 죽지만 자식을 낳음으로써 상징적으로는 다시 살 수 있다. 이렇게 자식을 통해서 내가 살아남을 수 있는 것을 '상징적 생존'[19]이라고 한다. 하지만 기후위기는 우리 세대는 물론 우리의 자식 세대에 엄청난 파국을 가져올 위험이 있다. 우리가 자식을 통해 상징적으로 생존하는 것을 위협한다. 결국 기후위기는 나와 자식을 모두 죽음으로 몰아넣을 수 있기에 '정말로 완전히' 죽을 수 있다는 가장 근원적이고 원초적인 멸절불안을 느끼게 할 수 있다.

세 번째 이유는 기후위기가 일부 사람들에게만 예외적으로 일어나는 일이 아니라 전 세계 사람들에게 일어날 수 있는 일이기에 불안이 증폭된다고 했다. 무서운 짐승이나 칼 든 강도를 만나게 될 때 느끼는 두려움은 개인에 한정된다. 하지만 개인이 겪는 이런 두려움이 많은 사람에게 번져간다면 이때는 단순한 두려움이 아니라 집단의 불안으로 증폭된다. 사람들이 모여 있는 집단이 심각한 퇴행을 하게 되어 정신분석가 멜라니 클라인Melanie Klein[20]이 언급한 원초적 수준의 정서를 경험하게 되면서[21] 집단의 구성원들은 멸절불안을 겪게 된다. 기후변화는 한 지역을 넘어 여러 나라, 나아가

전 지구적으로 영향을 미칠 수 있기 때문에 집단 속에서 불안이 점증되어 사람들이 멸절불안을 경험하게 된다.

기후위기를 마주한 우리는 아기와 같다

우리는 이와 같은 불안을 느낄 때 내적 상태를 무의식적으로 처리해서 고통에서 벗어나려고 한다. 이것을 '방어'라고 부른다. 즉 방어기제는 불안이라는 감정과 이를 일으키는 현실을 다루는 방식이라고 할 수 있다. 당연히 어떤 불안인가에 따라서 방어가 달라질 수 있다. 앞서 말한 대로 기후위기로 인해 생기는 불안은 더 근원적인 불안이기 때문에 보다 성숙한 방어 대신 원초적인 기제를 사용한다.

그렇다면 근원적이며 원초적인 불안은 무엇을 의미할까? 정신분석에서는 이런 불안을 생의 초기에 경험한다고 말한다. 우리가 갓 태어난 아기라고 상상해보자. 엄마 자궁 밖으로 나오는 순간 갑자기 추운 감각을 느낄 것이다. 그리고 조금 지나면 배가 고플 수도 있다. 이럴 때 신생아는 무엇을 할 수 있을까? 사실 아무것도 할 수 없다. 그저 이런 감각을 느낀다면 반사적으로 울 뿐이다. 아기를 키우는 엄마와 아빠는 알겠지만 아기가 배고파 울 때는 결사적으로 운다. 당연한 것이 신생아는 배고픔을 해결하지 못하면 죽는다. 배가 고픈 순간 아기는 죽음의 불안을 느낀다. 그래서 필사적으로 울어서 엄마나 아빠를 깨우는 것이다. 아기는 죽을지도 모르는 환경 속에서 생존하기에 너무나 무력한 존재다. 그때 느끼는 불안이 삶과 죽음 사이에서 경험하는 원초적인 불안이고 이런 불안에 대해 역시 원초적인 방어를 사용함으로써 고통스러운 내적 상태에서 벗어나려고 애쓴다.

기후위기는 원초적 불안을 불러일으킨다

원초적인 불안에 대항하는 원초적인 방어기제로 부정, 분열, 투사 등이 있다. 기후위기의 불안은 우선 부정이라는 방어기제를 통해 다뤄질 수 있다. 이를 구체적으로 연결 짓기 전에 우선 '부정'이 무엇인지 알아보자. 부정은 고통스러운 정서를 동반한 현실을 축소하고 회피하는 방어기제다. 이 방어가 어떤 것인지 쉽게 이해할 수 있도록 안데르센이 쓴 동화 「벌거벗은 임금님」[22]을 한번 보자. 옷과 사치를 좋아하는 임금에게 두 명의 사기꾼이 접근해서 가장 멋진 옷을 지어드리겠다고 제안한다.

그들은 자신들이 만드는 이 아름다운 옷이 어리석은 사람의 눈에는 보이지 않을 것이라고 말한다. 그러자 그들이 옷을 만드는 과정을 점검하고 온 신하들은 옷이 보이지 않았는데도 바보 취급을 당하지 않기 위해 옷이 잘 만들어지고 있다고 임금에게 보고한다. 시간이 흘러 사기꾼들이 옷을 완성했다며 임금을 찾아왔다. 그들이 완성된 옷이라며 임금에게 보여주자 임금은 옷이 보이지 않는데도 안 보인다고 말하면 자신을 어리석게 볼까 봐 아름다운 옷이라고 칭찬한다. 임금은 보이지 않는 옷을 입고 궁 밖으로 행차한다. 그런데 백성들도 바보라는 소리를 들을까 봐 아무도 임금이 벌거벗었다고 말하지 못한다.

이 유명한 동화에서 임금, 신하, 백성은 모두 어리석은 사람이라는 말을 들을까 두려워 옷이 보이지 않는 시각적 현실을 부정히고 있다. 이런 부정은 동화에서만이 아니라 실제에서도 찾아볼 수 있다. 유방암을 진단받은 환자가 병원이 오진을 했을 거라고 주장하면서 치료를 거부한 사례다. 암으로 인한 병소가 만져지는데도 환자는 암이 아니니 병원을 다시 갈 필요가 없다고 억지를 부렸다. 죽을 수도 있는 암에 걸렸다는 무서운 현실을 받아들일 수 없어서 자신의 시각과 촉각의 감각조차 부정한 것이다.

이런 일들이 기후위기에서도 나타나는데 기후변화의 불안은 부정을 동원한다. 앞에서 살펴본 바와 같이 트럼프는 기후위기를 부정했다. 그의 이런 관점은 2022년 3월 「폭스 비즈니스 뉴스쇼」 진행자인 스튜어트 바니와의 인터뷰에서도 잘 드러난다. "기후가 변하는 게 인간 활동 때문인가요?"라는 바니의 질문에 트럼프는 이렇게 대답했다.

"내 생각에는 날씨라는 것은 올라갔다 내려갔다 하는 것입니다. 1920년대를 살펴보면 사람들은 지구냉각화에 대해 이야기했어요. 다시 말하면 지구가 얼어붙을 거라는 거였어요. 그리고 나서 사람들은 지구온난화에 대해 이야기합니다. 그러다 기온이 실제로는 꽤 시원해져서 그 말을 쓸 수 없게 됐어요. (…중략…) 기후라는 것은 항상 변화해 왔어요."

트럼프는 자신의 이런 관점을 행정부에서 실행했다. 2020년 1월 도로, 교량, 송유관 같은 인프라 건설 프로젝트를 수행할 때 환경영향평가서를 규정한 국가환경정책법NEPA을 수정함으로써 절차를 간소화하자고 제안했다. 2020년 1월 9일 폭스 뉴스에 따르면 트럼프는 건설 과정에서 야기될 수 있는 환경 파괴의 의미를 축소하면서 환경영향평가가 "끝없는 지연으로 돈을 낭비하고 착공하지 못하게 하고 (…중략…) 일자리를 빼앗는다."라고 주장했다. 그는 환경 파괴나 기후변화를 부정하고 대신 경제적 효율성을 강조했다.

BBC도 한때는 기후위기를 정면으로 부정하는 흐름에 동참했다. BBC의 다큐멘터리 「위대한 지구온난화 사기」[23]는 여러 저명한 학자들의 인터뷰를 통해서 기후위기를 부정했다. 특히 객관적인 사실 내지 과학적인 진실이라는 이미지를 주려는 듯 그래픽과 수치를 적극적으로 사용해 설명했다. 1940년부터 1975년까지 이산화탄소는 증가했지만 지구 온도는 감소했음을 보여주면서 이산화탄소 증가가 단순히 지구온난화의 원인이 아님을 주장했다. 이산화탄소 증가로 지구 온도가 상승하는 것이 아니라 지구 온도가 상승하면 이산화탄소가 증가한다는 것이다.

인간으로 인한 모든 공장, 자동차, 비행기 등의 이산화탄소 배출보다 화산 활동으로 인한 것이 크다고 설명했다. 또 인간은 단지 매년 6.5기가톤의 이산화탄소를 배출하지만 동물과 박테리아는 매년 150기가톤의 이산화탄소를 배출한다고 하면서 가을철 낙엽이 이산화탄소 증가에 더 크게 작용한다고 주장했다. 무엇보다 바다가 가장 큰 이산화탄소원이고 결정적인 지구온난화는 태양 시스템 때문이라고 역설했다. 이처럼 이 다큐멘터리는 인간이 배출한 이산화탄소가 온실가스 효과를 통해서 지구온난화를 일으키는 주범이라는 과학의 설명을 정면으로 부정하면서 과학적으로 합의된 사실이 아니라고 강조했다.

최근에도 기후위기를 부정하는 기사들은 많다. 2022년 12월 2일 「가디언」은 트위터에 넘쳐나는 기후위기에 대한 부정주의 때문에 과학자들이 걱정하고 있다는 소식을 전했다. 2021년 유엔기후변화협약 당사국총회 기간 동안 트위터에는 기후위기에 반대하는 대화가 2015년에 열린 회담 때에 비해 4배 증가했다고 한다.

기후위기가 일으키는 근본적인 불안은 부정과 더불어 '분열'이라는 원초적인 방어기제를 끌어낸다. 분열은 자신과 자신을 둘러싼 세상을 '전적으로 선함'과 '전적으로 악함' 이렇게 이분법적으로 나눔으로써 불안을 방어한다. 앞에서도 언급했지만 신생아는 독자생존을 할 수 없다. 어른은 스스로 해결할 수 있는 가벼운 배고픔이나 추위가 아기에게는 치명적이다. 아기는 살기 위해 우선 자신의 내적, 외적 경험을 얼른 생존에 좋은 것과 나쁜 것으로 나눠 구분해야 한다. 이를 분열이라고 한다. 아기는 배고픔, 추위, 엉덩이의 축축함은 나쁜 것으로 보고 배부름, 따뜻함, 엉덩이의 뽀송뽀송한 느낌은 좋은 것으로 구별한다. 아기가 갖고 태어나는 이런 능력은 발달 초기에 필수적일 뿐만 아니라 성장 과정에서도 때때로 심한 불안이 초래되는 상황에서 필요하다. 물론 이런 분열이 과하면 병적으로 나타나 경계성 성격장애BPD나 조울증, 조현병 환자에게서 자주 볼 수 있다.

분열의 예도 동화에서 쉽게 찾아볼 수 있다. 그림 형제의 「백설공주」[24]가 대표적이다. 옛날 옛적 왕비가 손가락을 바늘에 찔려 피 세 방울이 검은 창틀에 쌓인 흰 눈에 떨어졌다. 왕비는 그걸 보고 흰 눈처럼 하얀 피부와 피처럼 붉은 입술 그리고 흑단 나무 같은 검은 머리를 가진 딸을 소망했다. 얼마 후 왕비는 자신이 소망한 대로 아기를 출산하고 '백설공주'라 이름 지었다. 하지만 왕비는 어린 딸을 두고 죽고 말았다. 1년 후 왕은 아름답지만 사악한 마법을 부리는 여자와 재혼했다. 그다음 내용은 우리 모두 잘 알고 있다. 새 왕비는 아침마다 세상에서 가장 아름다운 여자가 누구인지 마법의 거울에 묻고 거울이 왕비님이라고 대답하는 것을 즐겨 들었다. 그런데 백설공주가 일곱 살이 됐을 때 거울이 백설공주가 가장 아름답다고 대답한다. 새 왕비는 분노에 사로잡혔다. 사냥꾼에게 백설공주를 숲에 데려가 죽이고 그 증거로 공주의 심장을 가져오라고 명령한다.

동화를 읽는 아이들은 주인공인 백설공주를 자신과 동일시하게 된다. '전적으로 선한' 백설공주는 세상에서 가장 아름답고 착하고 순결하다. 이와 대조적으로 계모인 새 왕비는 딸을 숲에 버리고 죽인 다음 심장을 먹으려고 하는 '전적으로 악한' 마녀로 그려진다. 백설공주의 두 엄마도 대비된다. 흰 눈 같은 피부와 흑단 같은 머리와 피 같은 붉은 입술을 가진 딸을 소망하고 출산한 생모인 죽은 왕비는 '전적으로 선한' 엄마를 나타낸다. 이에 반해 백설공주를 죽이려는 새 왕비는 '전적으로 악한' 엄마를 의미한다.

정신분석적으로 본다면 두 엄마는 한 엄마의 서로 다른 측면으로 볼 수 있다. 앞에서 얘기했듯이 아기는 생의 초기에 혼자 생존할 수 없는 너무나 약한 존재이기에 자신의 경험을 생존에 도움이 되는 '전적으로 선함'과 반대로 생존에 위협이 되는 '전적으로 악함'을 구분해야 한다. 이런 분열의 방어기제가 어른보다 지배적인 아이들은 '전적으로 선한' 백설공주를 동일시한 후에 이 세상에서 누구보다 자신을 사랑해주는 엄마의 측면은 동화 속 '전적으로 선한' 생모인 죽은 왕비에게 귀속한다. 이는 '투사'라는 방어기제인데 뒤에서 설명하겠다. 또한 아이들은 자신을 야단치고 욕구를 충족

시켜 주지 않는 엄마의 측면은 사악한 계모인 새 왕비에게 돌려놓는다. 그리고 백설공주가 간악한 새 왕비로부터 살아남아 왕자와 결혼하는 이야기를 반복해서 읽으면서 만족해한다.

분열은 아이들만 사용하는 방어기제가 아니다. 아이들보다는 적지만 일생에 걸쳐서 어른들도 사용한다. 모호하고 호의적이지 않은 환경 속에서 생존을 위해 제일 먼저 사용해야 하는 방어기제가 분열이다. 예를 들어 우리가 외국에서 우연히 밤늦게 인적이 드문 곳을 여행한다고 상상해보자. 먼저 우리는 재빨리 지금 있는 곳이 나에게 안전한 곳인지 아니면 위험한 곳인지 판단해야 한다. 낯선 외국에서 밤길에 내 뒤를 따라오는 누군가가 있다면 우선 그 사람이 나쁜 사람인지 아니면 좋은 사람인지 구별해야 한다. 이것이 분열이다. 또 다른 예로 적진으로 진격해 들어간 군인을 생각해보자. 그가 숲에서 인기척을 느꼈다면 적군인지 아군인지 둘 중 하나로 판단해야 한다. 77%는 적군이면서 동시에 23%는 아군일 수는 없다. 100% 적군 아니면 0% 적군, 즉 100% 아군 또는 민간인만 가능하다.

앞에서 말한 것처럼 기후위기는 인과관계를 추정하기 어려운 모호함과 현재 세대와 미래 세대라는 광범위한 집단에 재난이 될 수 있는 위험 때문에 원초적인 불안을 일으킨다. 그렇기에 부정과 더불어 분열이라는 근본적인 방어기제가 작동한다. 트럼프의 사례에서도 분열의 방어기제를 찾아볼 수 있다.

그는 과장된 기후위기 주장과 불합리한 기후협정으로 중국과 미국이 정반대의 대우를 받아서 미국에서는 수많은 일자리가 사라지는 반면 중국에서는 엄청난 경제적 이득이 생겨나고 있다고 양

극단으로 이야기했다. 트럼프는 2017년 6월 1일 백악관에서 파리협정 탈퇴 연설을 했다. 그는 파리협정이 중국에는 수백 개의 석탄 발전소를 추가로 건설할 수 있게 허용하는 등 13년 동안 이산화탄소 배출량을 늘릴 기회를 줌으로써 세계 주요 오염원에는 의무를 지게 하지 않는다고 말했다. 그리고 중국과는 반대로 미국에는 불공평한 의무만을 부과한다고 주장했다. 트럼프는 자신이 프랑스 파리 시민에 의해 선출된 대통령이 아니라 미국 피츠버그 시민에 의해 선출된 대통령이라고 말하면서 불합리한 파리협정으로 중국은 혜택을 얻는 반면 미국은 처벌을 받는다고 역설했다. CNN은 다음 날 보도에서 그의 연설에 많은 사람이 박수로 지지했다고 전했다.[25]

트럼프는 대통령에서 퇴임한 이후에도 기후위기에 대해 같은 관점을 유지했다. 2022년 3월 폭스 비즈니스 뉴스쇼 진행자인 스튜어트 바니와의 인터뷰에서 조 바이든 대통령과 그의 행정부가 "기후 사기"를 퍼뜨리고 있다고 비난했다. 바니가 기후변화가 "처음부터 끝까지 완전히 사기"냐고 묻자 트럼프는 "그린뉴딜은 사기"라고 대답했다. 그는 기후위기에 대한 자신의 정책과 조 바이든 대통령의 정책을 분열해서 자신의 정책은 '전적으로 선한' 것으로 보는 반면 바이든 행정부의 정책은 '전적으로 악한' 사기 정책으로 평가절하했다.

BBC의 「위대한 지구온난화 사기」[26] 다큐멘터리에서도 분열의 기제를 찾아볼 수 있다. 기후위기를 주장하는 사람들은 혜택을 받는 기득권자로 그리고 기후위기를 부정하는 사람들은 불이익을 받는 것으로 구별한다. 지구온난화에 관한 연구들은 기후위기를 지지하는 사람들에게 수십만 개의 일자리와 보조금 혜택을 준다고 언급했다. 이와 대조적으로 지구온난화가 인간에 의해서 초래된다는 의견에 반대하는 과학자들은 인신공격과 살해 위협, 박해, 자금 지원 중단 등의 위협이 가해지고 있다고 주장했다.

기후위기로 인한 근원적인 불안에 대항하기 위해서 부정, 분열과 함께 '투사'라는 원초적 방어기제도 동원된다. 투사는 자신의 수용할 수 없는 감정이나 생각, 충동을 다른 사람 탓으로 돌리는 방어기제다.[27] 투사는 분열과 특히 밀접하게 연결된다. 불안에 대한 방어로서 분열은 자신이나 자신을 둘러싼 세상을 '전적으로 선함'과 '전적으로 악함'으로 나눈다. 이렇게 나눈 부분들을 세상에 덮어씌우는 것이 투사라고 할 수 있다. 혼자서는 살아남을 수 없는 아기는 분열을 통해 자신의 경험을 생존에 좋은 것과 나쁜 것으로 구분하여 세상에 투영한다.

아장아장 걷는 아기가 돌에 걸려 넘어져서 운다고 하자. 엄마가 달려가서 아기를 안은 다음 땅에 박힌 돌을 향해 "때찌! 우리 예쁜 아가에게 누가 그랬어? 못된 돌! 때찌!"라며 마치 그 돌이 아기를 넘어뜨린 것처럼 야단친다. 이런 엄마의 행동은 아기의 마음속에서 일어나는 과정을 밖으로 표현해줌으로써 아기를 달래주는 것이다. 아기는 돌에 걸려 넘어진 것은 자신이지만 자기 잘못으로 넘어졌다는 것을 받아들일 만큼 성숙하지 않다. 아기는 자신의 잘못이 아니고 돌이 자신을 넘어뜨린 것이라고 돌 탓을 한다. 즉 아기는 자신의 부정적인 부분을 돌에 덮어씌우고 돌 탓을 함으로써 자신의 부정적인 부분을 부정하는 셈이다. '잘되면 제 탓, 안 되면 조상 탓' 같은 속담도 투사라는 방어기제라 할 수 있다.

다시 「백설공주」를 들여다보자. 정신분석적으로 본다면 백설공주의 두 엄마는 한 엄마의 서로 반대되는 측면이라고 설명했다. 이렇게 서로 대조되는 두 측면은 백설공주 자신의 엄마에 대한 감정이다. '전적으로 선한' 엄마인 죽은 왕비는 백설공주 마음속에 자신을 사랑해주는 엄마의 측면이 투사된 것이다. 생모는 죽었기 때문에 '전적으로 선한' 엄마는 영원히 훼손되지 않고 남아 있을 수 있다. 이와 대조되는 '전적으로 악한' 엄마인 새 왕비는 백설공주가 가진 부정적인 엄마의 측면이 투사된 것이다. 이로써 백설공주는 순도 100퍼센트 악한 새 왕비를 마음껏 미워할 수 있다.

새 왕비가 거울과 얘기하는 부분에서도 투사를 확인할 수 있다. 새 왕비는 아침마다 거울에게 세상에서 가장 아름다운 여자가 누구인지 물어본다. 어느 날 거울이 백설공주라고 대답하자 분노한다. 정신분석적으로 본다면 거울의 대답은 새 왕비의 백설공주에 대한 감정일 수 있다. 일곱 살이 되어 점점 아름다워지고 성숙해지는 백설공주에 비해서 자신은 점점 나이 들어 늙고 추해지고 있다. 새 왕비의 이분법적으로 분열된 감정을 거울에 투사한 것이라 할 수 있다. 다시 말하면 새 왕비 마음속에 있는 '전적으로 아름답고 선함'과 '전적으로 추하고 악함'은 분열해서 전자는 백설공주에게 투사하고 후자는 자신에게 투사한 것이다. 새 왕비는 자신의 늙고 추악한 모습을 견딜 수 없고 세상에서 가장 아름다운 백설공주를 시기한다. '시기envy'는 정신분석적으로 설명하면 자신이 가지지 못한 것을 타인이 소유하고 있을 때 분노에 사로잡혀 타인을 파괴하고 소유한 것을 빼앗으려는 심리다.[28] 그래서 새 왕비의 시기심은 가장 아름다운 백설공주를 죽이고 그녀의 심장을 먹음으로써 아름다움의 속성을 탈취하려는 이야기로 그려진다.

원인과 결과를 쉽게 알기 어려워 모호한 데다 미래 세대와 수많은 사람에게 재앙이 될 기후위기로 인한 불안은 부정, 분열과 함께 투사를 통해서 방어된다. '전적으로 악한' 기후위기를 강조하는 세력들 때문에 '전적으로 선한' 자신들이 피해를 입는다고 강조하면서 전자의 의도를 의심한다.

트럼프는 2012년 11월 7일 자신의 트위터에 다음과 같은 글을 남겼다. "지구온난화라는 개념은 미국 제조업의 경쟁력을 떨어뜨리기 위해 중국에 의해 그리고 중국을 위해 만들어졌습니다." 트럼프가 국가안보위원회 위원으로 임명한 물리학자 윌리엄 하퍼 William Harper는 기후변화를 부정하는 트럼프의 관점을 과학적으로 지원하려고 애썼다. 하퍼는 이산화탄소 배출과 지구온난화와 같은 기후변화에 대한 과학자들의 일치된 견해를 반박했다. 2019년에 보도된 CNN과 「워싱턴포스트」에 따르면 그는 "이산화탄소를 악마화하는 것은 히틀러 치하에 있던 불쌍한 유대인을 악마화하는 것과 같습니다."라고 하면서 "이산화탄소는 실제로 세상에 이로움을 주는데 유대인들도 마찬가지입니다."라고 덧붙였다.

BBC의 다큐멘터리 「위대한 지구온난화 사기」[29]에서도 기후위기를 주장하는 사람들의 의도를 의심함으로써 분열과 투사의 방어 기제를 확인할 수 있다. 다큐멘터리 전반에 걸쳐 반복적으로 이산화탄소에 기인한 지구온난화는 과학적 사실이 아니라며 부정한다. 기후위기를 주장하는 캠페인은 단지 정치적 또는 경제적 이권 때문이라고 의혹을 제기한다. 기후위기 부정론자들은 자기 안에 있는 부정적인 감정을 자신의 관점과 다른 주장을 하는 사람들에게 투사해서 기후위기를 주장하는 사람들의 행위를 부정적으로 보면서 의혹을 제기하고 평가절하한다. 환경운동의 대명사 격인 그린피스 공동 설립자인 패트릭 무어의 입을 빌려서 지구온난화에 대한 환경운동이 한낱 정치적 활동일 뿐이라고 주장한다.

"저는 더 이상 이를 환경운동이라고 부르고 싶지 않습니다. 실제로는 이것이 정치적 활동가의 움직임이고 그들은 전 세계적인 수준에서 엄청난 영향력을 행사하고 있기 때문입니다."

지구온난화가 정치적 캠페인으로 급성장한 배경을 다큐멘터리는 두 가지로 들었다. 먼저 좌파 진영은 베를린 장벽이 무너지고 소련이 붕괴하는 등 사회주의와 마르크스 공산주의가 실패한 이후 환경운동에 뛰어들면서 신마르크스주의를 가져와서는 반자본주의, 반세계화를 은폐하기 위해 녹색 언어를 사용한다고 했다. 다큐멘터리는 이런 식의 음모론적 시선으로 기후위기를 주장하는 사람들을 의심한다.

다큐멘터리는 우파 진영에 대해서도 정치적인 목적으로 지구온난화를 주창한다고 했다. 예를 들어 영국 대처 수상은 에너지 안보에 대한 우려, 중동 국가들로 인한 석유에 대한 불신, 광부들의 파업에 따른 석탄에 대한 불신, 원자력 선호 등의 이유로 환경운동을 정치화했다고 설명한다. 또 대처 수상이 영국 기상청에 기후모델링 부서를 만들어서 기후변화에 관한 정부 간 협의체를 조직하게 한 것도 이런 기조에 따른 것이라고 주장한다. 다큐멘터리는 서로 다른 정치적 목적을 가졌지만 좌파와 우파 모두 환경운동에 대한 관심을 키워 정치적 이슈를 만들고 경제적인 동인으로 환경운동의 산업화를 촉진하는 방향으로 가져갔다고 불신한다. 이처럼 부정적인 감정을 상대에게 투사해서 그들의 행동을 의심하고 있음을 확인할 수 있다.

다큐멘터리는 이런 의심의 눈초리로 지구온난화라는 주제가 단지 거대한 사업 모델일 뿐이라는 의혹을 주장하는 동시에 평가절하를 한다. 1990년대까지 미국이나 영국 등의 나라에서 수백억 달러의 정부 기금이 지구온난화와 관련한 연구에 투입됐다는 것이다. 이 자금은 컴퓨터를 이용해서 미래의 기후를 예측하는 모델을 만드는 데 사용됐다. 이런 기후 예측 모델은 수백 가지의 가정을 전제로 하기 때문에 가정 하나만 잘못돼도 크게 빗나갈 수 있다고 주장한다. 이렇게 부정확할 수도 있는 기후 예측 모델이 정확하게 지구의 기후와 온난화를 예상할 수 있다고 생각하는 것은 지구온난화 이슈가 엄청난 사업모델이기 때문이라며 의도를 의심한다.

다큐멘터리에서 기후위기를 주장하는 사람들의 의도를 의심하는 시선은 케냐의 경제학자 제임스 시콰티James Shikwati의 말에서도 드러난다. 지구온난화를 주창하는 것은 개발도상국이 산업 발전을 추진하는 것을 서구 선진국이 방해하려는 시도라는 것이다. 그는 "모든 환경 논쟁에서 분명하게 드러나는 한 가지는 너무나도 열심히 아프리카의 꿈을 죽이려는 누군가가 존재한다는 점입니다. 발전하고 싶어 하는 아프리카의 꿈을."이라고 말했다.

서구 선진국과 아프리카 개발도상국을 나누고 전자가 후자의 꿈을 죽이려는 것이라고 의심하는 것은 분열과 투사의 방어기제가 기저에 있음을 의미한다. 이런 근본적인 방어기제가 작동할 수밖에 없는 이유는 기후위기가 우리에게 원초적인 불안을 초래하기 때문이다.

3

인간은 자기애에 빠져 외면하고 있다

우리는 자기애에 빠져 살고 있다

기후위기와 관련한 일련의 과정과 현상에서 현재 사회의 특성이 어떻게 작용하고 있을까? 이 물음의 답을 알기 위해서는 "지금 우리는 어떤 사회와 문화 속에서 살고 있을까?"라는 질문을 던질 필요가 있다. 이에 대해서 여러 학자는 우리가 '자기애적 사회와 문화'에서 살고 있다고 말한다. 자기애적 사회와 문화가 어떻게 기후위기와 연결되는지 찾아보자. 첫 단계로 우선 '자기애'가 무엇인지부터 알아보자.

'자기애'로 번역되는 '나르시시즘narcissism'이라는 용어는 나르키소스Narcissus와 에코Echo에 관한 그리스 신화에서 유래했다. 이 신화에서 나르키소스는 너무나 잘생긴 청년이었다. 그가 태어났을 때 예언자는 나르키소스가 자신의 모습을 볼 수 없어야 오래 살 수 있다고 경고한다. 나르키소스는 잘생긴 청년으로 자랐고 산의 요정

에코의 구애를 받지만 냉정하게 거절한다. 에코는 슬퍼하다 메아리 (에코)가 된다. 복수의 여신인 네메시스는 에코에 대한 복수로 나르키소스를 연못가로 유도한다. 나르키소스는 연못에 비친 자신의 모습이 자신인지 모르고 사랑에 빠진다. 하지만 사랑은 받아들여지지 않고 결국 나르키소스는 연못 옆에서 죽고 만다. 혹은 연못에 비친 자신을 잡으려다 물에 빠져 죽었다고도 한다. 그가 죽은 자리에서 흰 꽃이 피어났는데 그 꽃이 수선화(나르시서스)라고 한다.

나르시시즘이란 개념을 개발한 사람은 영국의 의사 해블록 엘리스Havelock Ellis였다. 엘리스는 자기 몸을 마치 성적 대상을 대하듯 하는 사람들을 그리스 신화의 나르키소스에 비유했다. 이에 대해 독일의 범죄학자 파울 네케Paul Näcke가 자기애란 뜻으로 나르시시즘이라고 표현했는데 프로이트가 이 용어를 가져와서 자기애의 개념을 발전시켰다.[30] 프로이트는 아기가 자기 자신에게 리비도(정신 에너지, 욕망, 사랑)를 집중하는 것을 '1차적 자기애'라고 했다. 아기가 성장하면서 리비도가 엄마(대상)를 향하게 되는데 다시 리비도를 대상으로부터 자신에게로 되돌리는 것을 '2차적 자기애'라고 했다. 예를 들어 잠에서 깨어난 아기가 엄마(대상)를 찾아서 우는 장면을 생각해보자. 계속 울어도 엄마가 나타나지 않자 아기는 엄지손가락을 빨기 시작한다. 잠에서 깬 아기는 불안하여 리비도를 투여한 대상인 엄마를 울며 찾았지만 엄마로부터 아무런 반응이 없자 엄마에게 향했던 리비도를 자신에게 돌려서 엄지손가락을 빠는 것이다.

프로이트는 외부 세상으로 향했던 리비도가 다시 자신을 향하는 리비도의 철수로 조현병이나 건강염려증을 설명하기도 했다. 세상 사람들과 관계를 단절한 후 집 안에서 지내면서 자신을 이 세상의 왕이라고 믿으며 과대망상을 하는 조현병 환자를 바깥세상으로 향했던 리비도를 자신에게로 철수한 자기애의 병리로 이해할 수 있다. 마찬가지로 외부 사람들에게 향했던 정신 에너지를 돌려 자신의 신체 기관에 집중하는 것으로 건강염려증을 설명할 수 있다.

프로이트의 자기애 개념은 이후 많은 정신분석가를 통해서 확장됐다. 특히 자기애적 병리 중 하나로 자기애성 성격장애에 관한 많은 연구가 있었다. 자기애성 성격장애 환자는 자신의 중요성을 과대하게 느낀다. 그래서 자신은 특별한 성공을 해야 하고 그럴 자격이 있다고 여긴다. 그런 자신을 사람들이 숭배해야 한다고 생각한다. 그래서 자기애성 성격장애 환자는 타인에 공감하지 못하고 때로는 그들을 착취하기도 한다. 자기애성 성격장애 환자는 자신의 마음과 몸에 대한 주관적 경험이 결핍되어 있거나[31] 또는 자신의 정체성에 대한 느낌an individual's feeling of identity인 자기감sense of self[32]이 결여되어 있다. 따라서 자신이 해체될지도 모른다는 무의식적인 불안이 있다. 이에 대한 방어 환상으로 과대성과 전능감을 가진다. 내적인 자기감의 결손을 외적인 아름다움, 권력, 부를 통해서 채우려고 하고 이를 확인할 수 있기를 원하거나 다른 사람들이 이를 인정해주기를 원한다. 만약 원하는 바가 실현되지 않으면 자기애적 손상narcissistic injury을 입게 된다. 이에 비해서 건강한 자기애는 자기 자신에 대해서 현실적 평가를 하고 타인에 대해서는 자신과 분리된 존재로 인정한다. 그럼으로써 그들을 사랑하는 동시에 그들이 자신을 사랑해줄 것이라고 믿는다.[33]

1970년대 이후 자기애 개념을 진료실을 넘어서 사회와 문화에 적용하려는 시도가 확대됐다. 저널리스트이면서 자가인 톰 울프 Tom Wolfe는 1976년 8월 23일 『뉴욕매거진』에서 '나 시대me decade'라는 용어를 써서 자기밖에 모르면서 당돌한 베이비붐 세대를 표현했다. 로체스터대학교 역사학과 교수인 크리스토퍼 래시Christopher Lasch는 저서 『자기애의 문화』를 통해서 당시 미국의 사회와 문화를 자기애적이라고 진단했다.[34] 이어지는 여러 연구는 현대 사회가 자기애적 성향이 있음을 보여준다.

이와 관련하여 샌디에이고주립대학교 심리학과 교수인 진 트웬지Jean M. Twenge의 연구 결과가 흥미롭다. 진 트웬지 연구팀은 1880년부터 2007년까지 미국에서 태어난 아이들의 이름을 분석했다. 최근으로 올수록 부모들은 아이들에게 흔하지 않은 이름을 지어주었다. 연구자들은 이런 시대의 흐름을 타인과 분리해서 자신을 바라보는 개인주의적 성향과 자기애적 특성과 연결지었다.[35]

트웬지는 다른 연구에서 1960년부터 2008년까지 미국에서 발간된 책 76만 6,513권에 대한 구글 북 데이터베이스에서 대명사의 사용을 연구했다. 그 결과 우리(we, us) 같은 1인칭 복수 대명사의 사용이 10% 감소한 반면 1인칭 단수 대명사(I, me)는 42% 증가했다. 2인칭 대명사(you, your)는 4배 증가했음을 발견했다. 연구자들은 이런 결과가 반세기 동안 미국 문화에서 집단주의가 감소하고 개인주의가 점차 증가한 것을 반영한다고 주장했다.[36] 트웬지는 또 다른 연구에서 미국 대학생들을 상대로 자기애적 성격 척도NPI, Narcissistic Personality Inventory를 조사했는데 세대에 걸쳐 자기애 수준이 상승한 것을 확인했다.[37]

한국에서도 대학생들을 대상으로 자기애적 성격 척도NPI를 측정한 연구들을 메타분석한 결과 자기애성 점수가 15년간 지속해서 증가한 것으로 나타났다. 연구자들은 이런 결과가 집단주의 가치관이 사라지고 개인주의 가치관이 증가하는 현대 한국 사회의 특성을 보여준다고 결론지었다.[38] 자기애적 사회와 문화의 확산은 개인의 외면은 부풀려진 반면 내면은 비어 있는 조류를 반영한다. 래시는 『자기애의 문화』에서 나르시시스트에게 세상 사람들은 부풀려진 자신을 볼 수 있는 거울이라고 언급했다. 그리스 신화에서 나르키소스는 연못에 비친 자신의 모습을 보고 사랑에 빠졌다. 나르시시스트에게는 자신을 둘러싼 세상 사람들이 나르키소스의 연못처럼 자신을 비추는 거울이다. 그 거울에 비친 것은 자신의 내면이 아니다. 그저 그 외양이 너무나 아름답다고 스스로 감탄한다.

다시 「백설공주」 동화를 보자. 새 왕비는 매일 아침 마법의 거울에게 묻는다. "거울아, 거울아. 이 세상에서 누가 가장 아름답지?" 거울의 대답은 항상 같다. "왕비님이 세상에서 가장 아름다워요." 나르키소스의 연못처럼, 새 왕비의 거울처럼 자기애적 사회와 문화 속에서 살아가는 개인들은 세상에 자신들을 투사한다. 문제는 연못에 비친 나르키소스처럼, 거울에 비친 새 왕비처럼 사람들에게 투사한 자신의 모습을 너무나 아름답다고 왜곡하여 느낀다는 점이다. 연못이든 거울이든 세상 사람들이든 나르키소스와 새 왕비와 자기애적 사회 속 개인은 내면에 본질적인 자신을 비추지 못하고 곡해하여 이상화한 겉모습을 비추고 있다.

이렇게 자기애적 사회와 문화 속에서 살아가는 개인은 세상 사람들에게 자신의 외적 아름다움을 투사해서 그들이 자신을 칭송하고 감탄하기를 욕망한다. 즉 개인은 과장하고 이상화한 자기를 사람들에게 투사하고 _스스로를_ 이상화한 자기상自己像인 자기 이미지self-image와 동일시한다.[39] 그렇다면 자기애적 사회와 문화 속에서 과장하고 이상화한 자기상이 덮고 있는 본질적인 자기 이미지는 어떤 모습일까? 사람들과 끊임없이 비교해서 그들은 가지고 있으나 자신에게는 없다고 절망하는 모습일 것이다. 그래서 텅 빈 자기 속을 채우기 위해서 사람들이 가지고 있는 것을 소유해야만 한다고 느낄 것이다. 자신의 공허감은 사람들의 찬양으로만 메울 수 있다고 여길 것이다.[40]

그렇다면 이런 개인의 내적 빈 공간은 무엇으로 채워질까? 그 공간은 과장하고 이상화한 자신을 투사했기에 너무나 고귀하고 아름다운, 그래서 세상 사람들이 찬미와 부러움의 시선으로 바라볼 '물건'으로 채워질 수 있다. 2004년 샤넬의 향수 광고에서 할리우드 스타 니콜 키드먼은 날개 같은 샤넬 드레스를 휘날리며 수없이 터지는 기자들의 카메라 플래시를 피해 도망친다.

영화 「물랑루즈」의 감독 배즈 루어먼이 찍은 이 2분짜리 광고를 위해 3,300만 달러가 들었다고 한다. 조명과 카메라 플래시 세례 속에서 니콜 키드먼의 금발과 그녀의 샤넬 드레스는 빛이 나고 장면 사이사이에 샤넬 로고가 과하다 싶게 끼어든다. 이 광고를 보는 자기애적 시대의 개인들은 과장하고 이상화한 자신을 니콜 키드먼에게 투사한다. 그녀가 입고 있는 샤넬 드레스, 반복해서 나오는 샤넬 넘버 5 향수는 단순한 옷과 향수가 아니다. 샤넬 드레스와 향수, 즉 '물건'들은 그 물건들이 표상하는 아름다움에 대한 상징과 동일한 것으로 여겨진다.

정신분석가 한나 시걸Hanna Segal은 이렇게 상징된 대상과 등가가 되는 것을 '상징적 등식symbolic equation'이라고 했다.[41] 니콜 키드먼의 샤넬 광고를 보는 개인들은 샤넬 드레스와 향수, 즉 '물건'을 이것이 상징하는 아름다움과 동일한 것으로 여기기 때문에 샤넬 제품을 사고 소유함으로써 그 아름다움을 가지려고 한다. 텅 빈 자신의 내면을 이런 물건들로 채워 넣으려는 것이다. 그리고 거울이 새 왕비에게 대답하듯 샤넬 광고는 옷과 핸드백과 향수를 산 개인에게 속삭일 것이다. "고객님이 세상에서 가장 아름다워요."

현재의 소셜미디어는 자기애적 사회와 문화 속 개인이 과장하고 이상화한 자신을 물건에 투사한 후 그 물건을 구입하여 텅 빈 자신을 채울 때 무엇보다 중요한 역할을 한다. 유튜브, 페이스북, 인스타그램, 블로그 등 소셜미디어는 사람들의 찬사와 칭송을 증폭한다. 나르키소스가 자신의 아름다운 얼굴을 비추는 연못처럼, 새 왕비가 매일 세상에서 누가 제일 아름다운지 물어보는 거울처럼 스마트폰 속 소셜미디어는 개인이 친구들의 좋아요를 확인하는 자기애적 도구가 된다. 자기애적 개인에게 친구들의 구독과 좋아요는 나와 분리된 개개인의 의사 표현이 아니다. 나의 아름다운 모습과 물건을 찬양하는 나의 일부, 즉 자기애적 연장narcissistic extension이다.

이와 같은 소셜미디어의 특성 때문에 내적 본질 대신 외적 껍데기가 중요해진다. 사례를 보자. 2018년 버버리 패션쇼, 캘빈클라인 패션쇼, 파리 패션위크, 런던 패션위크 등 유명 패션쇼에 형광색 옷을 입은 모델들이 등장했고 이런 유행에 동참한 일부 젊은이들도 형광색 옷을 입었다고 9월 13일 「가디언」은 보도했다. 형광색 옷의 기원은 1930년대 산업재해로 부상을 입은 미국인 밥 스위처Bob Switzer가 회복하는 동안 형광 페인트를 개발하면서 시작됐다.

BBC가 2011년 8월 30일에 보도한 뉴스에 따르면 과거에는 도로나 철도를 유지 보수하는 작업자들이 형광색 옷을 많이 입었으나 이후 점차 확대되어 경비원, 주차장 관리요원, 자전거 타는 사람, 조깅하는 사람 등 안전을 고려해야 하는 사람들도 많이 입고 있다. 그런데 최근에는 형광색 옷이 공사 현장이나 안전이 필요한 장소의 제한을 넘어서 젊은 사람들에게 유행했고 유명 패션쇼에도 등장했다. 심지어 발렌시아가는 무려 2,980파운드(470만 원)나 되는 형광색 옷을 선보였다고 2021년 7월 4일에 「선」은 보도했다.

「가디언」의 패션 에디터 해나 매리어트Hannah Marriott는 2018년 8월 31일 방영된 BBC 라디오 4와의 인터뷰에서 형광색 옷이 젊은이들의 패션에까지 등장한 이유는 소셜미디어라고 했다. 밀레니얼 세대는 인스타그램의 화면 스크롤을 빨리 내리는 경향이 있어 순간적으로 이들의 시선을 낚아채려면 캐시미어 점퍼보다는 고가시성high-vis 형광색 옷을 입어야 보는 이가 화면을 멈추고 들여다보게 된다는 것이다.

형광색 옷은 패션쇼나 일부 젊은 친구들에게서 볼 수 있는 정도고 그 이상 유행하지는 않았다. 형광색 옷은 인스타그램이나 페이스북에서 사람들의 시선을 끌게 하고 좋아요 버튼을 누르도록 유혹하는 역할에 그친다. 사실 특수 목적을 위한 옷이 일상복으로 차용되어 유행한 대표적인 예는 '버버리코트'라고 불리는 트렌치코트다. 참호를 뜻하는 '트렌치trench'라는 단어에서 알 수 있듯이 이 코트는 영국군 장교의 외투에서 유래했다. 군복이 지금은 많은 사람에게 사랑받는 옷이 된 것이다. 트렌치코트가 사람들과 진정한 교감을 통해 오래 유행하며 사랑받았다.

그러나 형광색 옷은 소셜미디어라는 거울 위에 투사한 자기애일 뿐이어서 사람들의 시선을 끌고 좋아요 버튼을 누르게 하는 데까지는 성공했을지 모르지만 진정 사람들의 공감을 끌어내지는 못했다. 다시 말하면 벌거벗은 임금님의 옷처럼 인스타그램 속 형광색 옷은 자기애적 사회 속 환상의 그림자일 뿐 현실에서 실체가 있는 옷이 되지는 못했다.

자기애가 기후위기를 가속시킨다

이렇듯 자기애적 사회와 문화 속 개인의 텅 빈 자기감은 표피적인 아름다움과 뛰어남으로 겉만 살짝 덮여 있다고 할 수 있다. 그 속에서 사람들은 세상의 관심과 칭송을 희구하여 물건을 과도하게 구입하는 등 소비주의를 추구한다. 이는 다시 과도한 탄소 소비를 유발하게 되고 지구온난화와 기후위기라는 악순환으로 빠져든다.

패스트패션fast fashion을 보자. 패스트패션은 빠르고 값싼 패션 트렌드를 일으켜 소비를 유도하는 데 중점을 둔 의류 패션 디자인, 제작, 마케팅 전략이다. 미디어 그룹 부The VOU에 따르면 패스트패션은 최신 패션 트렌드를 활용하기 위해서 패션쇼 디자인과 유명인이 입은 옷을 복제해서 값싸고 빠르게cheap and fast 대량 생산하는 비즈니스 모델을 말한다. 자라, H&M, 갭, 유니클로 같은 브랜드가 대표적이다.

영국 왕세자비 케이트 미들턴도 자라 옷을 입고 행사에 등장했다고 매거진 『조 리포트the Zoe Report』는 2025년 2월 21일 보도했다. 2022년 7월 14일에 보도된 매거진 『라이프스타일 아시아』에 따르면 할리우드 스타 메간 폭스는 영국의 패스트패션 브랜드 부후 Boohoo와 협력해서 인스타그램에 게시물을 올렸다. 패션쇼에서 모델이 입고 나온 옷이 몇 주 만에 매장에 나타나고 인스타그램에는 영향력 있는 셀럽이 이 옷을 입고 등장한다.

소셜미디어에 영향을 많이 받는 젊은 세대는 상대적으로 저렴한 브랜드 옷을 자주 사서 즐겨 입는다. 예를 들어 작년 크리스마스를 앞두고 파리의 유명 블로거인 멜로Mélo는 중국의 패스트패션 업체인 쉬인의 파티 드레스를 입고 인스타그램에 업로드했다. 2023년 1월 17일에 보도된 「타임」 기사를 보면 그녀는 이 게시물의 하단에 링크된 쉬인 주소를 들어가면 모든 의류 주문 시 15%를 할인받을 수 있다고 말했다. 쉬인은 다른 업체의 생산 기간의 절반밖에 안 되는 5~7일 만에 옷을 생산해 25% 저렴하게 판다. 그 때문에 쉬인은 '실시간 패션real time fashion'이라 불리면서 급성장했고 2021년 매출이 전년 대비 2배 늘어 100억 달러(13조 원)를 달성했다고 2022년 1월 11일 중앙일보는 보도했다.

패스트패션은 짧은 유행 주기에 맞춰 단기간에 저렴한 재료로 옷을 만들기 때문에 품질이 좋지 않다. 그래서 사람들은 몇 번 옷을 입고는 유행이 지났다는 이유로 또는 옷의 질이 나빠졌다는 이유로 옷장에 걸어놓고 안 입거나 쓰레기로 버린다. 2020년 7월 19일에 보도된 BBC 뉴스 코리아 기사에 따르면 의류 소재는 재활용률이 12%에 불과하기 때문에 전 세계적으로 9,200만 톤이 매년 폐기물로 버려진다. 당연히 환경에 좋을 수가 없다. 2022년 7월 14에 매거진 『라이프스타일 아시아』는 옷을 만드는 과정에서 과도하게 많은 물이 사용되고 납, 비소, 수은 같은 유해 물질이 하천에 버려진다고 전했다.

패스트패션 업체들이 많이 사용하는 폴리에스터는 석유를 과다 소비하는데 그에 따른 이산화탄소 배출량이 석탄 발전소 180개의 배출량에 맞먹는다. 2023년 1월 17일에 보도된 「타임」 기사를 보면 전체 이산화탄소 배출의 10%는 패션 산업 때문이라고 한다.

자기애적 문화 속 사람들은 인스타그램과 틱톡에 올라오는 자신의 우상이 입은 옷에 기꺼이 지갑을 연다. 이들이 과소비한 옷들은 제작 과정이나 폐기 과정에서 이산화탄소를 과량 배출하고 이는 지구온난화와 기후위기로 이어진다.

4

위기가 닥친다는 진실을 받아들여야 한다

기후위기로부터 시선을 돌리려 한다

우리는 자연환경과 상호작용을 하는 동시에 절대적으로 의존하고 있다. 1억 5,000만 킬로미터 떨어진 태양으로부터 오는 빛에너지는 이산화탄소와 물과 함께 식물 엽록체의 광합성을 통해서 유기물과 산소로 합성된다. 사람은 식물이나 동물을 통해서 유기물을 섭취한다. 유기물은 몸속에서 소화되어 포도당이 된다. 포도당이 산소와 함께 세포 호흡을 하여 ATP와 이산화탄소가 형성된다. ATP는 사람이 생존하는 데 필요한 에너지를 공급하고 이산화탄소는 식물이 태양에너지를 저장하는 원료로 재활용된다. 태양에너지는 이렇게 지구 환경과 생명체 간 상호작용을 통해서 순환된다. 인간은 이와 같이 절묘하게 유기적으로 짜인 순환 과정의 수많은 톱니바퀴 중 하나를 담당하고 있다. 그런데 최근 산업화로 인해 거대하고 정밀한 순환 과정에 균열의 조짐이 보인다. 기후위기가 그것이다.

　지구 온도의 상승은 생물 개체에 영향을 줄 뿐만 아니라 미세 수준에서는 세포 내 효소 반응률이나 DNA 복제율에도 영향을 줄 수 있다. 또한 거시 수준에서는 생물 개체군의 성장, 번식, 이주에 변화를 가져올 수 있고 더 크게는 생물 군집에 해악을 입힐 수 있다. 결국 기후변화는 생태계에 해로운 영향을 끼칠 수 있다.[42] 이처럼 우리 생명에 필수적이며 '절대 선'인 자연환경이 인간의 탄소 배출로 발생한 온실효과로 인해 엄청나게 변화하고 있다. 우리가 생존을 위해 하는 모든 활동이 자연환경과 상호작용을 하며 이루어지다 보니 자연환경은 우리에게 절대적으로 '좋은' 존재다. 이런 '절대 선'에 대한 절대 인정은 다른 한편으로 생각한다면 우리 자신의 취약함과 나약함으로 귀결될 수 있다. 그도 그럴 것이 우리는 한순간도 산소가 없이는 생존하지 못하고 물이 없이는 살아남지 못하며 먹을 것이 없이는 존재할 수 없다.

　절대적으로 좋은 자연환경에 절대적으로 의존하는 우리에게 기후변화로 인해 위기가 닥친다는 '진실'은 받아들이기 어렵다. 이를 인정하는 순간 우리가 어떻게 할 수 없는 거대한 자연환경 앞에서 그것에 의지해야만 하는 미약한 존재일 뿐임을 받아들여야 하기 때문이다. 현재 우리는 '진실'을 받아들이고 있는가? 아니면 그렇지 않은가?

　삶을 겪어나가는 과정에서 인간이 어쩔 수 없이 맞닥뜨리는 현실 또는 진실의 수용에 대해 영국의 정신분석가 로저 머니컬Roger Money-Kyrle[43]은 우리에게 통찰을 보여준다. 그는 모든 성인의 사고와 인식에서 현실의 근본적인 측면을 분별하는 데 어려움이 있다고 말했다.[44] 이런 현실의 근본적인 측면을 그는 '삶의 진실들'이라고 불렀는데 그중 첫 번째 진실은 '젖가슴이 최고로 좋은 대상이라고 인식'하는 것이다.

아기가 태어나서 혼자 생존할 수 없을 때 엄마는 절대적으로 아기에게 필요한 사람이다. 아기는 엄마 젖을 빨면서 살아남을 수 있었다. 하지만 아기가 자라면서 계속 엄마 젖에, 엄마에게 의지한다면 한 사람의 개체로 성장할 수 없을 것이다. 아기는 자신의 생명에 절대적으로 좋은 존재였던 엄마 젖과 엄마에게서 스스로를 분리해야만 한다. 하지만 이는 결코 쉽지 않다. 이를 인정하는 순간 자신은 한없이 나약하여 혼자서는 세상에서 살아남을 수 없는 존재임을 인정하는 것이기 때문이다. 그래도 독립된 주체성을 가진 사람으로 발달하려면 나와 엄마 젖은 분리된 존재임을 인정해야 한다. 다시 말하면 그렇게 최고로 좋은 대상인 엄마의 젖가슴이 내 것이 아니라 나와 별개의 존재인 엄마의 것임을 수용해야만 한다.

아기의 성장 과정에서 절대적으로 의존했던 엄마에게 영원히 기댈 수는 없고 결국은 분리되는 아픔을 감당해야만 한다. 고통스럽지만 필연적으로 일어나는 이러한 삶의 진실을 수용하는 과정은 현재 기후위기로 변화된 자연환경과 우리 사이에서도 일어나야만 하는 과정일 것이다. 엄마 젖처럼, 엄마처럼 절대적으로 우리의 생존에 필수적인 자연환경은 이산화탄소 증가, 지구온난화, 기후위기로 인해 엄청난 격변에 처해 있다. 우리는 기후변화로 손상되어 가는 자연이 무한히 재생될 것이라 오인하고 있는 것 같다. 기후위기의 자연환경에 계속 의지할 수 있다고 여기는 것은 현실에 대한 부정일 수 있다.

우리는 기후위기의 자연 속에서 생존하기 위해서 사실을 부정할 것이 아니라 수용해야 한다. 그러나 기후변화 때문에 우리가 살아남을 수 없게 자연이 비가역적으로 파괴될 수 있다는 사실은 부정하기는 쉬워도 인정하는 것은 어렵다. 이런 사실을 수용하는 것은 결국 우리가 취약한 존재임을 인정하는 것이기 때문이다. 자기애적 사회와 문화 속 개인은 더욱더 약한 자신을 용납할 수 없을 것이다.

머니컬이 언급한 '삶의 진실들' 중 세 번째 진실은 '세월이 흐르고 마지막에 가서는 죽음을 맞이하게 됨을 피할 수 없다는 것을 인식'하는 것이다. 이 역시 기후위기와 관련해서 숙고해볼 주제다. 사람은 모두 죽는다. 예외는 없다. 아무리 아름답고 좋은 것도 결국 끝이 있다. 중국 남송의 시인 양만리의 시에서 유래했다는 '화무십일홍花無十日紅'이라는 말처럼 예쁜 꽃도 오래지 않아 지고 영원할 것 같은 인생도 끝이 있다. 로마 시대에도 전쟁에 승리해 귀국하는 개선 행진에서 노예에게 장군의 귀에 죽음을 기억하라는 뜻의 '메멘토 모리Memento Mori'를 반복해서 속삭이게 했다. 장군이 과도한 승리감에 빠지지 않도록 하려는 목적이었는데 후대 사람들도 이 말을 계속 써왔다. 동양이든 서양이든 이런 말을 쓰는 이유는 우리는 결국 죽는다는 사실을 쉽게 망각하기 때문이다.

인간은 세월이 흘러 나이가 들고 병이 생기고 마지막에는 죽게 되는 이 피할 수 없는 과정 앞에서 극도의 불안과 무기력을 겪기 때문에 누구라도 부정하려고 애쓴다. 무서운 병에 걸렸을까 봐 건강검진을 차일피일 미루는 사람들을 주변에서 볼 수 있다. 또는 암을 진단받았지만 아닐 거라면서 서울의 유명한 대학병원 교수의 진료를 받으려고 몇 개월씩 치료를 늦추는 사람들도 있다.

일상에서는 '동안'이라는 말이 유행하고 있다. 늙어 보이지 않기 위해서 보톡스 치료, 백옥 주사, 피부 리프팅 등 온갖 시술과 성형수술이 유행하고 있다. 2020년 7월 13일 세계일보 보도에 따르면 국내 성인 10명 중 9명은 운동 중이라는 여론 조사가 있을 정도로 피트니스 클럽, 공원, 산, 집 안 거실 등 장소를 가리지 않고 운동하는 사람들로 넘친다. 늙지 않고 더 젊어 보이고 건강해지려는 이런 욕구의 무의식에는 죽음에 대한 불안이 내재되어 있고 삶의 세 번째 진실에 맞닥뜨리지 않으려는 노력이 숨어 있다.

「백설공주」에서 새 왕비 역시 삶의 세 번째 진실을 받아들이지 않으려고 한다. 아침마다 새 왕비에게 세상에서 가장 아름다운 여자가 자신이라고 대답하던 거울이 어느 순간부터 백설공주가 가장 아름답다고 한다. 새 왕비가 극도의 분노에 사로잡힌 것은 단순히 자신이 최고로 아름답지 않아서만은 아니다. 그녀의 무의식에 숨겨진 또 다른 이유는 결국 자신이 늙고 추해지고 죽는다는 불안이다. 로마 개선장군의 뒤에서 노예가 '메멘토 모리'라는 삶의 세 번째 진실을 알려주려고 했던 것처럼 거울 역시 새 왕비에게 이런 대답을 한 것이다. 새 왕비는 이런 진실을 맞닥뜨리기에는 자기애적 상처가 너무 컸다. 그래서 자신이 없는 것을 남이 가졌을 때 남을 파괴하려는 심리인 시기심이 발동한다. 새 왕비는 백설공주를 죽여 그 심장을 꺼내 먹음으로써 '아름다움'과 '젊음'을 자신에게 투사했다. '늙고 추해지고 죽는' 삶의 세 번째 진실에 대항하려고 한 것이다.

기후위기는 삶의 세 번째 진실인 죽음을 피할 수 없다는 인식과 연결된다. 우리는 겨울 폭풍, 얼음 폭풍, 토네이도, 건조한 날씨 속 엄청난 산불, 폭우 등 기상이변을 직접 경험하거나 뉴스를 통해서 접한다. 이는 평상시에 부정하고 있던 죽음의 불안을 직접 자극한다. 기후변화에 대처하기 위해 삶의 세 번째 진실과 맞닥뜨려야 하지만 이를 받아들이기가 어려워 회피한다.

자기애적 사회와 문화 속 개인은 더욱더 삶의 세 번째 진실을 수용하기 어렵다. 새 왕비가 그러했던 것처럼 늙고 병들고 죽는다는 것은 자기애적 손상이다. 기상이변으로 인한 재해는 질병과 죽음의 불안을 초래하기에 취약한 자기애를 훼손할 수 있다. 산을 오르면서 폭우로 인한 산사태 현장을 보거나 산불로 까맣게 타버린 산등성이를 걸어가면서 기후변화를 실감하지만 그때뿐이다. 늙지 않게, 병들지 않게, 죽지 않게 열심히 등산을 하면서도 훨씬 더 치명적일 수도 있는 기후위기에 대해서는 민감하지 못하다. 어떻게 보면 모순으로 보이는 이 두 현상은 사실 공통적인 부분이 있다. 그것은 둘 다 삶의 세 번째 진실인 '죽음을 피할 수 없다는 인식'으로부터 시선을 돌려 회피하는 것과 연결된다.

시간이 멈춘 완벽한 세상을 상상하다

기후위기라는 불편한 진실을 안다는 것이 어떤 의미가 있는지 그리고 왜 회피하려고 하는지를 머니컬의 '삶의 진실'이라는 개념을 통해서 살펴보았다. 그렇다면 삶의 진실을 회피하는 과정을 통해서 만들어지는 세상은 어떤 모습일까? 이 주제에 대해서 머니컬에게 영향을 받은 정신분석가 존 스타이너John Steiner[45]에게서 깊은

통찰을 엿볼 수 있다.[46]

스타이너는 삶의 진실이 거두어진 완벽한 세상을 에덴동산에 비유했다. 에덴동산은 모든 것이 완벽하다. 아담과 이브는 벗고 있지만 춥지 않다. 그들에게는 임신도 없고 출산의 고통도 없다. 아프고 늙고 병들고 죽는 것도 없다. 계절이 없어서 과일은 항상 익어 있고 잎은 시들지도 썩지도 않는다. 파라다이스에는 발전도 좌절도 상실도 죽음도 열정도 없다. 에덴동산 같은 완벽한 세상을 관통하는 하나의 특성은 바로 '시간이 없는 영원함'이다. 하지만 여기에 시간이 도입되면 태어나서 성장하고 발달하면서도 늙고 병들고 죽는다. 이에 따른 상실감과 고통이 뒤따른다.

우리는 지금 기후위기 앞에서 시간이 멈춘 영원히 완벽한 세상을 상상하면서 삶의 세 번째 진실을 회피하고 있는 것은 아닐까? 시간은 완벽한 세상을 꿈꾸는 환상을 깨고 현실에 맞닥뜨리게 해준다. 시간이 있기에 우리는 삶의 진실을 맞닥뜨릴 수 있다. 기후변화에 대한 우리의 시간은 어떤가? 기후변화에 관한 정부 간 협의체는 온난화 수준이 1.5도에 이르면 육상 생태계에서 연구 대상 생물종의 14%가 심각한 멸종 위험에 처한다고 보고했다. 자연적인 멸종률의 1,000배가 넘는 수치다. 기온이 1.7도에서 1.8도로 상승하면 2100년까지 인구의 절반이 목숨을 위협받는 극단적인 고온다습 환경에 맞닥뜨리게 된다.[47] 우리는 이런 시간의 한계에 닥쳤는데도 마치 지구온난화로 인한 기후위기가 미래에 없을 것이라고, 시간이 정지되어 지금이 영원할 것이라고 부정하고 있는 듯하다.

5

이제 눈을 감을지 마주할지 결정할 때다

시간은 계속 흘러가고 파국이 올 것이다

점점 앞으로 다가오고 있는 기후위기의 먹구름에 '눈감아버림'으로써 완전한 세상 속으로 숨는 것은 기후 이상으로 생기는 불완전한 세상 속에서 살아가며 죽음의 불안에 휩싸인 자신을 보호하려는 무의식적 행동이다.

기후위기라는 과학적 현실과 죽음이라는 삶의 진실 앞에서 우리는 어떻게 행동하고 있는가? 스타이너는 현실과 삶의 진실을 받아들이는 데 따른 불안, 고통, 굴욕감을 견디기 어려울 때 이런 현실과 진실을 '아는' 것으로부터 도피해서 앎에 대해 '눈을 감는다turning a blind eye'고 했다.[48] 이때 개인은 현실과 진실을 아는 것도 아니고 모르는 것도 아닌 은신처로 도망친다. 스타이너는 이렇게 현실과 진실을 아는 것으로부터 눈을 감는 현상을 임상에서뿐만 아니라 사회 현상에서도 볼 수 있다고 했다.

우리는 사회와 미래를 위협하는 현실에 대해 많은 정보가 있고 이용할 수 있다. 그런데도 불행한 결론을 피하려고 눈을 감은 채 아무 일도 없다는 듯이 일상의 삶을 살아간다. 스타이너는 진실을 외면하고 회피한다는 맥락에서 이를 '도착perversion'이라고 말했다.[49] 도착은 비정상적인 변태성욕을 뜻하는 성도착性倒錯으로 많이 쓰이는데 사전적 의미는 '옳은 것을 회피하는' '진실을 회피하는'이다. 옳은 것 또는 진실을 회피한다는 의미는 이를 이미 알고 있다는 것을 전제한다. 도착은 진실을 알고 있으면서도 회피한다는 것으로 진실을 알면서도 모르는 상반된 태도가 공존함을 의미한다.

스타이너의 이런 탁월한 인식을 적용해서 기후심리학연대 초대 회장이었던 웨스트잉글랜드대학교 교수인 폴 호겟Paul Hoggett은 우리가 기후위기라는 현실에 대해서 아는 것도 아니고 모르는 것도 아닌, 현실과 도착적인 관계를 맺고 있다고 주장했다.[50] 스타이너가 도착이 진실을 알고 있으면서도 회피하는 것이라고 서술한 바를 기후위기에 적용해보자. 우리는 기후위기의 진실에 대해서 알면서도 회피하는 도착적 관계에 있다고 할 수 있다. 이산화탄소, 온실가스, 지구온난화, 기후위기의 과학적 진실에 대해서 우리는 알고 있다. 동시에 우리는 이 현실에 대해서 외면하고 모른다는 듯이 행동한다.

이 모순된 도착의 수면 아래 무의식에는 앞서 언급한 머니컬의 '삶의 진실'에 대한 불안과 회피가 깔려 있다. 문제는 우리가 이 상태에서 마치 시간이 영원히 정지되어 있는 듯한 행동을 하는 동안 이산화탄소는 계속 증가하고 지구온난화는 악화할 것이라는 데 있다. 어떻게 해야 할까? 시간은 계속 흘러가고 파국이 올 텐데……

기후위기의 시간을 똑바로 바라봐야 한다

시간이 중요하다. 기후위기로 생기는 죽음의 불안을 피하기 위해서 진실을 아는 것도 아니고 모르는 것도 아닌 도착적 상태에 머문다는 것은 시간이 멈춰 있다는 것을 전제한다. 지금 상태로 계속 머물 수 있다고 진실을 회피하기 때문에 이 환상 속에서 더 이상 기후변화가 악화할 일도 없고 늙고 병들고 죽을 일도 없다.

이와 같은 도착을 깨려면 우리는 먼저 시간은 멈춰 있는 것이 아니고 흘러가는 것임을 깨우쳐야만 한다. 기후위기의 진실을 회피하지 않고 마주하기 위해 시간을 똑바로 직시해야 한다. 이런 시도는 이미 있었다. 2021년 여름 기후변화에 관한 정부 간 협의체는 6차 평가보고서에서 산업혁명 이전보다 기온 상승이 1.5도 임계치 이하로 유지하려면 대기가 흡수할 수 있는 이산화탄소를 400기가톤 이하로 제한해야 한다고 주장했다. 그리고 이를 바탕으로 화석연료 연소, 산업 공정 및 토지 사용 변화로 인한 연간 이산화탄소 배출량을 계산해서 앞으로 우리에게 남은 시간이 6년 2개월 2일 11시간 50분(2023년 5월 20일 오전 12시 55분 기준)이라고 경고했다.[51]

뉴욕 맨해튼의 유니언 광장을 마주하고 있는 건물 외벽에는 19미터 크기의 '메트로놈'이라는 디지털 시계가 있다. 2020년 9월 19일 두 예술가 골란Gan Golan과 보이드Andrew Boyd는 이 거대한 디지털 시계에 "지구는 데드라인이 있다The earth has a deadline."라는 문구와 함께 7:103:15:40:07이 나타나게 했다고 다음 날 「뉴욕타임스」는 보도했다. 기온 상승 1.5도 임계치까지 남은 시간을 연도, 일, 시간, 분, 초 순으로 표시한 것이다. 이 디지털 시계는 기후 시계climate clock라 불리면서 서울, 글래스고 등 세계 여러 도시의 건물에도 설치됐다.

기후 시계는 인터넷으로도 확인할 수 있다.[52] 기후 시계처럼 사람들이 기후위기와 관련하여 좀 더 인지할 수 있는 영역이 또 있다. 기후변화 예술이다.

삶의 진실과 마주하는 것은 사실 어렵다. 우리는 태어나는 순간부터 죽을 운명이지만 이런 숙명을 항상 생각하지는 않는다. 많은 순간에 우리는 마치 영원히 살 것처럼 죽음을 외면한 채 지내고 있다. 이런 식으로 죽음을 마주하지 않는 것이 어떤 면에서는 필요하다. 항상 죽음을 떠올리고 있다면 어떻게 우리가 평범하게 밥을 먹고 잠을 자고 일을 하며 살아갈 수 있겠는가?

죽음을 직시하지 않고 망각한 채 지내는 시간은 물론 필요하다. 죽음이라는 운명을 생각하지 않은 채 한층 따뜻해진 날씨에 활짝 핀 벚꽃에서 봄을 느낀다. 아이가 처음으로 자전거를 혼자 타는 것에 미소 짓는다. 제주행 비행기표를 운 좋게 싸게 구입해서 마음이 즐겁다. 많은 순간 우리는 그때그때를 느끼고 경험한다. 그러나 이는 어디까지나 죽음의 인식에 대한 유예일 뿐이다. 잊는 것이 아니다. 어느 순간 할아버지가 쓰러졌다는 전화를 받거나 오래 못 만난 친구에게서 어머니의 부음을 들을 때 우리는 죽음이라는 것이 존재함을 인식한다.

그리고 나이를 먹을수록 이런 소식들이 조금씩 더 잦아지고 부모님의 죽음을 겪을 때 깨닫는다. '나도 언젠가는 죽겠구나.' '죽음은 삶의 또 다른 한 부분이구나.' 죽음을 항시 생각하지는 않더라도 잊지 않는 것. 때에 따라 죽음의 존재에 대해 생각할 수 있는 것. 이런 것들이 삶의 유예된 측면인 죽음을 준비하는 것이다. 기후위기에 대해서도 마찬가지라 할 수 있다. 매 순간 기후변화를 불안해하며 지낼 수는 없다. 일상의 삶은 그대로 살아가면 될 것이다. 다만 기후위기에 대해 때때로 잊지 않고 생각하는 것이 필요하다. 이산화탄소와 지구온난화라는 거시적인 주제에 대해 막연히 불안해하면서 부정하고 도피처에 숨어서 알면서도 모르는 도착 상태에 있는 것이 아니라 이를 인식하는 힘을 갖는 것이 중요하다.

그렇다면 삶의 진실인 죽음과 연결된 심각한 주제인 기후위기에 대해서 어떻게 생각하는 것이 도피하지 않는 것일까? 우리가 죽음을 어떻게 다뤄왔는지 알아보는 것은 힌트가 될 수 있을 것이다. 런던 내셔널갤러리에 있는 한스 홀바인Hans Holbein의 1533년 작품 「대사들」을 보자. 유명한 이 작품은 프랑스 왕 프랑수아 1세가 영국의 헨리 8세 국왕에게 파견한 두 명의 젊은 대사들에 관한 그림이다. 지금으로 치면 기념사진 같은 역할을 하는 이 그림에는 정교하게 그려진 두 명의 대사 앞에 비스듬한 각도로 길쭉한 흰색 물체가 뜬금없이 그려져 있다. 이 물체는 크기도 작지 않아서 인물의 3분의 2 정도 크기이고 20도 정도 기울어 있다. 이 그림을 보는 관람자들이 인물을 보다가 무심코 아래를 본다면 이 흰색 물체가 뭘까 자세히 보게 될 것이다. 그리고 그림을 앞에 두고 좌우로 왔다갔다 하다가 약간 비켜서서 보면 눈앞에 해골이 딱 보일 것이다. 이렇게 대상을 왜곡하여 표현하고 시점을 달리하거나 특수한 도구를 사용하면 정상적으로 보이도록 하는 것을 왜상 화법anamorphosis이라고 한다.

화가가 왜 해골을 대사들 앞에 왜곡하여 크게 그렸는지 알려지지는 않았다. 아마도 당시 유행하던 바니타스vanitas 전통을 표현한 것으로 보인다.[53] 바니타스는 공허함, 헛됨을 뜻하는 라틴어로서 삶의 덧없음과 죽음의 확실성을 정물화 등에 표현하기 위해서 해골을 배치한 16~17세기에 유행한 화풍이다. 바니타스 전통을 표현한 다른 그림들은 노골적으로 해골을 정물 사이에 배치했는데 「대사들」은 해골을 왜곡하여 표현했다는 것이 재밌다. 화가의 이런 의도로 인해서 관객은 얼핏 보면 잘 안 보이지만 특별한 시점에서 보면 해골을 볼 수 있다. 앞에서 살펴본 '메멘토 모리'의 전통이 이어진 것이라고 볼 수 있다.

화가는 그림에서 표현한 모습은 수염을 길러서 그런지 50대로 보이지만 프랑스 왕에게 특명을 받아 영국으로 파견된 두 명의 잘나가는 젊은 20대 대사들에게 성공한 삶은 덧없고 죽음은 불가피함을 주지시키려 했던 것 같다. 이런 상징을 왜곡해 그려서 한눈에 보이지는 않는다. 하지만 전경에 크게 그렸기에 놓치고 못 볼 수도 없다. 여기서 화가가 죽음이라는 주제를 다룬 기법에 주목할 필요가 있다. 해골을 전경 중앙에 크게 그려서 자연스럽게 관객의 시선이 이 흰 물체에 집중할 수 있게 하면서도 상을 왜곡함으로써 들여다봐야만 해골임을 깨달을 수 있게 의도했다. 화가는 현명하게도 죽음이라는 원초적 불안을 일으키는 주제를 상징적으로 슬쩍 왜곡함으로써 관객이 크게 거부감 없이 인식할 수 있게 했다. 16세기 화가가 죽음을 다룬 기법이 기후위기를 해결해야 하는 우리에게 힌트가 될 수 있다.

이산화탄소, 지구온난화, 기후변화, 눈 폭풍, 한파, 산불, 가뭄, 홍수 등으로 이어지는 이런 의식의 흐름은 필연적으로 죽음에 대한 불안과 무기력을 가져와서 알면서도 모르는 도피처로 도망가기 쉽게 한다. 이럴 때 한스 홀바인의 그림처럼 한 발 비껴서 이 주제를 다룬다면 상대적으로 거부감이 덜하면서도 현실을 생각할 수 있게 할 것이다. 두 명의 예술가가 주도해서 설치한 뉴욕 맨해튼 건물 외벽의 기후 시계도 같은 맥락일 수 있다. 뉴욕의 기후 시계처럼 최근 세계 곳곳에서 지구적으로 일어나고 있는 기후위기를 예술로 표현하려고 노력하고 있다. 이것을 '기후변화 예술climate change art' 이라고 한다.

지구온난화로 인한 기온 상승과 여러 재난은 인간의 마음에 불안을 일으킨다. 우리는 이런 불안에 대해 다양하게 반응하게 된다. 첫 번째, 앞에서 예를 든 것처럼 삶의 진실을 맞닥뜨리지 않기 위해 알면서도 모르는 도피처로 피할 수 있다. 두 번째, 불안의 원인인 기후변화의 현상들을 과학적이고 통계적인 방식으로 접근해서 객관적으로 설명함으로써 불안을 줄이려고 시도할 수 있다. 이 경우 과학적 설명이 너무 차가울 경우 첫 번째 경우처럼 회피하게 될 것이다. 세 번째는 예술을 통해 이런 형상들을 다룬다. 예술은 기후위기의 진실을 과한 불안을 느끼지 않으면서도 경험할 수 있도록 도와줄 수 있다. 이때 작품은 예술가가 느끼는 불안을 담을 뿐만 아니라 이를 감상하는 관객의 불안 역시 담을 수 있는 컨테이너container가 된다.[54] 예술 작품의 컨테이닝 기능은 사람들이 기후위기의 불안에 과도하게 휘둘리지 않은 채 정신적 은신처psychic retreats[55] 에서 나와 기후위기에 대해 생각하게 할 수 있다.

기후변화 예술 작품을 하나 더 들어보겠다. 2014년 아이슬란드의 예술가 올라퍼 엘리아슨Olafur Eliasson은 「아이스 워치」라는 작품을 런던의 테이트모던 미술관 앞에 설치했다. 이 작품은 30개의 대형 빙하 조각으로서 그린란드에서 런던으로 운반해온 것이다.[56] 이 빙하 조각들은 산업혁명을 시작해서 이산화탄소 증가와 지구온난화에 원죄가 있는 영국의 가장 큰 도시에 놓였다. 놓인 장소도 의미 있는 것이 테이트모던 미술관이 들어선 건물은 원래 런던에 전기를 공급하던 화력발전소였다. 공해 문제 때문에 1981년 문을 닫았다가 현대미술관으로 2000년 개관했다. 가장 대표적인 이산화탄소 배출 장소인 화력발전소가 이제는 미술관이 됐고 기후위기 예술을 전시하는 장소가 됐다. 관객들은 빙하 조각을 직접 만질 수 있었다. 시간이 정지된 것이 아니기에 빙하 조각들이 서서히 녹으면서 그린란드 빙하가 녹고 있는 지구온난화의 현실을 상징적으로 느꼈을 것이다. 비록 이 작품은 서서히 사라졌지만 관객들에게 어떤 과학 논문보다 기후위기를 실감하게 했을 것이다.

6

보지 말라고 해서 안 보이는 게 아니다

영화 속 기후위기는 상상으로 그치지 않는다

기후위기의 현실에 대한 불안은 이미 우리의 무의식 속에 산개되어 있다. 무의식의 진실이 의식으로 얼마만큼 올라와 인식될 수 있는가는 사람에 따라 다를 수 있다. 한쪽 극단에는 "기후위기는 없다."라는 주장부터 다른 극단에는 "기후위기로 인류는 멸망한다. 희망이 없다."라는 의견까지 다양하다. 이런 표면 아래에 잠재된 우리의 무의식에는 충분히 기후변화에 대한 불안이 내재돼 있다.

이제부터 지구온난화나 기후위기 주제를 다룬 영화들을 살펴보려고 한다. 영화 속에 그려진 이야기는 개인과 사회가 겪고 있는 현실을 우리의 무의식이 어떻게 다루고 있는지 볼 수 있는 창이 될 수 있다. 즉 영화라는 우리 시대의 보편적인 예술을 통해서 기후위기에 대해 나와 사회는 무의식적으로 어떻게 경험하고 있는지 살펴볼 수 있다.

혹자는 영화 자체는 상상력의 산물이기에 실제가 아니라 꾸며낸 이야기인데 기후위기 같은 과학적 사실을 제대로 다룰 수 있겠는가 의문을 제기할 수도 있다. 하지만 확고한 '팩트'여서 삶의 진실처럼 불안을 과하게 유발하는 주제인 기후변화는 통계와 과학으로 무장한 보고서나 논문으로는 오히려 이를 인식시키는 데 더 어려울 수 있다. 정신분석가 러스틴Rustin 부부는 저서에서 "영화, 드라마, 소설, 연극 등 표면적으로 '허구'인 것을 통해 얻는 이해는 '객관적인' 다큐멘터리나 과학 보고서에서 얻는 설명보다 여러 면에서 더 생생하고 더 믿을 만하며 더 큰 영향력을 발휘한다."라고 언급했다.[57] 위대한 드라마는 항상 '진실에 대한 열정'에 의해 이끌리기 때문에[58] 기후위기의 진실은 영화 속 이야기에서 그 모습이 잘 드러날 수 있다.

기후위기를 다룬 영화를 찾는 것은 어렵지 않다. 가장 전형적으로는 2004년에 개봉한 롤란트 에머리히 감독의 「투모로우」다. 기후변화로 유발되는 빙하기를 발견한 과학자가 미국 부통령에게 과학적 의견을 피력하지만 부통령이 이를 묵살하는 장면이 나온다. 2013년에 개봉한 봉준호 감독의 「설국열차」는 지구에 닥친 빙하기 이후의 이야기를 다룬다. 빙하기의 원인이 지구온난화의 기상이변을 통제하려고 만든 CW-7이라는 물질 때문이라고 언급하고 있는데 결국 빙하기로 인해 거의 모든 생물이 멸종한다. 2014년에 나온 크리스토퍼 놀란 감독의 「인터스텔라」는 기상환경의 악화와 병충해로 인류가 멸종할 위기에 처한 상황으로 영화가 시작한다. 이 이외에도 기후위기를 다룬 영화들은 쉽게 찾아볼 수 있다.

"돈 룩 업"을 외친다고 기후위기가 해결되지 않는다

특히 2021년에 개봉한 애덤 맥케이 감독의 「돈 룩 업Don't Look Up」은 매우 흥미로운 영화다. 표면적으로 이 영화는 혜성 충돌이라는 주제를 다루고 있다. 그런데 기후과학자 칼무스Peter Kalmus는 2021년 12월 29일 「가디언」을 통해서 이 영화가 지구를 파괴하는 혜성에 인류가 어떻게 대응할지를 다룬 게 아니라 지구를 파괴하는 기후 붕괴에 인류가 어떻게 대응하고 있는지를 보여주는 영화라고 주장한다. 실제로 이 영화를 연출한 애덤 맥케이는 한 인터뷰에서 기후위기를 염두하고 각본을 썼음을 밝혔다.[59] 세계경제포럼의 팝캐스트 에디터인 로빈 포메로이Robin Pomeroy는 영화와 기후위기가 무슨 관계가 있는지 물었다.

"저는 이 영화가 기후변화로부터 영감을 받은 것으로 생각합니다. 감독님은 책을 읽다가 인류가 처한 상황이 얼마나 끔찍한지 갑자기 깨달으셨다고 하셨죠? 이에 대해 조금 더 말씀해주실 수 있을 것 같은데요. 왜 기후변화에 관한 영화를 만들지 않으셨는지 궁금합니다. 왜 기후변화를 운석 충돌에 대한 우화로 바꾸셨나요?"

"4년 전에 저는 유엔 기후 보고서와 데이비드 월러스 웰즈의 저서 『2050 거주불능 지구』를 읽었습니다. 이전에도 기후위기가 매우 심각하고 우리가 해결해야 할 문제라고 생각은 해왔지만 그건 항상 50년 후, 80년 후의 일이고 우리 손자 세대의 일이라고 생각했어요. 하지만 유엔 기후 보고서와 월러스 웰즈의 책을 읽으면서 깨달았어요. '세상에. 지금이 바로 그때구나!' (…중략…) 그래서 너무나 겁이 났고 저는 영화를 만드는 사람이니까 영화를 만들어야 한다고 깨달았어요. 만약 제가 샌드위치를 만드는 사람이었다면

'기후위기 샌드위치'를 만들었을 거예요. (…중략…) 제 친구 데이비드 시로타와 저는 주류 언론에서 기후위기를 제대로 다루지 못한다는 얘기를 하고 있었어요. 그는 영화 「아마게돈」처럼 운석이 지구에 충돌하려고 하는데 아무도 신경 쓰지 않는 것 같다고 농담을 던졌어요. 저는 웃고 말았는데 2주 동안 그 생각을 떨치지 못하고 계속 생각했어요. 그리고 마침내 친구에게 전화했어요. '데이비드, 이게 바로 그 아이디어 같아.'라고요."

영화 「돈 룩 업」의 줄거리는 다음과 같다. 천문학과 박사 과정인 케이트 디비아스키(제니퍼 로렌스 분)는 새로운 혜성을 우연히 발견하고 지도교수인 랜들 민디 박사(레오나르도 디카프리오 분)와 궤도를 계산한다. 둘은 여러 번 궤적을 계산해도 그 혜성이 6개월 후 지구와 충돌한다는 사실에 충격을 받는다. 그들은 혜성의 크기를 볼 때 이 충돌로 인류는 멸종한다고 확신하고는 백악관을 찾아가 대통령에게 보고한다. 하지만 대통령인 제니 올리언(메릴 스트립 분)과 그녀의 아들이자 대통령 비서실장인 제이슨(조나 힐 분)은 중간 선거에 악재가 된다며 기다리면서 상황을 파악하자고 한다. 실망한 민디 박사와 디비아스키는 신문에도 제보하고 TV 토크쇼에 나가서도 호소한다. 하지만 방송 진행자들은 웃으면서 농담만 한다.

영화에서는 특히 불안을 많이 다루는데 그 불안은 바로 멸절불안이다. '디비아스키 혜성'은 그 크기가 6~9킬로미터에 달하는데 혜성의 속도를 고려하면 전 인류가 멸종할 것으로 예상한다. 나만 죽는 것이 아니라 인류가 다 죽는다는 예상은 우리에게 가장 근원적인 불안인 멸절불안을 느끼게 한다. 우리는 죽지만 자식을 낳음으로써 상징적으로 살 수 있는 '상징적 생존'의 가능성을 혜성 충돌이 완전히 제거하는 것이다. 이 지점이 영화가 그리는 혜성 충돌 이야기와 우리가 겪고 있는 기후위기가 만나는 지점이다.

물론 영화처럼 혜성이 지구와 부딪치면 짧은 순간에 모두 죽으니까 지구온난화로 인한 재해와는 차이가 있다. 하지만 이런 식으로 기후위기를 방치했을 때 수년에 걸쳐서 점점 더 상황이 악화하고 결국 지구의 수많은 현세대와 다음 세대에게 엄청난 재난을 초래할 것이다. 기후변화가 초래하는 상황이 몇십 년 후, 몇백 년 후가 아니라 불과 수년 후라는 예측은 6개월 만에 혜성이 충돌하는 영화 이야기가 기후변화에 대한 단순한 '은유'만이 아니라 기실은 '팩트'임을 가리키고 있다.

영화 「돈 룩 업」에서 불안을 다루는 방식은 부정, 분열, 투사다. 디비아스키와 민디 교수가 혜성이 지구와 충돌해 인류가 멸종할 것이라는 충격적 예측을 대통령에게 보고했음에도 대통령은 이 얘기가 퍼지면 중간 선거에서 패배하니까 "가만히 앉아서 상황을 평가합시다."라고 말한다. 대통령은 경제 붕괴, 핵 누출, 자동차 배기가스의 대기오염 등 세계 종말에 관한 미팅이 1년에 몇 번씩 있다고 하면서 대수롭지 않게 여긴다. 민디 박사가 지구의 종말이라고 격앙하여 얘기하자 대통령은 "그래 무슨 말인지 알아요. 이것에 대해 매우 심각하게 받아들이고 가슴에 새길게요."라고 달랜다. 하지만 그뿐이다.

이렇게 인류 종말에 대한 불안은 간단히 부정된다. 언론 역시 마찬가지다. 백악관의 무반응에 디비아스키와 민디 교수는 TV 토론에 가서 이 사실을 터뜨리려고 한다. 하지만 혜성 충돌로 지구가 파괴될 것이라고 얘기하는데도 방송 진행자는 가볍게 농담조로 반응한다. 디비아스키가 화가 나 "우리는 모두 100% 죽어요!"라고 소리치고 울며 뛰쳐나가지만 진행자들은 "저분은 항상 저래요? 자낙스(항불안제) 먹으면 다 진정돼요."라면서 웃어넘긴다. 대통령처럼 이들도 불안해하지 않는다.

혜성이 점점 지구를 향해 날아오고 있는데도 여론은 두 갈래로 갈린다. 한쪽에서는 혜성이 날아오고 있는 상황을 똑바로 파악해야 한다며 많은 사람이 "하늘을 바라봐!Look up!"라고 외친다. 이들과는 정반대로 또 다른 많은 사람이 하늘을 바라보라고 외치는 사람들에게 무슨 꿍꿍이가 있다며 "하늘을 바라보지 마!Don't look up!"라고 소리친다. 대통령은 이들을 선동한다. "저 사람들이 왜 하늘을 바라보라는지 아세요? (…중략…) 그들은 여러분이 무서워하기를 원하고 있기 때문이에요."

이렇게 혜성이 눈앞으로 다가왔음에도 사람들은 "하늘을 바라봐!"라고 외치는 파와 "하늘을 바라보지 마!"라고 외치는 파로 분열하여 치열하게 싸운다. 그리고 서로 상대를 의심한다. 이런 식으로 자신의 부정적인 감정은 부정되어 상대방에게 투사된다. 피할 수 없는 모두의 죽음이라는 현실이 촉발한 멸절불안에 사람들은 분열하고 부정하고 투사한다.

어떤가? 그동안 논의한 기후위기에 대한 사람들의 부정, 분열, 투사 같은 방어가 영화에서 주제가 혜성 충돌로 바뀌었을 뿐 똑같이 일어나는 것을 볼 수 있지 않은가? 기후위기든 혜성 충돌이든 둘 다 사람들에게 멸절불안이라는 가장 근본적인 불안을 초래하기 때문이다. 이와 같은 불안은 결국 부정, 분열, 투사 같은 원초적인 방어기제가 작동해서 다룰 수밖에 없다.

영화에서 사람들은 진실에 눈감기와 마주하기로 갈린다. 영화 제목은 '돈 룩 업'이다. 혜성 충돌이라는 과학적 진실에 대해서 사람들은 눈감는다. 사람들은 '돈 룩 업', 즉 하늘을 올려다보지 말라고 한다. 그런데 혜성이 진짜로 없다고 생각한다면 하늘을 올려다보든 말든 상관없지 않을까? 이 말은 하늘을 올려다보지 말라고 소리치는 '돈 룩 업'파조차도 기실은 '룩 업'파처럼 혜성이 존재한다는 사실을 무의식적으로는 알고 있다는 것을 의미한다. 혜성이 존재하고 그래서 모두 다 죽을 거라는 사실과 진실을 알고 있다. 하지만 스타이너가 말한 것처럼 '아는' 것으로부터 도피해서 앎으로부터 '눈을 감고' 있다고 할 수 있다. 그들은 진실을 알면서도 모르는 것처럼 '도착'된 상태로 '정신적 은신처psychic retreats'로 숨어든 것이다.

혜성이 점점 더 가까이 오는데도 사람들은 여전히 '돈 룩 업'을 외치고 있다. TV쇼에 다시 출연한 민디 교수에게 진행자들은 여전히 가볍게 웃으며 "혜성이 없다는 얘기도 있고, 혜성이 있지만 좋은 일이다, 나쁜 일이다, 참 헷갈려요."라고 말한다. 시시덕거리는 그들에게 민디 교수는 절규한다.

"제발 즐거운 척 지랄 좀 하지 마세요! (…중략…) 어떤 때는 할 말을 제대로 해야 하고 말을 들어야만 해요. 거대한 혜성이 지구를 향해 오고 있어요. 혜성이 있다고 아는 이유는 우리가 그걸 봤기 때문이에요. 우리 눈으로 망원경으로 그걸 봤어요. 다른 무슨 증거가 필요해요? 에베레스트산만 한 혜성이 지구로 오는 게 좋은 게 아닌데 우리가 이런 최소한의 합의조차도 할 수 없으면 어떡해요. 그래도 많은 분이 제 말을 듣지 않으려고 한다는 것을 알아요. 각지 지신의 정치적 이데올로기가 있으니까요. 저는 어느 쪽도 아니에요. 그냥 엿 같은 '진실'만을 말하는 것뿐이에요. 그리고 우린 모두 다 죽을 거예요."

민디 교수로 분한 레오나르도 디카프리오가 열연하는 이 대사에 '혜성' 대신 '기후위기'를 넣어도 좋을 것 같다. 그러면 수많은 과학자가 우리에게 절규하는 '진실'에 대한 경고를 들을 수 있을 것이다. 영화 「돈 룩 업」은 기후위기와 관련하여 자기애와 소셜미디어도 꼬집는다. 애덤 맥케이 감독의 인터뷰를 조금 더 들어보자.[60]

"정치적 신념이나 종교적 신념과 관계없이 우리가 모두 동의할 수 있는 한 가지는 지금 세상이 미쳤다는 거예요. 그래서 영화를 상영했을 때 사람들이 세상을 미쳐버린 놀이공원의 나르시시즘 요술 거울로 묘사한 이 영화를 보면서 정치적 성향과 관계없이 웃는다는 사실에 가슴이 벅찹니다."

감독은 영화를 놀이공원에 있는 나르시시즘 요술 거울처럼 묘사했다고 했다. 이 말은 자기애적 사회와 문화 속에서 기후위기의 현실이 더 악화하고 있음을 인식하고 영화에 이를 반영하려고 의도했음을 밝힌 것 같다. 앞에서도 언급했지만 자기애적 사회 속에서 개인은 텅 빈 내면을 과장하고 이상화한 자신의 상으로 채운 채 소셜미디어를 통해 비추고 있다. 그리고 끊임없이 소비하여 빈 내면을 물건으로 채운다. 이는 결국 과다한 폐기물의 양산을 통한 이산화탄소 증가와 지구온난화로 이어질 수 있다고 했다.

영화가 거의 마무리되어 클로징 크레디트가 모두 끝난 후 크레디트 쿠키 장면이 나온다. 자기애적 사회와 소셜미디어가 범람하는 문화를 보여주며 기후위기와 관련한 신랄한 은유를 하는 것 같다.

혜성은 결국 지구에 충돌하고 지구는 완전히 파괴됐다. 불타고 무너진 건물 잔해를 밀치고 대통령의 아들이자 비서실장인 제이슨이 밖으로 나온다. 모든 것이 불타고 무너진 상황에서 그가 "엄마!"하고 외치며 대통령인 엄마를 찾지만 아무도 없다. 상황을 파악한 제이슨은 명품 가방을 꼭 쥔 채 스마트폰 셀카 모드로 소셜미디어에 영상을 올린다.

"모두 안녕! 나는 지구 최후의 생존자야. 여긴 모두 좆됐어."

그리고 마지막으로 한마디 덧붙인다.

"좋아요와 구독 잊지 마!"

모든 사람이 지구에서 사라졌고 이제 아무도 자신의 유튜브 영상을 볼 수 없다. 그 사실을 알면서도 그는 좋아요와 구독을 잊지 말라고 말한다. 인스타그램과 페이스북과 유튜브 같은 소셜미디어에서의 활동은 경우에 따라서는 누군가와 소통하는 것이 아니라 혼자 거울을 보면서 자기 얼굴에 도취된 나르시시즘 같은 행동임을 이 장면은 비꼬고 있다. 다시 말하면 이 장면은 자기애적 사회, 소셜미디어 문화, 그리고 기후위기의 연관성을 풍자하고 있다.

가만히 앉아서 상황이나 평가할 때가 아니다

기후위기는 먼 미래의 일이 아니다. 우리가 기후위기의 진실을 알면서도 모른 채 「돈 룩 업」의 대통령처럼 '가만히 앉아서 상황이나 평가'하고 있는다면 전 지구적 재난은 피할 수 없을 것이다. 이런 심각함을 부정하고 분열하고 투사하는 이면에는 기후변화로 인해 우리 세대뿐만 아니라 다음 세대까지 모두 죽는다는 멸절불안이 내재해 있어서다.

어떻게 해야 할까? 그 시작은 머니컬이 얘기한 삶의 세 번째 진실인 우리는 모두 죽는다는 것을 인정하는 것일 테다. 우리는 모두 죽는다는 것을 인정한다면 우리는 죽지 않을 수 있다. 비록 우리 몸이 죽어도 자식을 통해서, 다음 세대를 통해서 영원히 살 수 있다. 다시 말해 우리가 죽음을 인정함으로써 '상징적 생존symbolic survival' [61]을 할 수 있고 '상징적 불멸symbolic immortality' [62]을 할 수 있다.

죽음을 인정하고 다음 세대를 통해 상징적 생존을 도모하지 않는 도착적 상황을 「돈 룩 업」은 흥미 있게 다루고 있다. 대통령과 2,000명의 사람은 파괴된 지구를 몰래 탈출해서 지구와 닮은 행성으로 이주한다. 그들은 우주선 안에서 냉동수면 상태로 2만 2,740년의 우주여행 끝에 한 행성에 도착한다. 그들이 냉동수면 상태로 2만 2,740년을 지냈다는 설정은 시간이 정지되어 살지도 죽지도 않는 도착 상태에 있었음을 표현한다. 더욱이 탈출할 때 대통령은 아들인 비서실장을 두고 우주선에 탑승했다. 이는 미래 세대가 죽게 내버려 두는 것이 기후위기의 본질임을 은유하는 것이다.

이미 도래한 기후위기를 앞에 두고 우리는 죽음을 인정함으로써 과도한 멸절불안에서 벗어나 상징적 생존을 할 수 있다. 미래 세대를 위해 지금 무엇을 해야 할지 고민해야 한다. 이런 주제를 다룬 과학 논문 읽기 같은 거창한 방법만이 필요한 것은 아니다. 기후위기 예술 작품을 찾아보고 정치, 경제, 언론이 지구온난화에 대해 어떻게 다루고 있는지 관심을 가져보자. 지금은 '가만히 앉아서 상황이나 평가'할 때가 아니다.

기후 위기는 기후의 위기가 아니라 인간의 위기다

본문에서 못다 한 다섯 가지 이야기를 짧게나마 하고자 한다.

첫째, 우리는 이러다 멸종한다. 인간의 어리석음이 만든 참담한 결과 멸종으로의 길로 간다. 박쥐의 위기는 인간의 위기이기도 하다. 박쥐가 살던 동굴의 위기도 인간의 위기다. 숲과 나무의 위기도 인간의 위기다. 코로나19가 확연하게 알려준 경험이다.

우리는 모두 연결되어 있다. 나무가 죽으면 인간도 죽는다. 나무는 수없이 많은 기능을 한다. 햇빛을 가려 그늘도 만들어주지만 물을 담고 있기도 하며 산소를 뿜어주기도 한다. 그 나무가 모두 말라 죽으면 인간도 살기 어렵다. 인간의 자기중심적 활동으로 인해 생겨나는 기후위기가 커질수록 지구는 살 수 없는 곳으로 바뀌어가고 수많은 연결은 단절되고 말 것이다.

마치 우리만 지구에 있는 것처럼 하면서 다른 온갖 생명체와 관계를 끊는 것은 멸종을 향해 가는 길이다. 지구열대화 과정을 경험한 사람들이 내놓는 미래의 지구에 관한 시나리오는 머지않아 우리가 멸종될 위기에 있다는 것이다. 엘리자베스 콜버트Elizabeth Kolbert는 2015년 논픽션 분야 퓰리처상을 받은 『여섯 번째 대멸종』에서 인간으로 인해 지구가 멸종 위기에 처했음을 경고했다. 그녀는

"종들이 사라지는 데는 저마다 다른 이유가 있지만 그 과정을 끝까지 추적하다 보면 늘 동일한 범인인 '일개의 나약한 종'을 만나게 된다."라고 말한다. 이미 수많은 생물이 인간의 개발 과정에서 멸종했다. 이제 그 멸종은 우리를 겨누고 있다.

둘째, 자연의 훼손과 생명의 멸종만큼 인간도 파괴될 것이다. 인간의 DNA도 변할 것이다. 기후가 몸과 마음에 미치는 영향으로 우리가 아프거나, 공포와 불안에 떨면서 정신적 위기를 경험하거나, 일찍 죽을 수 있다는 증거는 이제 충분하다. 기후위기로 인해 일어날 수 있는 자연에서의 변화만큼 우리 인간의 몸과 마음에도 변화가 일어날 것이다. 폭염이 인간을 어떻게 변화시키는지 많은 증거가 모여져 있다. 그 증거의 결과는 좋지 않다. 모두 공격, 폭력, 범죄, 그리고 질병, 사망 등과 연관된 결과들이다.

인간이 만들어낸 기후 위기로 자연만 훼손된다고 생각하는 것은 큰 착각이다. 우리도 자연의 일부이므로 자연이 훼손되는 만큼 우리도 파괴될 것이다. 지구열대화 과정에서 아마 우리가 서로 싸우고 죽이고 파괴시키는 일이 먼저 일어날 수도 있다. 또 다른 멸망의 시나리오다. 그래서 우주를 찾는 영화들이 매번 등장한다.

셋째, 환경 파괴와 기후위기로 조기 사망자가 늘고 있다. 나이 들었거나 어린 저개발국 시민들이 빨리 죽고 있다. 의학과 기술의 발전으로 오래 사는 사람들은 더 오래 살겠지만 더 빨리 죽는 사람들도 늘어나고 있다. 환경 파괴에 이어진 기후위기로 죽는 사람들이 늘고 있다. 주로 환경 파괴의 결과 기후위기의 결과로 일어난 오염과 재해로 죽는다. 주로 죽는 사람들은 파괴에 무관한 사람들이다. 노인, 어린이, 그리고 저소득층, 저개발국가 국민이다. 환경 파괴와 기후위기에 대한 대응책에 취약하거나 준비할 여력이 없는 사람들이다.

가장 큰 조기 사망 원인으로 기후위기와 환경 파괴가 작동한다는 것을 연구한 팀은 미국의 연구팀이었다. 2017년 미국 아이칸 의과대학 필립 란드리간Philip Landrigan 교수는 "환경오염과 기후 위기는 자연 보호 차원의 문제가 아니며 인간의 복지와 건강에 영향을 미치는 심각하고 전반적인 문제다."라고 말했다.

아이칸대학교 연구팀은 2015년 기후 위기와 환경오염 관련 질환 사망자 수가 900만 명에 이른다고 권위 있는 학술지인 『랜싯』에 2017년 발표했다.[1] 아이칸대학교 연구팀의 결과에 따르면 저소득국가일수록 피해가 컸다. 전체 사망자의 4분의 1이 생태 파괴로 인한 오염과 기후재해가 차지한 국가도 있었다. 방글라데시와 소말리아에서 기후위기와 환경오염 관련 사망자가 가장 많았으며 스웨덴과 브루나이는 가장 적었다고 한다. 가장 큰 문제는 대기와 수질의 문제였다고 한다.

넷째, 그렇지만 아주 먼 시간의 일이 아니다. 2050년 김포와 목동도 물에 잠길까? 2050년이면 불과 25년 정도 뒤다. 잘하면 나도 살아 있을지도 모른다. 하지만 살아 있지 못할 수도 있다. 그때 내가 만일 목동에 살고 있다면 이 지구는 범람의 위험 지구로 이주를 권고받을 것이라고 한다.

세계 기후과학자 단체로 '클라이메이트센트럴Climate-Central'이 있다. 클라이메이트센트럴은 기후위기 심각성을 알리기 위해 2008년에 설립된 빅데이터 기반 기후과학자들의 비영리 단체다. 유엔 등 국제기구도 이 단체의 연구 결과를 활용한다. 이 단체는 기후와 환경에 대한 우리의 노력이 미미하다고 지적한다. 큰 변화가 없이 그렇게 2050년이 오면 한국은 40만 명이 살아갈 거주지가 사라진다고 예고했다. 범람 피해까지 고려하면 130만 명 이상이 해안으로부터 이주를 해야 할 것이라고도 했다.[2]

지역별로 살펴보면 서해안과 남해안의 도시 대부분이 침수 피해를 보는 것으로 나타났다. 2050년 기준으로 인천, 김포, 부산, 군산, 목포 등 해안 인접 도시는 물론이고 내륙 지방인 평택, 익산 등도 범람 피해 영향권에 들 것이라고 한다. 인천국제공항은 모두 물에 잠긴다. 김포국제공항도 일부가 물에 잠기며 서울에서도 한강변을 따라 침수 피해가 발생할 수 있다. 특히 양천구 목동, 강서구 마곡동, 구로구 신도림동 일대와 올림픽대로 대부분 구간이 물에 잠길 것으로 예상됐다.

해수면 상승은 단지 물의 높이가 높아지는 의미에 그치지 않는다. 바다와 관련된 온갖 기후재해가 더 커진다는 뜻이다. 지도가 바뀌고 우리의 활동반경이 달라지고 더 잦은 해안 기후 재난으로 더 좁은 땅에 더 모여 살아야 한다. 이대로라면 우리는 그런 재난을 20여 년 뒤에 맞이할 것이다. 지금 시작해도 많이 늦었지만 시작하지 않는 것보다는 훨씬 피해를 줄일 방안을 찾을 수 있을 것이다.

다섯째, 미래의 주역인 청소년들에게 어쩔 수 없이 바란다. 지구와 공존하는 미래 세대이기를 바란다. 2024년 8월 29일에 청소년 기후행동을 비롯한 기후 단체들이 제소한 헌법소원 판결에서 헌법재판소는 정부가 탄소 감축에 관한 대책을 2026년 2월까지 새로 세워야만 한다는 판결을 내렸다. 아시아에서 최초다. 기후 대응에 대한 효과를 불러일으킬 수 있는 주목할 만한 판결이라고 이야기가 되고 있다. 정부는 이제 구체적인 내용을 갖고 탄소 감축 대응 전략을 새로 짜야 한다. 국민의 환경권을 보호하기 위해 정부는 지금의 계획보다 더 강도 높게 더 구체적인 노력을 시도해야만 한다. 정부의 새 계획이 충분하기를 기대해본다.

기후위기와 환경보호에 대한 인식은 새로운 세대가 더 주역이 돼 실천하고 있다. 그들의 미래이기 때문이다. 많은 청소년이 더 과감하고 더 실천적으로 더 회생이 가능한 방안들을 불러일으켰으면 좋겠다. 소비와 개발에만 빠져있던 기성세대에게 반성을 촉구하고 지구와 더 오래 공존하면서 지구의 한 일원으로서의 감수성을 더 넓게 퍼뜨리길 바란다. 그리고 좋은 어른들이 충분히 지지하고 지원해야만 한다.

지구열대화로 인한 폭염기 사망률의 증가는 피부에 느껴질 정도이다. "이번 여름에 가장 많은 부고장을 받고 있다."라는 이야기를 서로에게 하면서 모두 놀랐다. 의료적 문제도 있지만 폭염을 견뎌내지 못하는 노인들의 초과 사망이 확실히 증가하고 있는 듯하다. 심혈관계, 면역력, 감염 등의 문제가 폭염과 함께 복합적으로 작용해서 취약한 사람들의 생명을 노리고 있는 듯하다.

부디 이 책이 기후 위기와 지구 환경에 대한 일말의 각성과 반성 그리고 작은 실천을 이루는 데 기여하길 바란다. 그리고 청소년들과 함께 관련 전문가들이 조금 더 앞장서서 나서줬으면 한다. 청소년들에게는 이 책이 조금 더 쉬운 버전으로 다시 제작될 수 있는 계기가 있기를 바란다.

가을은 왔지만 여전히 여름인 채로 지내는 지구열대화 시절에 이 원고를 마감한다. 이 글을 쓰면서 과장과 선동이 아닌 근거를

기반으로 하면서 균형을 지키려고 했다는 것도 독자들에게 다시
이야기하고 싶다.

_ 김현수

———————◆◇◆◇◆◇◆———————

부정적인 감정이 나한태 무엇을 말해주는지 귀기울여야 한다

부정적인 감정들은 우리를 고통스럽게 한다. 따라서 많은 사람
은 부정적인 감정이 마음속에 떠오르면 이를 없애거나 억누르거나
회피하려 시도한다. 정신건강의학과 의사로 일하면서 부정적인 감
정을 위와 같이 다루는 마음의 습관을 가진 사람들을 자주 만난다.
그들은 하나같이 이러한 시도들이 단기적으로만 효과가 있을 뿐
장기적으로는 효과가 없다고 호소한다.

부정적인 감정에 어떻게 대응해야 할지 결정하기에 앞서 부정적
인 감정이 나한테 무엇을 말해주는지 귀기울여야 한다. 불안은 내
가 미래의 어떤 상황에 대해 두려워하고 있다는 것을, 슬픔은 내가
소중히 여기던 것을 상실했다는 것을 알려주듯 모든 감정은 나의
현재 상태를 알려주는 기능을 갖는다. 자신의 감정을 발견하고 이
름 붙이는 것, 그것이 부정적인 감정을 다루는 첫 번째 단계다. 3장
을 읽으면서 독자들이 기후변화와 관련하여 자신이 느끼는 지구감
정들을 발견했기를 바란다. 그리하여 기후위기 시대에 자신과 소
중한 사람들의 삶을 적절하게 돌볼 수 있는 방법을 찾아가는 데 도
움이 되었으면 한다.

자신과 주변 사람들을 돌보기 위해서 필요한 것 중 하나가 자신

과 다른 사람의 상태에 관해 대화를 나누는 것이다. 그러나 우리는 아직 기후변화와 관련된 대화를 나누는 데 익숙하지 않다. 미국에서 수행된 한 연구에 따르면 응답자의 66%는 기후변화에 대한 대화를 주변 사람들과 나누어본 적이 거의 없다고 대답했다. 또 다른 연구에 따르면 75%의 응답자들이 기후 문제에 관심이 있다고 하였으나 14%의 응답자들만이 자신의 가족이나 친구들도 기후 문제에 관심이 있을 것이라고 생각했다. 실은 우리는 모두 기후 문제에 대해 고민하고 있으나 주변 사람들은 그렇지 않을 것이라고 짐작하는 마음이 기후변화에 대한 대화를 막는 걸림돌이 되고 있을지 모른다. 어색함과 경계심을 넘어 대화를 시작하는 용기가 우리 모두에게 필요하다.

그러나 기후변화에 대한 대화를 시도해보려 해도 어디서부터 어떻게 시작해야 할지 막막함을 느낄 수 있다. 사실 많은 사람이 부딪히게 되는 어려움이다. 미국의 기후 단체 에코아메리카ecoAmerica에서는 공감적이고 효과적인 기후변화 의사소통을 위한 몇 가지 방법을 제시하고 있다. 먼저 주변 사람들과 기후 문제에 대해 대화하기를 원한다면 그들이 평소 관심을 가지고 있는 주제에서 시작하는 게 좋다. 건강, 일자리, 정치와 경제 문제 등 어떤 분야에서도 기후변화와 관련된 이슈를 찾을 수 있다. 이를 통해 자연스럽게 상대방의 흥미를 끌 수 있을 것이다.

대화를 하면서 기후변화와 관련된 객관적인 숫자나 먼 지역의 이야기에 치중하는 것은 집중도를 떨어뜨릴 수 있다. 객관적인 정보 전달에 매몰된다면 자칫 누가 가진 정보가 옳냐 그르냐 논쟁하는 함정에 빠지게 될 수도 있다. 서로가 공유하고 있는 관심 분야나 인근 지역에서 관심을 받고 있는 기후 관련 뉴스를 대화의 소재로 삼는 것이 좋다. 그러한 사건이 나에게 어떤 감정과 변화를 일으켰는지 개인적인 경험을 허심탄회하게 나눈다면 대화가 더 깊어지도록 이끌 수 있다.

대화를 마무리할 때는 지구온난화를 막기 위해 우리가 할 수 있는 행동들과 그로 인해 얻을 수 있는 개인적 이득에 대한 이야기를 나누어보자. 대화가 끝난 뒤 남은 것이 비관이나 무력감만이라면 자연스럽게 다음 대화를 회피하게 될 수 있다. 대화를 이어나가기 위해서는 사소하더라도 일상적으로 시도할 수 있는 해결책들을 함께 고민해보는 시간이 필요하다.

한두 번의 대화로 가시적인 변화가 만들어지기를 기대할 수는 없다. 그만큼 기후 위기는 인류가 문명사회를 이뤄낸 이후 겪어보지 못했던 전 지구적 규모의 문제이다. 하지만 작은 물줄기들이 모여 큰 강의 흐름이 만들어지듯 거대한 변화의 시작은 우리 모두의 작은 목소리들일 것이다. 마음을 열고 서로의 목소리를 나누어보자.

_ 신샘이

아이와 함께 기후위기에 대해 이야기하는 시간을 가져보자

일요일 아침 어떤 글을 써서 마무리를 지을까 잠시 고민하다가 불현듯 1982년 무렵이 떠올랐다. 그때 MBC에서 일요일 아침마다 「은하철도 999」라는 애니메이션이 방영됐고 우리 또래 아이들은 열광하며 시청했다. 나 역시 예외는 아니어서 무려 일요일인데도 아침 8시에 눈을 비비면서 동생과 함께 TV 앞에 앉았다.

「은하철도 999」는 마츠모토 레이지의 원작 만화를 TV 애니메이션으로 만든 작품이다. 주인공 철이의 엄마는 아들에게 기계 몸을 만들어주고 싶어 한다. 기계 몸을 가진 사람들은 영원한 생명을 가지고 행복하게 살 수 있기 때문이다. 문제는 기계 몸으로 바꾸는 수술비가 엄청나기 때문에 빈민가에 사는 엄마는 아들에게 그렇게 해줄 수 없다는 것이다. 그러던 중 은하철도 999를 타고 안드로메다에 가면 무료로 기계 몸을 만들어준다는 소문이 돈다. 엄마는 아들 철에게 영원한 생명을 갖게 해주기 위해 999호에 태우려고 한다.

「은하철도 999」에서 지구는 황폐하고 분열된 사회로 그려진다. 돈이 많은 사람은 기계 몸을 얻어서 영원한 생명을 가지고 행복한 삶을 누리는 반면에 가난한 사람들은 가혹한 환경 속에서 허덕이며 병들고 결국은 죽는 삶을 산다. 철이 엄마는 극빈한 삶 속에서 자식에게만큼은 영원한 행복을 주기 위해 아들의 몸을 기계로 만들려고 한다.

애니메이션의 이런 플롯은 기후위기 이후 예상되는 지구의 모습을 떠올리게 한다. 이상고온, 한파, 가뭄, 홍수 등의 기상이변에 따른 농작물 흉작, 전염병 등은 수많은 사람의 삶에 지대한 영향을 끼칠 것이다. 본문에서 밝혔듯이 기후위기는 우리 세대뿐만 아니라 미래 자식 세대의 생존에 대한 위험을 가져온다. 이 위험은 우리가 자식을 통해 상징적으로 영원히 살아남는 것에 대한 위협이 되어 근원적 불안인 멸절불안을 자극한다.

기후위기는 진실이다. 본문에서 밝혔듯이 멸절불안 속에 우리는 진실에 '눈을 감고' 있다. 이제 눈을 뜨고 고개를 들어 '돈 룩 업'이 아닌 '룩 업'을 해야 한다. 그렇다면 우리는 어떻게 해야 할까? 어쩌면 「은하철도 999」는 우리에게 힌트를 주는 것 같다. 철이가 안드로메다로 향하는 위대한 출발은 엄마의 멸절불안에서 비롯된 것으로 볼 수 있다. 그렇다면 기후위기의 멸절불안 앞에서 우리의 시작도 우리의 아이들과 함께한다면 어떨까?

기후위기로 생기는 멸절불안을 '상징적 불멸'로 바꾸기 위해 아이와 기후위기에 대해서 함께 이야기하는 시간을 가져보자. 거창한 공부가 아니어도 좋다. 이를테면 아이와 인터넷으로 지금은 성인이 된 스웨덴의 그레타 툰베리가 소녀 시절부터 기후위기와 관련해 활동한 것을 찾아보고 생각을 나눠보자. 거대한 담론인 기후위기에 대해서 우리와 아이들의 이런 작은 나눔은 위대한 출발이 될 수 있다.

엄마가 아들에게 영원한 생명의 기계 몸을 가지게 하려는 소망 속에서 시작된 철이의 안드로메다로의 여행은 어떻게 끝났는지 여러분은 기억하는가? 철이는 엄마의 희원希願을 포기한다. 사실 영원히 살기 위해 기계 몸이 되는 것은 엄마의 자기애적 연장narcissistic extension일 뿐이다. 철이 자신은 아니기 때문이다.

우리가 다음 세대와 기후위기에 대해서 생각을 나누는 것은 진실에 눈을 뜨는 것이기도 하지만 또한 아이들이 진실에 대해 자신의 고유한 생각이 자랄 수 있도록 하는 기회일 수 있다. 아이들이 기후위기에 대해 자신들의 관점을 형성해가는 과정은 우리 세대로부터 다음 세대로 이어지는 '상징적 생존'의 과정일 것이다.

_ 이용석

| 주 |

들어가며

1. IPCC, 2022: Summary for Policymakers [P.R. Shukla, J. Skea, A. Reisinger, R. Slade, R. Fradera, M. Pathak, A. Al Khourdajie, M. Belkacemi, R. van Diemen, A. Hasija, G. Lisboa, S. Luz, J. Malley, D. McCollum, S. Some, P. Vyas, (eds.)]. In: Climate Change 2022: Mitigation of Climate Change. Contribution of Working Group III to the Sixth Assessment Report of the Intergovernmental Panel on Climate Change [P.R. Shukla, J. Skea, R. Slade, A. Al Khourdajie, R. van Diemen, D. McCollum, M. Pathak, S. Some, P. Vyas, R. Fradera, M. Belkacemi, A. Hasija, G. Lisboa, S. Luz, J. Malley, (eds.)]. Cambridge University Press, Cambridge, UK and New York, NY, USA.

2. WHO. (2022). Mental health and climate change: policy brief.

3. 재난과 재해는 법률에서 정의한 개념이다. 재난은 재난및안전관리기본법 제3조 제1호에서 "국민의 생명, 신체, 재산과 국가에 피해를 주거나 줄 수 있는 사건"으로 정의한다. 재해는 자연재해대책법 제2조 제1호에서 "재난으로 인하여 발생하는 피해"로 정의한다.

4. 제프 구델. (2024). 폭염 살인. (왕수민, 역). 웅진지식하우스.

5. 제프 구델. (2024). 폭염 살인. (왕수민, 역). 웅진지식하우스.

6. 박기용. (수정 2024. 06. 06). 12개월 연속 '역사상 가장 따뜻했던 O월'. 한겨레. https://www.hani.co.kr/arti/society/environment/1143699.html

7. 유미지. (수정 2024. 05. 20). 기후변화가 뇌 신경계 질환에 영향 미쳐… 전 세계 11개월째 기온 상승 중. 임팩트온. https://www.impacton.net/news/articleView.html?idxno=11539

8. 임주리. (수정 2024. 05. 16.). "돼지는 실성, 닭은 알 못 낳아" 40도 불지옥 이곳, 더한 게 온다. 중앙일보. https://www.joongang.co.kr/article/25249636

9. 대한민국정부. (2023). 대한민국 기후변화 적응보고서. 3-4p

10. CoronaBoard. 코로나19(COVID-19) 실시간 상황판. https://coronaboard.kr/

11. 리베카 솔닛. (2014). 이 폐허를 응시하라. (정해영 역). 펜타그램. 202

1장 날씨가 마음을 짓밟아버린다

1. 롤랑 바르트. (1975). 롤랑 바르트가 쓴 롤랑 바르트. (이상빈 역). 동녘

2. 알랭 코르뱅 외. (2016). 날씨의 맛. (길혜연 역). 책세상. 뒤표지 글

3. 알베르 까뮈. (2011). 이방인. (김화영 역). 민음사. 126p

4. 이완. (수정 2020. 08. 19). 무더위속 불쾌지수 80 넘으면 교통사고 28% 증가. 한겨레. https://www.hani.co.kr/arti/economy/finance/958190.html

5. 대기 오염과 자살의 수수께끼 같은 연관성. (2023. 09. 17). BBC News 코리아. https://www.bbc.com/korean/international-66835258

6. Quetelet, L. A. J. (1842). A Treatise on Man and the Development of His Faculties. William and Robert Chambers, Edinburgh.

7. United States Riot Commission. (1968). Report of the National Advisory Commission on civil disorders. New York: Bantam. Walmsley.

8. Harries, K. D. & Stadler, S. J. (1983). Determinism revisited: Assault and heat stress in Dallas, 1980. Environment and Behavior, 15, 235-256.

9. Michael, R. P. & Zumpe, D. (1983). Sexual violence in the United States and the role of season. American Journal Psychiatry, 140, 880-886.

10. Rotton, J. & Frey, J. (1985). Air pollution, weather, and violent crimes: Concomitant time series analysis of archival data. Journal of Personality and Social Psychology, 49, 1207-1220.

11. 정정엽. (2023. 07. 08). [날씨와 뇌과학] 비오는 날, 헤어진 사람이 생각나는 이유. 정신의학신문. http://www.psychiatricnews.net/news/articleView.html?idxno=34541

12. Julia Ries. (October 17 2022). The Scientific Reason Why Rain Can Really Dampen Your Mood. Self. https://www.self.com/story/why-rain-affects-mood-

mental-health

13. Julia Ries. (October 17 2022). The Scientific Reason Why Rain Can Really Dampen Your Mood. Self. https://www.self.com/story/why-rain-affects-mood-mental-health

14. 김서희. (2022. 03. 31.). 비 오는 날 유독 나른하고 졸린 이유. 헬스조선. https://m.health.chosun.com/svc/news_view.html?contid=2022033002248

15. 정정엽. (2023. 07. 08). 비 오는 날, 헤어진 사람이 생각나는 이유. 정신의학신문. http://www.psychiatricnews.net/news/articleView.html?idxno=34541

16. 김서희. (2022. 03. 31.). 비 오는 날 유독 나른하고 졸린 이유. 헬스조선. https://m.health.chosun.com/svc/news_view.html?contid=2022033002248

17. Karthik Kumar. (n.d.). Can the Rain Make You Depressed? MedicineNet. https://www.medicinenet.com/can_the_rain_make_you_depressed/article.htm

18. Postolache, T. T., Komarow. H. & Tonelli, L. H. (2008). Allergy: A Risk Factor for Suicide?. Curr Treat Options Neurol. 2008 Sep; 10(5): 363-376.

19. [언론소식] 박상민 교수: 뿌연 죽음의 그림자 "미세먼지 때 우울증 극단선택 19% 증가." (2022. 05. 25). SNU의생명과학단. https://www.brainkorea21.org/centernews/news?md=v&bbsidx=1642

20. 정상원. (수정 2021. 09. 10). 펄펄 끓는 지구, 한반도 어장지도가 바뀐다-2021 어종 변화 보고서. 현대해양. http://www.hdhy.co.kr/news/articleView.html?idxno=15429

21. 김명현. (2020. 10. 05). [특집] 기후변화가 농산물에 끼치는 영향 기후변화가 농산물에 끼치는 영향. 참여연대. https://www.peoplepower21.org/magazine/1735464

22. 김민제. (수정 2020. 12. 16). "기후위기는 인권 위기"…인권위로 간 기후변화 피해자들. 한겨레. https://www.hani.co.kr/arti/society/environment/974470.html

23. 반기성. (2023. 11. 07). [날씨학개론] 기후 위기 가속화…재난으로 빼앗긴 삶 '기후 난민'. YTN사이언스. https://science.ytn.co.kr/program/view.php?mcd=0082&key=202311071624021087

24. WHO (2022). Mental Health and Climate Change: Policy Brief. https://www.who.int/publications/i/item/9789240045125

25. 기상청 (2023). CLIMATE CHANGE 2023, Synthesis Report, 기후변화 2023 종합보고서, 106p

26. World Economic Forum (2024) Quantifying the Impact of Climate Change on Human Health, INSIGHT REPORT JANUARY 2024, 9p

27. WMO (19 March 2024). State of the Global Climate 2023. https://wmo.int/publication-series/state-of-global-climate-2023

28. 대한민국정부. (2023). 대한민국 기후변화 적응보고서.

29. 김정수. (수정 2023. 12. 08). 한국, 기후변화 대응 평가 산유국 3곳 빼고 '꼴찌'. 한겨레. https://www.hani.co.kr/arti/society/environment/1119676.html

30. 한국 바이오매스 정책에 그린피스 포함 환경단체 비판, "기후 악영향 크다" https://www.businesspost.co.kr/BP?command=article_view&num=348098

31. 이미령. (2023. 12. 12.). "한국, 기후 위기 책임 세계 9위 · 518조원". 연합뉴스. https://www.yna.co.kr/view/AKR20231212145400004

32. 오승호. (2024.06.04). [기획] 기후변화 경각심, 약해지고 있는가? – 기후위기에 대한 인식조사. 여론속의여론. https://hrcopinion.co.kr/archives/30034

2장 기후위기로 삶이 속절없이 무너진다

1. 관계부처합동(2024): 이상기후보고서 2023. 16-39p

2. 고든 정. (수정 2024. 01. 29). 뜨거워진 지구의 복수?…지구 온난화로 '설사' 흔해진다 [와우! 과학]. 나우뉴스. https://nownews.seoul.co.kr/news/newsView.php?id=20240129601010

3. 조현정, 이희일 & 이상원. (2017). 주요 환경 변화에 따른 미래 감염병의 발생 양상, 주간 건강과질병, 제10권 제38호, 1026.

4. 조현정, 이희일 & 이상원. (2017). 주요 환경 변화에 따른 미래 감염병의

발생 양상, 주간 건강과질병, 제10권 제38호, 1025-1026.

5. 염준섭. (2017). 국내 모기매개 질환의 현황과 전망. J Korean Med Assoc 2017 June; 60(6): 468-474. https://synapse.koreamed.org/upload/synapsedata/pdfdata/0119jkma/jkma-60-468.pdf

6. 알레르기 비염의 주 증상은 맑은 콧물, 코 막힘, 재채기, 코 간지러움 등이다. 감기에 걸리지 않았는데도 이러한 증상이 반복해서 발생하거나 눈이나 목이 가렵다면 알레르기 비염을 의심해볼 수 있다. 알레르기 비염 진단은 혈액 또는 피부 검사를 통해 가능하다.

7. Teodor T. Postolache, MD, Hirsh Komarow, MD, and Leonardo H. Tonelli, PhD (2008) Curr Treat Options Neurol. 10 (5): 363 – 376.

8. 이승엽. (2023. 06. 07.). "알레르기 비염 환자, 20년간 18배 늘었다." 동아사이언스. https://m.dongascience.com/news.php?idx=60145

9. Ragguett, Renee-Marie, Cha, Danielle S., Subramaniapillai, Mehala, Carmona, Nicole E., Lee, Yena, Yuan, Duanduan, Rong, Carola and McIntyre, Roger S. (2017) "Air pollution, aeroallergens and suicidality: a review of the effects of air pollution and aeroallergens on suicidal behavior and an exploration of possible mechanisms" Reviews on Environmental Health, vol. 32, no. 4, pp. 343-359.

10. 박현선. (2022. 12. 15). 기후변화로 심혈관 질환 급증…공중보건 체계 흔들린다. 조선비즈. https://biz.chosun.com/science-chosun/bio/2022/12/15/2PINWJQF55DAPC7QU3OVHENZQA/

11. 통합데이터지도. (2022). 데이터로 보는 기후변화와 질병의 관계. https://www.bigdata-map.kr/datastory/new/story_46

12. 채수미, 김동진, 김대은, 최지희, 차미란 & 권영대. (2018). 기후변화로 인한 건강영향평가(기후보건영향평가) 및 실태조사 방안 연구. 질병관리본부, 한국보건사회연구원.

13. 우경숙, 김대은 & 채수미. (2019). 고온이 사망에 미치는 영향에 대한 메타분석. 보건사회연구, 39(2), 10-36.

14. Cianconi P., Betrò S. & Janiri L. (2020). The Impact of Climate Change on Mental Health: A Systematic Descriptive Review. Front Psychiatry, 11(74), 1-15.

15. Beaglehole, B., Mulder, R., Frampton, C., Boden, J. Newton-Howes, G. & Bell, C. (2018). Psychological distress and psychiatric disorder after natural disasters: Systematic review and meta-analysis. The British Journal of Psychiatry, 213(6), 716-722.

16. Lowe, S. R., Manove, E. E. & Rhodes, J. E. (2013). Posttraumatic stress and posttraumatic growth among low-income mothers who survived Hurricane Katrina. Journal of Consulting and Clinical Psychology, 81(5), 877-889.

17. Boscarino, J., Hoffman, S., Adams, R., Figley, C. & Solhkhah, R. (2014). Mental health outcomes among vulnerable residents after Hurricane Sandy. American Journal of Disaster Medicine, 9, 107-120.

18. Fitzpatrick, K. M. (2021). Post-traumatic stress symptomatology and displacement among Hurricane Harvey survivors, Social Science & Medicine, 270, 113634.

19. Adamis, D., Papanikolaou, V., Mellon, R. C. & Prodromitis, G. (2011). P03-19-The impact of wildfires on mental health of residents in a rural area of Greece. A case control population based study. European Psychiatry, 26, 1188.

20. Munro, A., Kovats, R. S., Rubin, G. J., Waite, T. D., Bone, A., & Armstrong, B. (2017). Effect of evacuation and displacement on the association between flooding and mental health outcomes: a cross-sectional analysis of uk survey data. The Lancet. Planetary Health, 1(4), 141.

21. Alexander, A. C. & Ward, K. D. (2018). Understanding Postdisaster Substance Use and Psychological Distress Using Concepts from the Self-Medication Hypothesis and Social Cognitive Theory. Journal of psychoactive drugs, 50(2), 177-186.

22. Charlson, F., S. Ali, T. Benmarhnia, M. Pearl, A. Massazza, J. Augustinavicius & J. G. Scott (2021). "Climate Change and Mental Health: A Scoping Review." Int J Environ Res Public Health 18(9).

23. Alderman, K., Turner, L. R. & Tong, S. (2012). Floods and human health: A systematic review. Environment International, 47, 37-47.

24. Bryant, R. A., Gibbs, L., Gallagher, H. C., Pattison, P., Lusher, D., MacDougall, C., Harms, L., Block, K., Sinnott, V., Ireton, G., Richardson, J. & Forbes, D. (2018).

Longitudinal study of changing psychological outcomes following the Victorian Black Saturday bushfires. Australian and New Zealand Journal of Psychiatry, 52(6), 542-551.

25. Lawrance, E., Thompson, R., Fontana, G. & Jennings, N. (13 May 2021). The impact of climate change on mental health and emotional wellbeing: current evidence and implications for policy and practice. Imperial College London. Grantham Institute Briefing paper No 36. 4. https://spiral.imperial.ac.uk/handle/10044/1/88568

26. Lawrance, E., Thompson, R., Fontana, G. & Jennings, N. (13 May 2021). The impact of climate change on mental health and emotional wellbeing: current evidence and implications for policy and practice. Imperial College London. Grantham Institute Briefing paper No 36. 14. https://spiral.imperial.ac.uk/handle/10044/1/88568

27. CDC. (2020). Preparing for the regional health impacts of climate change in the United States.

28. 채수미, 김혜윤, 최소영, 이상정, 현진희, 김태종 & 전진아. (2021). 사회정신건강연구센터 운영: 한국인의 트라우마와 회복력 증진 전략. 세종: 한국보건사회연구원.

29. 관계부처 합동. (2023). 제3차(2023~2025) 국가 기후위기 적응 강화 대책.

30. 채수미, 최지희, 최소영, 황남희, 우경숙 & 정휘철. (2020). 폭염 민감계층의 건강피해 최소화 방안. 세종: 한국보건사회연구원. 123.

31. 채수미, 김혜윤, 최소영, 이상정, 현진희, 김태종 & 전진아. (2021). 사회정신건강연구센터 운영: 한국인의 트라우마와 회복력 증진 전략. 세종: 한국보건사회연구원. 208.

32. 국립정신건강센터. (2023). 대피소 및 임시주거시설 심리지원 매뉴얼. 서울: 국립정신건강센터.

33. American Psychiatric Association. (2023). APA Official Actions, Position Statement on Mental Health and Climate Change.

34. WHO. (2022). Mental Health and Climate Change: Policy Brief.

35.   Howard, M., Ahmed, S., Lachapelle, P. & Schure, M. B. (2020). Farmer and
       rancher perceptions of climate change and their relationships with mental health.
       Journal of Rural Mental Health, 44(2), 87－95.

36.   Overpeck, J.T. & Udall, B. (2020). Climate change and the aridification of North
       America. Proceedings of the National Academy of Sciences, 117 (22) 11856-
       11858

37.   Dean, J. G. & Stain, H. J. (2010). Mental health impact for adolescents living
       with prolonged drought. Australian Journal of Rural Health, 18(1), 32-37.

38.   Vins, H., Bell, J., Saha, S. & Hess, J. J. (2015). The Mental Health Outcomes of
       Drought: A Systematic Review and Causal Process Diagram. International journal
       of environmental research and public health, 12(10), 13251－13275.

39.   Austin, E. K., Handley, T., Kiem, A. S., Rich, J. L., Lewin, T. J., Askland, H. H.,
       Askarimarnani, S. S., Perkins, D. A. & Kelly, B. J. (2018). Drought-related stress
       among farmers: findings from the australian rural mental health study. Medical
       Journal of Australia, 209(4), 159-165.

40.   To, P., Eboreime, E. & Agyapong, V. I. (2021). The impact of wildfires on
       mental health: a scoping review. Behavioral Sciences, 11(9), 126.

41.   Cianconi P., Betrò S. & Janiri L. (2020). The Impact of Climate Change on
       Mental Health: A Systematic Descriptive Review. Front Psychiatry, 11(74),
       1-15.

42.   Adamis, D., Papanikolaou, V., Mellon, R. C. & Prodromitis, G. (2011). P03-
       19-The impact of wildfires on mental health of residents ina rural area of Greece.
       A case control population based study. European Psychiatry, 26, 1188.

43.   Dodd, W., Scott, P., Howard, C., Scott, C., Rose, C., Cunsolo, A. & Orbinski, J.
       (2018). Lived experience of a record wildfire season in the Northwest Territories,
       Canada. Canadian Journal of Public Health, 109, 327-337.

44.   To, P., Eboreime, E. & Agyapong, V. I. (2021). The impact of wildfires on
       mental health: a scoping review. Behavioral Sciences, 11(9), 126.

45.   Bandla, S., Nappinnai, N. R. & Gopalasamy, S. (2019). Psychiatric morbidity in
       December 2015 flood-affected population in Tamil Nadu, India. International

Journal of Social Psychiatry, 65(4),338-344.

46. Waite, T. D., Chaintarli, K., Beck, C. R., Bone, A., Amlot, R., Kovats, S. & Oliver, I. (2017). The English national cohort study of flooding and health: cross-sectional analysis of mental health outcomes at year one. BMC public health, 17(1), 1-9.

47. Mulchandani, R., Armstrong, B., Beck, C. R., Waite, T. D., Amlot, R., Kovats, S., ··· Oliver, I. (2020). The English National Cohort Study of Flooding & Health: psychological morbidity at three years of follow up. BMC public health, 20(1), 1-7.

48. Kessler, R. C., Galea, S., Gruber, M. J., Sampson, N. A., Ursano, R. J. & Wessely, S. (2008). Trends in mental illness and suicidality after Hurricane Katrina. Molecular Psychiatry, 13(4), 374-384.

49. Sullivan, G., Vasterling, J. J., Han, X., Tharp, A. T., Davis, T., Deitch, E. A. & Constans, J. I. (2013). Preexisting mental illness and risk for developing a new disorder after hurricane Katrina. The Journal of nervous and mental disease, 201(2), 161-166.

50. Harville, E. W., Xiong, X., Pridjian, G., Elkind-Hirsch, K. & Buekens, P. (2009). Postpartum mental health after Hurricane Katrina: A cohort study. BMC pregnancy and childbirth, 9(1), 1-8.

51. Rotge, J. Y., Fossati, P. & Lemogne, C. (2014). Climate and prevalence of mood disorders: A cross-national correlation study. The Journal of Clinical Psychiatry, 75(4), 2697.

52. Braithwaite, I., Zhang, S., Kirkbride, J. B., Osborn, D. P. J. & Hayes, J. F. (2019). Air pollution (particulate matter) exposure and associations with depression, anxiety, bipolar, psychosis and suicide risk: A systematic review and meta-analysis. Environmental Health Perspectives, 127(12), 1-23.

53. Khan, A., Plana-Ripoll, O., Antonsen, S., Brandt, J., Geels, C., Landecker, H., Sullivan, P. F., Pedersen, C. B. & Rzhetsky A. (2019). Environmental pollution is associated with increased risk of psychiatric disorders in the US and Denmark. PLOS Biology 17(10): e3000513.

54. Zundel, C. G., Ryan, P., Brokamp, C., Heeter, A., Huang, Y., Strawn, J. R. & Marusak, H. A. (2022). Air pollution, depressive and anxiety disorders, and brain

effects: A systematic review. NeuroToxicology Volume 93, December 2022. 272-300.

55. Clara G. Zundel. (Nov 29, 2022). This is the impact of air pollution on your brain and mental health. WEF. https://www.weforum.org/agenda/2022/11/impact-air-pollution-brain-mental-health/

56. WHO. (2018). More than 90% of the world's children breathe toxic air every day.

57. Newbury, J. B., Stewart, R., Fisher, H. L., Beevers, S., Dajnak, D., Broadbent, M., ⋯ Bakolis, I. (2021). Association between air pollution exposure and mental health service use among individuals with first presentations of psychotic and mood disorders: retrospective cohort study. The British journal of psychiatry, 219(6), 678-685.

58. Kader, N. I. A., Yusof, U. K., Khalid, M. N. A. & Husain, N. R. N. (2022). Recent techniques in determining the effects of climate change on depressive patients: A systematic review. Journal of environmental and public health, 2022, 1803401, 1-11.

59. Kim, K. N., Lim, Y. H., Bae, H. J., Kim, M. H., Jung, K. O. & Hong, Y. C. (2016). Long-term fine particulate matter exposure and majordepressive disorder in a community-based urban cohort. Environmental health perspectives, 124(10), 1547-1553.

60. Ali, N. A. & Khoja, A. (2019). Growing evidence for the impact of air pollution on depression. Ochsner Journal, 19(1), 4.

61. BBC News 코리아. (2023.09.17). 대기 오염과 자살의 수수께끼 같은 연관성. https://www.bbc.com/korean/international-66835258

62. Wilker, E. H., Osman, M. & Weisskopf, M. G. (2023). Ambient air pollution and clinical dementia: systematic review and meta-analysis. BMJ 2023;381:e071620.

63. Hautekiet, P., Saenen, N. D., Demarest, S., Keune, H., Pelgrims, I., der Heyden, J. V., de Clercq, E. M. & Nawrot, T. S. (2022). Air pollution in association with mental and self-rated health and the mediating effect of physical activity. Environmental health, 21(29), 1-13.

64. Liu, W., Sun, H., Zhang, X., Chen, Q., Xu, Y., Chen, X. & Ding, Z. (2018). Air pollution associated with non-suicidal self-injury in Chinese adolescent students: A cross-sectional study. Chemosphere, 209, 944-949.

65. Kim, S. H., Do Shin, S., Song, K. J., Ro, Y. S., Kong, S. Y., Kim, J. & Lee, S. Y. (2019). Association between ambient PM2. 5 and emergency department visits for psychiatric emergency diseases. The American Journal of Emergency Medicine, 37(9), 1649-1656.

66. Burke, M., Gonzalez, F., Baylis, P., Heft-Neal, S., Baysan, C., Basu, S. & Hsiang, S. (2018). Higher temperatures increase suicide ratesin the United States and Mexico. Nature climate change, 8(8), 723-729.

67. 한국건강관리협회 울산지부. (2022. 11. 07). [보도자료] 기후 우울증을 아시나요. 한국건강관리협회 2022년 건강소식 11월호에서 발췌. https://www.kahp.or.kr/user/bbs/BD_selectBbs.do?q_bbsCode=1058&q_bbscttSn=20221107134149803

68. Basu R., Gavin L., Pearson D., Ebisu K. & Malig B. (2017). Examining association between apparent temperature and mental health-related emergency room visits in California. American Journal of Epidemiology, 187(4), 726-734.

69. Kim, Y., Kim, H., Honda, Y., Guo, Y. L., Chen, B. Y., Woo, J. M. & Ebi, K. L. (2016). Suicide and ambient temperature in East Asian Countries: A Time-stratified case-crossover Analysis. Environ Health Perspect, 124(1), 75-80.

70. Santos, E. G. O., Queiroz, P. R., Nunes, A. D. D. S., Vedana, K. G. G. & Barbosa, I. R. (2021). Factors associated with suicidal behavior in farmers: a systematic review. International Journal of Environmental Research and Public Health, 18(12).

71. Hanigan, I. C., Butlera, C. D., Kokicc, C. N. & Hutchinson, M. F. (2012). Suicide and drought in New South Wales, Australia, 1970 - 2007. PNAS, 109(35), 13950 - 13955.

72. 강신우, 송인성, 장정주, 서다은 & 김호. (2020). 대기오염이 자살, 우울증 및 정신질환에 미치는 영향. 보건학논집, 57(1), 8-19.

73. Fritze, J., Blashki, G. A., Burke S. & Wiseman, J. (2008). Hope, despair and transformation: Climate change and the promotion of mental health and well-

being. International Journal of Mental Health Systems, 2, 13.

74. Schwartz, R. M., Rasul, R., Kerath, S. M., Watson, A. R., Lieberman-Cribbin, W., Liu, B. & Taioli, E. (2018). Displacement during hurricane sandy: the impact on mental health. Journal of Emergency Management (Weston, Mass.), 16(1), 17 - 27.

75. Pfefferbaum, B. & North, C. S. (2016). Child Disaster Mental Health Services: a Review of the System of Care, Assessment Approaches, and Evidence Base for Intervention. Curr Psychiatry Rep Jan;18(1):5.

76. Schwartz, R. M., Rasul, R., Kerath, S. M., Watson, A. R., Lieberman-Cribbin, W., Liu, B. & Taioli, E. (2018). Displacement during hurricane sandy: the impact on mental health. Journal of Emergency Management (Weston, Mass.), 16(1), 17 - 27.

77. Bustamante, L. H. U., Cerqueira, R. O., Leclerc, E. & Brietzke, E. (2018). Stress, trauma, and posttraumatic stress disorder in migrants: A comprehensive review. Revista Brasileira de Psiquiatria, 40(2), 220 - 225.

78. Scannell, L. & Gifford, R. (2016). Place attachment enhances psychological need satisfaction. Environment and Behavior, 1(3).

79. IEP. (2020). Ecological Threat Register 2020. https://ecologicalthreatregister. org/

80. 남혜정. (수정 2020. 10. 03). 극단적 기상 이상… 2050년 12억명이 삶의 터전 잃는다 [연중기획 - 지구의 미래]. 세계일보. https://www.segye.com/newsView/20200928527576

81. IDMC. (April 2020). Global Report on Internal Displacement. https://api. internal-displacement.org/sites/default/files/publications/documents/2020-IDMC-GRID.pdf

82. IPCC. (2007). 정책결정자를 위한 요약보고서. https://www.ipcc.ch/site/assets/uploads/2021/03/AR4_WGI_Summary-for-Policymakers.pdf

83. 반기성. (2022.02.15). [날씨학개론] 기후변화로 해수면 상승…물에 잠기는 도시들. YTN사이언스. https://m.science.ytn.co.kr/program/view.php?mcd=0082&key=202202151643535083

84. Kaniasty, K. (2020). Social support, interpersonal, and community dynamics following disasters caused by natural hazards. Current opinion in psychology, 32, 105 – 109.

85. Tapsell, S. M. & Tunstall, S. M. (2008). "I wish I'd never heard of Banbury": The relationship between 'place' and the health impacts of flooding. Health & Place, 14(2), 133-154.

86. Rosenthal, A., Stover, E. & Haar, R. J. (2021). Health and social impacts of California wildfires and the deficiencies in current recovery resources: An exploratory qualitative study of systems-level issues. PloS one, 16(3), e0248617.

87. Cerna-Turoff, I., Fischer, H. T., Mansourian, H. & Mayhew, S. (2021). The pathways between natural disasters and violence against children: a systematic review. BMC public health, 21(1), 1249.

88. Fritze, J., Blashki, G. A., Burke S. & Wiseman, J. (2008). Hope, despair and transformation: Climate change and the promotion of mental health and well-being. International Journal of Mental Health Systems, 2, 13.

89. Cohen, A. H. & Krueger, J. S. (2016). Rising mercury, rising hostility: How heat affects survey response. Field Methods, 28(2), 133 – 152.

90. Koubi, V. (2019). Climate change and conflict. Annual Review of Political Science 22: 343 – 360.

91. Agnew, R. (2012). Dire forecast: A theoretical model of the impact of climate change on crime. Theoretical Criminology 16(1) 21-42.

92. Plante, C., Allen, J. & Anderson, C. (2017). Effects of Rapid Climate Change on Violence and Conflict. Oxford Research Encyclopedia of Climate Science. https://oxfordre-com.ezproxy.macalester.edu/climatescience/view/10.1093/acrefore/9780190228620.001.0001/acrefore-9780190228620-e-344

93. Tschakert, P., Ellis, N. R., Anderson, C., Kelly, A. & Obeng, J. (2019). One thousand ways to experience loss: a systematic analysis of climate-related intangible harm from around the world. Global Environmental Change, 55, 58-72.

94. Albrecht, G. (2005). 'solastalgia'. a new concept in health and identity. Pan: Philosophy Activism Nature, 3(3), 41-55.

95. Silver, A., & Grek-Martin, J. (2015). "Now we understand what community really means": Reconceptualizing the role of sense of place in the disaster recovery process. Journal of Environmental Psychology, 42, 35－41.

96. Fullilove, M. T. (2013) "The frayed knot": What happens toplace attachment in the context of serial forced displacement? In L. Manzo & P. Devine-Wright (Eds.), Place attachment: Advances in theory, method and applications. Abingdon, England: Routledge. 141－153.

97. Winerman, L. (2019). Mourning the land. Monitor on Psychology 50:5. https://www.apa.org/monitor/2019/05/mourning-land

98. Cattaneo, C., Beine, M., Fröhlich, C. J., Kniveton, D., Martinez-Zarzoso, I., Mastrorillo, M., Millock, K., Piguet, E. & Schraven, B. (2019). Human Migration in the Era of Climate Change. Review of Environmental Economics and Policy, 13(2), 189-206. 10.1093/reep/rez008

99. Dannenberg, A. L., Frumkin, H., Hess, J. J. & Ebi, K. L. (2019). Managed retreat as a strategy for climate change adaptation in small communities: public health implications. Climatic Change, 153(1-2), 1-14.

100. Devine-Wright, P. (2013). Think global, act local? The relevance of place attachments and place identities in a climate changed world. Global Environmental Change, 23, 61-69.

101. Wasini, S., West, C., Mills, J. & Usher, K. (2014). The psychosocial impact of natural disasters among adult survivors: An integrative review. Issues in Mental Health Nursing, 35, 420-436.

102. Dittmar, H. (2011). Material and consumer identities. In S. J. Schwartz, K. Luyckx, & V. L. Vignoles (Eds.), Handbook of identity theory and research. Vol. 2 New York, NY: Springer. 745-769

103. Carroll, B., Morbey, H., Balogh, R. & Araoz, G. (2009). Flooded homes, broken bonds, the meaning of home,psychological processes and their impact on psychological health in a disaster. Health and Place, 15(2), 540-547

104. Middleton, J., Cunsolo, A., Jones-Bitton, A., Shiwak, I., Wood, M., Pollock, N., Flowers, C. & Harper, S. L. (2020). "we're people of the snow:" weather, climate change, and inuit mental wellness. Social Science & Medicine, 262.

105. Silver, A. & Grek-Martin, J. (2015). "Now we understand what community really means": Reconceptualizing the role of sense of place in the disaster recovery process. Journal of Environmental Psychology, 42, 35-41.

106. UN. (27 July 2023). Hottest July ever signals 'era of global boiling has arrived' says UN chief. https://news.un.org/en/story/2023/07/1139162

107. 이병도. (수정 2023. 06. 12). 지금 시베리아가 40도라고?…엘니뇨는 코 앞. KBS뉴스. https://news.kbs.co.kr/news/pc/view/view.do?ncd=7696345

108. Li Zhao, 권새봄, 김미경 (2020. 08). 기후변화의 경고- 폭염과 건 강피해. 그린피스. https://www.greenpeace.org/static/planet4-korea-stateless/2020/08/99b108b5-greenpeace_warning-of-climate-change_heatwaves-and-health-imact_web.pdf

109. 제프 구델. (2024). 폭염 살인, (왕수민 역). 웅진지식하우스. 46.

110. Bunker, A., Wildenhain, J., Vandenbergh, A., Henschke, N., Rocklöv, J., Hajat, S., & Sauerborn, R. (2016). Effects of air temperature on climate-sensitive mortality and morbidity outcomes in the elderly:a systematic review and meta-analysis of epidemiological evidence. EBioMedicine, 6, 258-268.

111. 제프 구델. (2024). 폭염 살인, (왕수민 역). 웅진지식하우스. 47.

112. 질병관리청은 "[폭염의 정의] 2020년 5월부터 기온과 습도를 고려하는 체 감온도 기준으로 33도 또는 35도 이상이 2일 이상 지속이 예상되거나 중 대한 피해 발생이 예상될 때 폭염특보(폭염주의보와 경보)를 발표합니다." https://www.kdca.go.kr/contents.es?mid=a20205050300

113. BBC News 코리아. (2018.07.19). 폭염: 폭염에 범죄율이 느는 이유. https://www.bbc.com/korean/news-44881772

114. Otrachshenko, V., Popova, O. & Tavares, J. (2020). Extreme temperature and extreme violence: evidence from Russia, Economic Inquiry, Vol 59,1. 243-262

115. BBC News 코리아. (2018.07.19). 폭염: 폭염에 범죄율이 느는 이유. https://www.bbc.com/korean/news-44881772

116. Patrick Baylis. (2020). Temperature and temperament: Evidence from Twitter. Journal of Public Economics Volume 184, April 2020. 104-161

117. 송영권. (2022. 08. 03). 폭염이 폭력성을 높인다? 포인트경제. https://www.pointe.co.kr/news/articleView.html?idxno=4834

118. Anderson, C. A. & Anderson, D. C. (1984). Ambient temperature and violent crime: tests of the linear and curvilinear hypothesis. Journal of Personality and Social Psychology, 46, 91-97.

119. Hakko, H. (2000). Seasonal variation of suicides and homicides in Finland. Thesis, at the Department of Psychiatry, University of Oulu; Department of forensic Psychiatry, University of Kuopio, Oulu.

120. Ceccato V. (2005). Homicide in San Paulo, Brazil: Assessing spatial-temporal and weather variations. Journal of Environmental Psychology, 25, 307-321.

121. Cohen, L. E. & Felson, M. (1979). Social change and crime rate trends: a routine activity approach. American Sociological Review, 44, 588 – 608.

122. Thom, E. C. (1959). The Discomfort Index. Weatherwise. 12 (2)57 – 61.

123. 문정남. (2015. 07. 31). 기온과 습도의 조합 '불쾌지수'…현재 얼마나 불쾌할까…한미일 민족마다 체감 불쾌지수도 달라. 그린포스트코리아. https://www.greenpostkorea.co.kr/news/articleView.html?idxno=50371

124. 김태형. (2023.07.31). [짤막상식] 점점 뜨거워지는 지구 '불쾌지수'란 무엇일까? YTN사이언스. https://science.ytn.co.kr/program/view.php?mcd=0082&key=202307311138554679

125. 웨더아이. (n.d.) 불쾌지수. https://www.weatheri.co.kr/useful/useful04.php

126. 이완. (수정 2020.08.19). 무더위속 불쾌지수 80 넘으면 교통사고 28% 증가. 한겨레. https://www.hani.co.kr/arti/economy/finance/958190.html

127. 한국표준과학연구원. (2019.01.22). 우리가 미처 몰랐던 온도의 영향력. https://www.kriss.re.kr/gallery.es?mid=a10106030000&bid=0002&b_list=9&act=view&list_no=2979&nPage=6&vlist_no_npage=11&keyField=&orderby=

128. 이나영 (2022.08.12). 사람은 몇 °C까지 견딜 수 있을까? 기상청 네이버 블로그 재인용. https://blog.naver.com/kma_131/222846336488

129. Kenney, W. L., Havenith, G & Ja, O. (2022). Thermal physiology, more

relevant than ever before. Journal of Applied Physiology. 133:3. 676-678.

130. Warren Cornwall. (15 Mar 2023). Schizophrenia pinpointed as a key factor in heat deaths. Science. https://www.science.org/content/article/schizophrenia-pinpointed-key-factor-heat-deaths

131. Wortzel, J. & Haase, E. (2020). The Effects of Rising Global Temperatures on Mental Health. Psychiatrics News. Vol 55, No 8.

132. 곽노필. (수정 2024. 06. 29). 인간 생존 한계온도 넘은 곳이 나타났다. 한겨레. https://www.hani.co.kr/arti/science/future/944549.html

133. Clayton, S., Manning, C. M., Speiser, M. & Hill, A. N. (2021). Mental Health and Our Changing Climate: Impacts, Inequities, Responses. Washington, D.C.: American Psychological Association, and ecoAmerica

134. 채수미, 김혜윤, 이수빈, 신지영, 백주하, 김태현 & 전진아 (2023). 사회정신건강연구센터 운영: 기후위기가 정신건강에 미치는 영향. 한국보건사회연구원

135. Ash, K. & Obradovich, N. (2020). Climatic stress, internal migration, and Syrian civil war onset. Journal of Conflict Resolution, 64(1). 3-31.

136. Stevens, H. R., Beggs, P. J., Graham, P. L., et al. (2019). Hot and bothered? Associations between temperature and crime in Australia. Int J Biometeorol 63. 747-762.

137 Benjawan Tawatsupa, Lynette L-Y. Lim, Tord Kjellstrom, Sam-ang Seubsman, Adrian Sleig, the Thai Cohort Study team. The association between overall health, psychological distress, and occupational heat stress among a large national cohort of 40,913 Thai workers. Glob Health Action. 2010; 3: 10.3402/gha.v3i0.5034.

138. Mullins J. T. & White, C. (2019). Temperature and mental health: Evidence from the spectrum of mental health outcomes. Journal of Health Economics Vol 68. Dec 2019. 102240.

139. Vida, S., Durocher, M., Ouarda, T. & Gosselin, P. (2012) Relationship between ambient temperature and humidity and visits to mental health emergency departments in Québec, Psychiatr Serv 2012 Nov;63(11):1150-3.

140. Lingna Liu, Yalin Lei, Minghao Zhuang & Shuang Ding. (2022). The impact of climate change on urban resilience in the Beijing-Tianjin-Hebei region. Sci Total Environ, Jun 25:827:154157.

141. Trang, P. M., Rocklöv, J., Giang, K. B., Kullgren, G. & Nilsson, M. (2016). Heatwaves and Hospital Admissions for Mental Disorders in Northern Vietnam. PLoS ONE 11(5): e0155609.

142. Noelke, C., McGovern, M., Corsi, D. J., Jimenez, M. P., Stern, A., Wing, I. S. & Berkman, L. (2016). Increasing ambient temperature reduces emotional well-being. Environ Res Nov:151:124-129.

143. Anderson, C. A., Deuser, W. E. & DeNeve, K. M. (1995). Hot temperatures, hostile affect, hostile cognition, and arousal: Tests of a general model of affective aggression. Personality and Social Psychology Bulletin. 21(5). 434−448.

144. Anderson, C. A. (2001). Heat and violence. Current Directions in Psychological Science. 10(1). 33−38.

145. Obradovich, N. & Fowler, J. (2017). Climate change may alter human physical activity patterns. Nat Hum Behav 1. 0097.

146. Cedeño Laurent, J. G., Williams, A., Oulhote, Y., Zanobetti, A., Allen, J. G. & Spengler, J. D. (2018). Reduced cognitive function during a heat wave among residents of non-air-conditioned buildings: An observational study of young adults in the summer of 2016. PLoS Med 15(7):e1002605.

147. Ranson, M. (2012). Crime, Weather, and Climate Change Harvard Kennedy School M-RCBG Associate Working Paper Series No 8. 50.

148. Hansen, A., Bi, P., Nitschke, M., Ryan, P., Pisaniello, D. & Tucker, G. (2008). Environ Health Perspect Oct:116(10):1369-75. The effect of heat waves on mental health in a temperate Australian city

149. Chan, E. Y. Y., Goggins, W. B., Kim, J. J. & Griffiths, S. M. (2012). A study of intracity variation of temperature-related mortality and socioeconomic status among the Chinese population in Hong Kong. J Epidemiol Community Health 2012;66:322-327.

150. Bouchama, A., Dehbi, M., Mohamed, G., Matthies, F., Shoukri, M. & Menne,

B. (2007). Prognostic Factors in Heat Wave−Related Deaths, A Meta−analysis. Arch Intern Med. 2007;167(20):2170-2176.

151. 장윤서. (수정 2023. 11. 19.) 뜨거워진 지구의 경고⋯폭염에 정신질환 사망자도 늘었다. 조선비즈. https://biz.chosun.com/science-chosun/medicine-health/2023/11/19/AYERACCWF5AALGGXRAWKLKA4H4/

152. Altena, E., Baglioni, C., Sanz-Arigita, E., Cajochen, C. & Riemann, D. (2023). How to deal with sleep problems during heatwaves: practical recommendations from the European Insomnia Network), Volume32, Issue2, April 2023. e13704

153. Krauchi, K. & Deboer, T. (2010). The interrelationship between sleep regulation and thermoregulation. Frontiers in Bioscience-Landmark, 15, 604−625.

154. Min, K. B., Lee, S. H. & Min J. Y. (2021). SLEEPJ, Vol 44, No 5. 1-9.

155. Royé, D. (2017). The effects of hot nights on mortality in Barcelona, Spain. International Journal of Biometeorology, 61. 2127−2140.

156. Williams, A. A., Spengler, J. D., Catalano, P., Allen, J. G. & Cedeno-Laurent, J. G. (2019). Building vulnerability in a changing climate: Indoor temperature exposures and health outcomes in older adults living in public housing during an extreme heat event in Cambridge. MA. IJERPH, 16. 2373.

157. Moreno, J. P., Razjouyan, J., Lester, H., Dadabhoy, H., Amirmazaheri, M., Reesor-Oyer, L., O'Connor, T. M., Hernandez, D. C., Najafi, B., Alfano, C. A., Crowley, S. J., Thompson, D. & Baranowski, T. (2021). Later sleep timing predicts accelerated summer weight gain among elementary school children: A prospective observational study. International Journal of Behavioral Nutrition and Physical Activity, 18. 94.

158. Girardi, G. & Bremer, A. A. (2022). Effects of climate and environmental changes on Women's reproductive health. Journal of Women's Health, 31. 755−757.

159. 신방실. (수정 2018. 09. 12). 폭염 사망자 통계는 '반쪽짜리'⋯"실제는 3배 이상," KBS뉴스. https://koreashe.org/board/?mode=view&post_id=304

160. 안수연. (2023. 07. 11). 작년 여름 폭염으로 유럽에서 6만1000명 이상 사

망. 동아사이언스. https://m.dongascience.com/news.php?idx=60645

161. 장혁진. (수정 2023. 07. 23.) 온열질환 산재 절반은 건설업…소규모 사
      업장 · 실외 '다수'. KBS뉴스. https://news.kbs.co.kr/news/pc/view/view.
      do?ncd=7730468

3장 인간은 감정으로 지구와 연결된다

1.   김교헌 & 권선중. (2009). 태안 주민들의 재난 후 스트레스 반응: 사고 후
      2개월과 8개월 시점의 지역별 비교를 중심으로. 환경사회학연구 ECO.
      89-125

2.   Albrecht, Glenn A. (2019). Earth Emotion: New Words for a New World.
      USA: Cornell University Press.

3.   Albrecht, Glenn A. (2019). Earth Emotion: New Words for a New World.
      USA: Cornell University Press

4.   송선우. (2023. 09. 27). 기후 우울증 호소하는 사람들… "코로나19보다
      기후변화로 받는 스트레스가 더 커." 임팩트온.

5.   Gibson, K. E., et al. (2020). The mental health impacts of climate change:
      Findings from a Pacific Island atoll nation. Journal of Anxiety Disorders.

6.   Hickman, Caroline, et al. (2021). Climate anxiety in children and young people
      and their beliefs about government responses to climate change: a global survey.
      The Lancet Planetary Health. 863-873

7.   Jang, S. J., Chung, S. J. & Lee, H. Y. (2023). Validation of the climate change
      anxiety scale for Korean adults. Perspectives in Psychiatric Care.

8.   이용균 & 이승호. (2018). 기후변화가 이누이트의 일상에 미친 영향: 캐나
      다 이누이트 누난겟을 사례로. 대한지리학회지 제53권 제2호. 133-148.

9.   고재원. (2023. 01. 15). 겨울축제 중단케 한 '이상기온' 원인은 결국 '인
      간'. 동아사이언스. https://m.dongascience.com/news.php?idx=58037

10.   고재원. (2023. 01. 15). 겨울축제 중단케 한 '이상기온' 원인은 결국 '인

간'. 동아사이언스. https://m.dongascience.com/news.php?idx=58037

11. 김누리. (2020. 06. 26). 포스트 코로나 뉴노멀을 말하다. EP02. 플라톤아카데미TV. https://www.youtube.com/watch?v=515JHT6gmFE&t=101s

12. 김종화. (2018. 10. 05). 항공기 '탄소 배출 1위 오명, 연료 효율로 탈출하라. 아시아경제.

13. 온실가스종합정보센터. (2024). 2023 국가 온실가스 인벤토리(1990~2021) 보고서. https://www.gir.go.kr/home/board/read.do;jsessionid=aamkpzbPb8x8M2qEr03cYCiKrhdiJqBtriW795YimJauAOk6zU3tZ8XUaiF0j3WT.og_was1_servlet_engine1?pagerOffset=0&maxPageItems=10&maxIndexPages=10&searchKey=&searchValue=&menuId=36&boardId=77&boardMasterId=2&boardCategoryId=

14. Hickman, C., et al. (2021). Climate anxiety in children and young people and their beliefs about government responses to climate change: a global survey. The Lancet Planetary Health. 863-873

4장 부정한다고 기후위기가 없어지지 않는다

1. Licker, R. (2023. 2. 1). How Is Climate Change Affecting Winter Storms in the US? Union of Concerned Scientists. https://blog.ucsusa.org/rachel-licker/how-is-climate-change-affecting-winter-storms-in-the-us/ [accessed on 26 May 2024]

2. Neuman, S. (2020. 1. 10). Enormous 'Megafire' In Australia Engulfs 1.5 Million Acres. NPR. https://www.npr.org/2020/01/10/795169417/enormous-mega-fire-in-australia-engulfs-1-5-million-acres [accessed on 26 May 2024]

3. May, D. (2021. 7. 2.). 2019-20 Australian bushfires—frequently asked questions (updates). Parliament of Australia. https://www.aph.gov.au/About_Parliament/Parliamentary_Departments/Parliamentary_Library/pubs/rp/rp2122/201920AustralianBushfiresFAQupdate#_Toc76127713 [accessed on 26 May 2024]

4. Joseph, V. (2020. 1. 21). Autralian Bushfires: How your donation is making a difference. WWF-Australia. https://www.wwf.org.au/what-we-do/bushfires [accessed on 26 May 2024]

5. Shine, J. (2020. 1. 10). Statement regarding Australian bushfires. Australian Academy of Science. https://www.science.org.au/news-and-events/news-and-media-releases/statement-regarding-australian-bushfires [accessed on 26 May 2024]

6. Copernicus(the European Union's Earth Observation Programme). (2023.1.9.). 2022 saw record temperatures in Europe and across the world. Global Climate Highlights. https://climate.copernicus.eu/2022-saw-record-temperatures-europe-and-across-world [accessed on 26 May 2024]

7. Mitchell, J. F. B. (1989). The "Greenhouse" effect and climate change. Reviews of Geophysics. 27,1. 115-139

8. Copernicus(the European Union's Earth Observation Programme). (2023.1.9). 2022 saw record temperatures in Europe and across the world. Global Climate Highlights. https://climate.copernicus.eu/2022-saw-record-temperatures-europe-and-across-world[accessed on 26 May 2024]

9. UN Climate Action. (n.d.). Causes and Effects of Climate Change. https://www.un.org/en/climatechange/science/causes-effects-climate-change [accessed on 26 May 2024]

10. IPCC, 2018: Global warming of $1.5°C$. An IPCC Special Report on the impacts of global warming $1.5°C$ above pre-industrial levels and related global greenhouse gas emission pathways, in the context of strengthening the global response to the threat of climate Change, sustainable development, and effects to eradicate poverty, IPCC, Geneva, Switzerland, 67(2), 1-32. (기상청. 한국 기후변화 평가보고서 2020. 기후변화 과학적 근거. 2020)

11. 갤럽리포트. (2019). 기후변화 관련 인식. WWS (WIN World Survey) 다국가 비교 조사.

12. The Editors of Encyclopaedia Britannica. Greta Thunberg. Britannica. https://www.britannica.com/biography/Greta-Thunberg [accessed on 26 May 2024]

13. The White House. (2017.6.1.). Statement by President Trump on the Paris

Climate Accord. https://trumpwhitehouse.archives.gov/briefings-statements/
statement-president-trump-paris-climate-accord/ [accessed on 26 May 2024]

14. Wisdom Land. (2018.08.19). The Great Global Warming Swindle
     – Full Documentary HD. Youtube. https://www.youtube.com/
     watch?v=oYhCQv5tNsQ

15. APA. (n.d.). About Psychoanalysis, https://apsa.org/about-psychoanalysis/
     [accessed on 26 May 2024]

16. 기후위기에 대한 인간의 모순된 행동을 살펴보려면 무의식적 동기를 볼
     수 있는 정신분석적 관점으로 탐색해야 한다. 그렇게 하기 위해 우선 두려
     움과 불안이라는 사람들이 흔히 쓰는 단어가 정신의학적으로는 구분되는
     개념임을 먼저 설명하였다. 그리고 기후위기는 두려움보다는 불안을 초래
     한다고 한 것이다. 정신의학적 용어로 설명한 불안이라는 개념을 정신분석
     적으로 더 들어갔는데 이유는 무의식과 인간 행동을 들여다볼 때는 정신
     분석적 관점을 가지고 보아야 하기 때문이다. 정리하면 먼저 정신의학적으
     로 용어를 구분했고 그중 불안을 정신분석적으로 더 들어가서 기후위기에
     동반된 인간의 모순된 행동과 그 아래 숨어 있는 무의식을 함께 설명한 것
     이다.

17. Sadock, B. J., Sadock, V. A. Ruiz, P. (2017). Kaplan and Sadock's
     Comprehensive Textbook of Psychiatry. 10ed Ed. Wolters Kluwer.

18. Klein, M. (1946). Notes on Some Schizoid Mechanisms. In the Writings of
     Melanie Klein, Vol 3. London: Hogarth Press. 1-24.

19. Segal, H. (1987). Silence is the real crime. International Review of Psycho-
     Analysis. 14. 3-12.

20. 멜라니 클라인(1882-1960)은 프로이트 이후 정신분석에 가장 큰 영향
     을 준 인물 중 한 명이다. 그녀는 현대정신분석 이론의 선구자로 불리며,
     특히 아동 정신분석과 대상관계이론의 발전에 중요한 기여를 했다.

21. Bion, W. R. (1961). Experiences in Groups And Other Papers. Routledge:
     London; Jaques, E. (1953). On the Dynamics of Social Structure. A
     Contribution to the Psychoanalytical Study of Social Phenomena Deriving from
     the Views of Melanie Klein. Human Relations. 6: 3-24.

22. Andersen, H. C. (2017). The Emperor's New Clothes. Kindle Edition.

Dreamscape Media LLC.

23. Wisdom Land. (2018. 08. 19). The Great Global Warming Swindle - Full Documentary HD. Youtube. https://www.youtube.com/watch?v=oYhCQv5tNsQ

24. Grimm, J. & Grimm, W. (2014). The Original Folk and Fairy Tales of the Brothers Grimm: The Complete First Edition. Translated and edited by Zipes J. Princeton University Press: Princeton and Oxford.

25. The White House. (2017. 06. 01). Statement by President Trump on the Paris Climate Accord. https://trumpwhitehouse.archives.gov/briefings-statements/statement-president-trump-paris-climate-accord/ [accessed on 26 May 2024]

26. Wisdom Land. (2018. 08. 19). The Great Global Warming Swindle - Full Documentary HD. Youtube. https://www.youtube.com/watch?v=oYhCQv5tNsQ

27. Auchincloss, E. & Samberg, E. (2012). Psychoanalytic Terms and Concepts. American Psychoanalytic Association.

28. Hinshelwood, R. D. (1991). A Dictionary of Kleinian Thought. 2nded. Free Associations Books: London) (Spillius, E. B., et al. (2011). The New Dictionary of Kleinian Thought. Routledge: London and New York)

29. Wisdom Land. (2018. 08. 19). The Great Global Warming Swindle - Full Documentary HD. Youtube. https://www.youtube.com/watch?v=oYhCQv5tNsQ

30. Freud, S. (1914). On narcissism: An Introduction. Standard Ed. (Vol 14. 67-102. (1957)) (Auchincloss, E., Samberg, E. (2012). Psychoanalytic Terms and Concepts. American Psychoanalytic Association).

31. Auchincloss, E. & Samberg, E. (2012). Psychoanalytic Terms and Concepts. American Psychoanalytic Association. 232

32. APA Dictionary of Psychology- sense of self. https://dictionary.apa.org/sense-of-self [accessed on 26 May 2024]

33. MacKinnon, R. A., Michels, M. & Buckley, P. J. (2016). The Psychiatric Interview in Clinical Practice, Third Edition. American Psychiatric Association

Publishing: Washington, D.C.

34. Lasch, C. (1991[1979]). The culture of narcissism: American life in an age of diminishing expectations. New York & London: W. W. Norton.

35. Twenge, J. M., Abebe, E. M. & Campbell, W. K. (2010). Fitting in or standing out: Trends in American parents' choices for children's names, 1880-2007. Social Psychological and Personality Science, 1, 19-25.

36. Twenge, J. M., Campbell, W. K. & Gentile B. (2012). Changes in Pronoun Use in American Books and the Rise of Individualism, 1960-2008. Journal of Cross-Cultural Psychology. 44(3) 406-415.

37. Twenge, J. M., Konrath, S., Foster, J. D., Campbell, W. K. & Bushman, B. J. (2008). Egos Inflating Over Time: A Cross-Temporal Meta-Analysis of the Narcissistic Personality Inventory. Journal of Personality. 76:4. 875-902.

38. 이선경, 팔로마 베나피데스, 허용희 & 박성웅. (2014). 한국 대학생들의 나르시시즘 증가: 시교차적 메타분석(1999-2014). 한국심리학회지: 일반. Vol 33. No 3. 609-625.

39. Kernberg, O. F. (1970). Factors in the psychoanalytic treatment of narcissistic personalities. Journal of the American Psychoanalytic Association. Jan;18(1):51-85.

40. Gabbard, G. O. (2005). Psychodynamic Psychiatry in Clinical Practice, 4th ed. American Psychiatric Pub Inc.

41. Segal. H. (1957). Notes on symbol formation. International Journal of Pscho-Analysis, 39: 391-397.

42. Urry, L. A., Cain, M. L, Wasserman, S. A., Minorsky, P. V. & Reece, J. B. (2017). Campbell Biology. 11th ed. Pearson Education Inc.

43. 로저 머니컬(1898-1980)은 비엔나에서 프로이트에게 정신분석을 받았고 이후 런던에서 멜라니 클라인에게도 정신분석을 받았다. 철학을 전공한 배경을 바탕으로 그는 정신분석을 임상 현장을 넘어서 정치학, 윤리학에 적용하려고 했다. 그는 저명한 클라인 학파 분석가인 에드나 오쇼네시Edna O'Shaughnessy을 분석했고 주요 클라인 학파인 도날드 멜처Donald Meltzer, 존 스타이너John Steiner(그의 정신적 은신처 개념을 기후위기에 적용해서

후술하겠다.) 등에 깊은 영향을 주었다 (Melanie Klein Trust, https://melanie-klein-trust.org.uk/writers/roger-money-kyrle/)

44. Money-Kyrle, R. (1971). International Journal of Psycho-Analysis. 52:103-106.

45. 존 스타이너는 정신분석치료에 잘 반응하지 않는 난치성 환자들을 '정신적 은신처psychic retreats' 개념으로 설명하려 했고 이는 현대 정신분석 분야에 많은 영향을 주고 있다. 그는 멜라니 클라인의 주요 제자인 한나 시걸(이 책에서 그녀의 통찰을 기후위기에 적용하고 있다)에게 정신분석을 받았다. 허버트 로젠펠트Herbert Rosenfeld와 베티 조셉Betty Joseph에게 수퍼비전을 받아서 그들의 이론을 발전시켰다.

46. Steiner, J. (2018). Time and the Garden of Eden Illusion, The International Journal of Psychoanalysis. 99:6. 1274-1287.

47. 양연호. (2022. 03. 08). 과학자들이 보낸 기후위기 긴급 알림- IPCC 보고서 분석해보니. 그린피스. https://www.greenpeace.org/korea/update/21702/blog-ce-ipcc-6th-2nd-report/

48. Steiner, J. (1985). Turning a Blind Eye: The Cover up for Oedipus. Int. Rev. Psycho-Anal. 12:161-172.

49. Steiner, J. (1993). Psychic Retreats. Pathological Organizations in Psychic, Neurotic and Borderline Patients. Routledge. London and New York.

50. Hoggett, P. (2013). Engaging with Climate Change. Psychoanalytic and interdisciplinary perspectives. Edited by Sally Weintrobe. Routledge. London and New York

51. Mercator Research Institute on Global Commons and Climate Change(MCC). That's how fast the Carbon Clock is ticking. https://www.mcc-berlin.net/en/research/co2-budget.html [accessed on 20 May 2023]

52. ClimateClock.world. https://climateclock.world/ [accessed on 27 May 2024]

53. Farthing, S. & Cork, R. (2010). Art: The Whole Story. Thames & Hudson. London.

54. 컨테이너Container: 정신분석가 윌프레드 비온Wilfred Bion은 불안, 혼란, 괴로움 같은 처리되지 않은 정서적 경험인 "컨테인드 요소contained elements"

를 처리하고 변형시키는 정신적 공간 또는 기능을 "컨테이너container"라고 했다. 아기가 느끼는 압도적인 불안과 고통("컨테인드" 요소)을 엄마가 받아들이고 공감해주며 처리해서 다시 아기에게 돌려주는 기능이 바로 "컨테이너"라고 할 수 있다. 환자의 불안과 괴로움을 치료자가 공감해주고 감당할 수 있게 처리해서 환자에게 다시 돌려주는 과정에서도 볼 수 있다. Bion, W.,R. (1959). Attacks on Linking. Int. J. Psycho-Anal. 30:308-315., Bion, W.,R. (1962). Learning from Experience. London: Heinemann,; repr. London: Karnac books

55. 정신적 은신처Psychic retreats: 스타이너는 정신분석 치료에도 불구하고 치료가 진전되지 않고 고착 상태에 빠져있는 어려운 환자들을 설명하기 위해서 정신적 은신처 개념을 고안했다. 이에 따르면 환자가 정신분석 치료를 통해서 점차 현실과 접촉하게 되지만 만나는 현실의 고통이 너무 커져 견딜 수 없을 때 환자는 자신만의 정신적 은신처로 도피해서 자기애적, 피학적 만족을 찾고 앞으로 더 나가지 않는다. Steiner, J. (1993). Psychic Retreats. Pathological Organizations in Psychic, Neurotic and Borderline Patients. Routledge. London and New York.

56. Soo, N. (2020.08.23.). Art That Highlights Climate Change. The Artling. https://theartling.com/en/artzine/art-highlights-climate-change/ [accessed on 27 May 2024]

57. Rustin M. & Rustin, M. (2002). Mirror to Nature. Drama, Psychoanalysis and Society. Karnac: London. 30

58. Rustin M. & Rustin, M. (2002). Mirror to Nature. Drama, Psychoanalysis and Society. Karnac: London. 10

59. Pomeroy, R. (2022.05.04). Climate change and science denial hit Hollywood like a comet in 'Don't Look Up'. Creator Adam Mckay on Radio Davos. World Economic Forum. https://www.weforum.org/agenda/2022/03/dont-look-up-podcast-adam-mckay-radio-davos/ [accessed on 27 May 2024]

60. Pomeroy, R. (2022.05.04). Climate change and science denial hit Hollywood like a comet in 'Don't Look Up'. Creator Adam Mckay on Radio Davos. World Economic Forum. https://www.weforum.org/agenda/2022/03/dont-look-up-podcast-adam-mckay-radio-davos/ [accessed on 27 May 2024]

61. 상징적 생존Symbolic survival: 클라인 학파 정신분석가 한나 시걸은 핵무기 위협 속에 사는 인류가 그 위험을 부정하는 것이 멸절불안과 연관됨을 밝히면서 죽음을 받아들이는 것이 삶을 의미 있게 할 수 있다고 상징적 생존의 중요성을 강조했다. 한나 시걸은 멜라니 클라인의 가장 중요한 제자 중한 사람으로서 클라인 정신분석을 발전시켰다. 그뿐만 아니라 정신분석가가 상담실 안에서 환자만 치료하는 것을 넘어서서 상담실 밖 현실에 적극적으로 참여해야 한다고 주장했다.

그녀는 그 일환으로 '핵전쟁에 반대하는 정신분석가들 학회PPNW, Psychoanalysts for the Prevention of Nuclear War'를 설립해서 적극적으로 지구와 인류를 멸망시킬 수 있는 핵전쟁의 광기에 맞닥뜨리면서도 사람들이 이를 부정하고 무관심하게 지내는 현상에 대해 논박하는 토론의 장을 만들었다. 이 책에서는 핵전쟁과 관련해서 상징적 생존을 강조한 한나 시걸의 이론을 기후위기와 관련지어 설명하고 있다. 또한 이 책에서 중요하게 인용하는 '정신적 은신처' 개념을 만든 존 스타이너는 그녀에게 정신분석을 받았고 그녀의 이론을 발전시켰다. Segal, H. (1987). Silence is the real crime. International Review of Psycho-Analysis. 14. 3-12. Quinodoz, J-M. (2008). Listening to Hanna Segal. Her Contribution to Psychoanalysis. 142-147.

62. Lifton, R. J. (1973). The sense of immortality: On death and the continuity of life. American Journal of Psychoanalysis. 33:3-15

나가며

1. https://www.bbc.com/korean/news-41705102

2. https://m.kmib.co.kr/view.asp?arcid=0018202013

기후 상처 기후변화는 인간의 신체, 마음, 정신까지 망가뜨린다

초판 1쇄 인쇄 2024년 12월 26일
초판 1쇄 발행 2025년 1월 2일

지은이 김현수 신샘이 이용석
펴낸이 안현주

기획 류재운 **편집** 안선영 김재열 **브랜드마케팅** 이민규 **영업** 안현영
디자인 표지 정태성 본문 장덕종

펴낸 곳 클라우드나인 **출판등록** 2013년 12월 12일(제2013-101호)
주소 우) 03993 서울시 마포구 월드컵북로 4길 82(동교동) 신흥빌딩 3층
전화 02-332-8939 **팩스** 02-6008-8938
이메일 c9book@naver.com

값 20,000원
ISBN 979-11-94534-01-3 03300